古代歷史文化 研究輯刊

二五編

王明蓀 主編

第5冊

魏晉南北朝「廟學」制度及其思想史意義（下）

吳秉勳 著

國家圖書館出版品預行編目資料

魏晉南北朝「廟學」制度及其思想史意義（下）／吳秉勳 著
-- 初版 -- 新北市：花木蘭文化事業有限公司，2021〔民110〕
目 4+162 面；19×26 公分
（古代歷史文化研究輯刊 二五編；第 5 冊）
ISBN 978-986-518-307-3（精裝）
1. 儒家 2. 儒學 3. 魏晉南北朝哲學
618　　　　　　　　　　　　　　　　　110000148

ISBN-978-986-518-307-3

9 789865 183073

古代歷史文化研究輯刊
二五編　第 五 冊　　　　　　ISBN：978-986-518-307-3

魏晉南北朝「廟學」制度及其思想史意義（下）

作　　　者　吳秉勳
主　　　編　王明蓀
總 編 輯　杜潔祥
副總編輯　楊嘉樂
編　　　輯　許郁翎、張雅淋　美術編輯　陳逸婷
出　　　版　花木蘭文化事業有限公司
發 行 人　高小娟
聯絡地址　235 新北市中和區中安街七二號十三樓
　　　　　　電話：02-2923-1455 ／傳真：02-2923-1452
網　　　址　http://www.huamulan.tw 信箱 service@huamulans.com
印　　　刷　普羅文化出版廣告事業
初　　　版　2021 年 3 月
全書字數　333486 字
定　　　價　二五編 15 冊（精裝）台幣 45,000 元

魏晉南北朝「廟學」制度及其思想史意義(下)

吳秉勳 著

目

次

第伍章　魏晉南北朝「廟學」對於後代學制等方面的演變與影響

　　「廟學」教育制度在中國中古時期具有相當程度的發展,自從東晉孝武帝在學校園地建置祭祀孔子的廟宇,「廟學」教育制度始初具雛形,其後又有南、北二朝等政權的承襲與開展,最後在唐代正式形成具體、完備的制度。這是「廟學」制度在歷史沿革上,最不容忽視的時期,是往後宋、元、明、清各代,都承襲了此種學制的基本形態,直到清末西學傳入中國、朝廷當局改革各級學校體制之前,這種教育制度著實歷久不輟,甚至東亞的日本、韓國、越南等鄰近中國的地區,其在古代學校的體制中,對於中國「廟學」教育制度亦有相當程度的承襲關係,此正是今日學者能用更宏觀的視角,進一步地將「廟學」教育制度,拓展至東亞地區,成為一項探討「東亞文化圈」、「東亞教育圈」的主題性研究。

　　職是之故,本文的論述主軸雖然界定在魏晉南北朝,不過有唐一代對於「廟學」教育制度的繼續推廣、促使「廟學」得以普遍化和制度化,誠然也是「廟學」教育制度的一段重要歷史發展進程,若是要全面性地勾勒出此種教育制度的完整脈絡,則隋唐諸朝對於前代「廟學」建置上的承繼與發展,就必須加以考察和探論,關於「廟學」教育制度的相關研究,始能得到更清楚的呈現。另一方面,今日學者普遍認為,唐代學制的淵源,當本於隋代〔註1〕;又或有學者認為,隋代因為國祚短促,故大體上並無重大情事可言,史傳自也無法記載甚多或甚為重要之歷史故實與內容,故無法與之討論與深

〔註 1〕陳東原:《中國教育史》,頁 161。

究，對於高祖之建樹，更是略而不提〔註2〕。不過，在本文「廟學」的研究視角之下，則誠然可以歸結出一些不同以往的觀點，蓋筆者通過「廟學」的視角以考察隋唐二世，則隋代統治者對於國家各項制度的建設與推行，仍卓有成就，也對後世產生一定程度的歷史影響，此概是陳東原所謂：「（隋代）自統一至禪位與唐，中間不過三十年，歷史上對於隋之地位，遂不大重視。」〔註3〕；而唐代學制之淵源，在通過「廟學」的研究視角加以考察之下，則其學制、禮制等，本當可以追溯自更早的北周、北齊二政權，誠非利用源於隋室一朝的論述即足以全然概括。

第一節　隋唐「廟學」制度的徹底普及與落實

一、隋代大抵沿襲北齊的「廟學」制度

　　統治階層多源自北周的隋代，統治初期即襲仿北齊以建立學制與禮制，其對於「廟學」制度的建置，亦大抵因襲北齊政權的措施，這是不難想像的歷史事實。尤其隋代的統一，確實為當世中國的職官、科舉、禮儀、教育等方面的制度，提供了更為良好的政治前提，故即便隋代國祚僅三十餘年，然而其統治者對於國家各項制度的建設與推行，仍卓有作為，並對後世產生一定程度的歷史影響。

　　《隋書・禮儀志》：「隋制，國子寺，每歲以四仲月上丁，釋奠於先聖先師。年別一行鄉飲酒禮。州郡學則以春秋仲月釋奠。州郡縣亦每年於學一行鄉飲酒禮。」〔註4〕其記載隋代的中央官學、亦即當時教育體系之最高學府「國子寺」，以及地方官學——州、郡學，皆有按時祭祀孔子等儒家聖賢的釋奠禮；縣學雖無釋奠禮，但每年會定期舉行鄉飲酒禮。高明士認為，此當是隋代襲仿北齊學制與禮制之故：「這是因為隋代沿襲北齊學制，在地方只推廣至郡學而已……」正因為如此，所以地方的縣學僅實行鄉飲酒禮，尚未實行「廟學」制度的釋奠禮。而且高氏強調，即便此處的文獻並無提及孔廟，但北齊國子寺有孔顏廟，隋代又承襲北齊之制，因此理應也有孔顏廟。〔註5〕

〔註2〕陳青之：《中國教育史》（臺北：臺灣商務印書館，1968年），頁175。
〔註3〕陳東原：《中國教育史》，頁161。
〔註4〕《隋書・禮儀志》。參《隋書》卷九〈志〉第四〈禮儀四〉，頁181。
〔註5〕詳參高明士：《中國中古的教育與學禮》，頁66。

這即是說，依上述史料，足以證實隋代的國子寺對於「廟學」制度的落實情況，並且一如北齊政權的「郡學則於坊內立孔、顏廟」〔註6〕，已將「廟學」制度推廣至州、郡學。換言之，既然北齊的國子寺設有孔顏廟，並且欲將「廟學」制度普及到地方官學，那麼襲仿北齊學制與禮制的隋代，其國子寺和州、郡學體制，情況當亦復如是——應該皆於其設立學校之處，逐一建置了孔子廟；其按時舉行的釋奠「先聖先師」之儀禮，也當是「廟學」教育制度的固定常規，《隋書・循吏列傳》中曾經記載當世的相州刺史梁彥光（535～594）為了感化一位「性酗酒，事親禮闕」的百姓而「將至州學，令觀於孔子廟」，即是隋代相州州學建有孔廟、「廟學」制度拓展至地方官學之明證〔註7〕。

若是客觀地評價隋代文、煬二帝，其大抵皆不失為崇尚儒學、提倡儒術以治國之輩；也啟用了劉焯、劉炫等聞名當世的經學大家，此誠如今日學者許淩雲所謂：「他們（隋文、煬二帝）大力扶植和提倡儒學，興儒學，習儒典，重儒士，在一定程度上推動了儒學的發展，形成了一股研究儒學的風氣。」〔註8〕這也自是隋代「廟學」制度能夠持續推廣，並且逐漸推展至地方的一項旁證。可惜隋煬帝雖能重視文教、卻無德政，最終落得身死國滅的境地，至於此種教育制度的成功推廣至縣學、全面普及到官方在地方上的教育事業，則必須歸功於唐代統治者，由於是輩的諸項建置措施，促使「廟學」教育制度從此遍及了中國各地。

二、唐代成功推廣「廟學」並予以制度化

綜合上文的各項論述，足以得見南、北二朝的「廟學」教育制度，已納入官方教育體系的範疇，成為官學體制下的常規慣例，而隋代亦大體因襲北齊學制與禮制，不僅於國子寺建置孔子廟，也將「廟學」教育制度逐步拓展至州、郡學，故北齊乃至於隋代期間，可謂中國傳統「廟學」制度的普及化

〔註6〕　《隋書・禮儀志》：「（後齊制）郡學則於坊內立孔、顏廟」。參《隋書》卷九〈志〉第四〈禮儀四〉，頁181。

〔註7〕　《隋書・循吏列傳・梁彥光傳》：「有滏陽人焦通，性酗酒，事親禮闕，為從弟所訟。彥光弗之罪，將至州學，令觀於孔子廟。於時廟中有韓伯瑜『母杖不痛，哀母力弱，對母悲泣』之像，通遂感悟，既悲且愧，若無自容。」參《隋書》卷七十三〈列傳〉第三十八〈循吏列傳・梁彥光傳〉，頁1676。

〔註8〕　許淩雲：〈淺論隋唐儒學發展的歷史趨勢〉，收於張秋升、王洪軍主編：《中國儒學史研究》（濟南：齊魯書社，2004年），頁240。

之始。唯隋代以前，只有京師和各州（郡）學，完成「廟學」制度的建置，必須迨至唐代貞觀年間之後，中國「廟學」教育制度始成功推廣到縣學，益之以唐高宗李治的最後再度確立以孔子為先聖、顏淵為先賢之祭祀制度，促使「廟學」制度從此普及於中國各地，成為往後歷朝各代的官方文教事業中，不論中央或地方，皆誠然不可或缺的一種重要學制。

（一）唐太宗極力提高孔子的社會地位

中國「廟學」制度的全面普及與正式建立完整制度，當始於唐代太宗貞觀年間：

> 武德二年，始詔國子學立周公、孔子廟；七年，高祖釋奠焉，以周公為先聖，孔子配。九年封孔子之後為褒聖侯。貞觀二年，左僕射房玄齡、博士朱子奢建言：「周公、尼父俱聖人，然釋奠於學，以夫子也。大業以前，皆孔丘為先聖，顏回為先師。」乃罷周公，升孔子為先聖，以顏回配。四年，詔州、縣學皆作孔子廟。十一年，詔尊孔子為宣父，作廟於兗州，給戶二十以奉之。十四年，太宗觀釋奠於國子學，詔祭酒孔穎達講《孝經》。〔註9〕

又《唐會要》亦記載：

> 貞觀二年十二月，尚書左僕射房元齡、國子博士朱子奢建議云：「武德中，詔釋奠於太學，以周公為先聖，孔子配享。臣以周公、尼父，俱稱聖人，庠序置奠，本緣夫子，故晉、宋、梁、陳，及隋大業故事，皆以孔子為先聖，顏回為先師。歷代所行，古人通允，伏請停祭周公，升夫子為先聖，以顏回配享。」詔從之。〔註10〕

由上引二條史料可知，唐高祖武德年間，周公廟和孔子廟同時存在，蓋唐高祖詔令地方政府，在開辦的官學時，必須各立周公廟、孔子廟一所，而且當時祭祀的對象，皆以先聖周公為主、配享的孔子為副。

更甚者，是今日考察唐高祖李淵以前，亦即唐代建立政權之前，傳統中國對於「先聖」尚未有統一的規定，故或指周公、或指孔子，此誠如筆者於上文所援引的《禮記・文王世子》以及鄭注、孔疏，與清代孫希旦等人的論

〔註 9〕《新唐書・禮樂志》。參（宋）歐陽修、宋祁等撰，楊家駱主編：《新唐書》（臺北：鼎文書局，1976 年）卷十五〈志〉第五〈禮樂五〉，頁 373。

〔註10〕《唐會要・褒崇先聖》。參（宋）王溥：《唐會要》（北京：中華書局，1955年）中冊，卷三十五〈褒崇先聖〉，頁 635～636。

述，是輩既能云：「周公若孔子」、「近周公處祭周公，近孔子處祭孔子」、「制禮作樂以教後世者，先聖也」、「承先聖之所作以教於大學者，先師也」等言論，表示在以往的祭祀活動中，對於「先聖」的祭祀對象，未必一定是指涉孔子，而且除了周公、孔子之外，舉凡：堯、舜、禹、湯之輩，也皆是常被納入「先聖」行列的人物〔註 11〕，尤其今日或有學者認為，在周代學校出現的祭祀，主要是一種對行業祖師的祭祀〔註 12〕，理論上並非一定要以孔子為「先聖」不可。故綜合上述諸論，可以想見中國的的官方教育機構，雖然自古即有祭祀「先聖」與「先師」的內容，惟「先聖」、「先師」等祭祀對象上的界定，尚未有固定與明確的規範。直到魏晉乃至於南北朝以來的「廟學」制度逐漸成熟和普遍之後，至少在東晉、北朝諸政權的時期，皆以孔子為「先聖」，而無周公、孔子並祀之例，故依據《新唐書》與《唐會要》所載房玄齡等人的論見，其能主張復以孔子為「先聖」，誠然頗有正本清源、祖述魏晉的意味。

　　因此客觀來說，中國「廟學」教育制度的普及與制度化，當始於唐代太宗之後，而孔子的「先聖」地位受到確立，也當在太宗執政之際。唐代貞觀二年（628），唐太宗採納房玄齡、硃子奢等朝臣的建議，始「罷周公」、「升孔子為先聖，以顏回配」於太學，從而停祭周公、專立孔廟，至於孔廟中祭祀的主要對象除了先聖孔子，顏回也被列為先師，成為孔子廟中、配享孔子的後人祭祀對象〔註 13〕；孔子、顏回遂成為貞觀年間中央官學的主要祭祀對象。迨至貞觀四年（630），太宗又正式詔令全國境內的州、縣學皆設置孔廟，並於廟內舉行「釋奠」禮，再配合從祀制度以及塑繪諸賢之像等措施，自此以後，各州縣於學宮旁建立孔廟，也因此成為一項固定的學制，更重要者，是唐太宗此舉，確實也深刻地影響了日後受業於各地學校的生徒學子，蓋地方官學從此具備了一如太學的祭祀規制，並且透過孔子與顏回等儒家人物的頂禮膜拜，藉此提供各地的生徒士子，皆足以成聖希賢的一種典範；在耳濡目染之際，感受儒者的榮耀與風範，這對於「廟學」教育制度下的肄業生徒，

〔註11〕詳參本文第肆章〈魏晉南北朝建立「廟學」雛形〉，頁 146～147。

〔註12〕李申：《中國儒教史》（上海：上海人民出版社，1999 年）上卷，頁 27～39。

〔註13〕不過顏回作為孔廟的從祀者，或謂顏回等七十二弟子配享孔子之事，在東漢末年即已然形成，並在魏少帝曹芳時期，成為祭孔祀典的常規。詳見筆者於上文之說解，參本文第肆章〈魏晉南北朝建立「廟學」雛形〉，頁 157、160～162 等處。

誠然大有潛移默化之功。

　　另外，今依《新唐書》與《唐會要》等文獻之記載，唐太宗時期的「乃罷周公，升孔子為先聖，以顏回配」等措施，並非唐代首創，實是太宗有意識地回歸魏晉以降的禮制。此正如同筆者於上文反覆重申者，在中國傳統的官方祭祀制度中，至少以周公與孔子的地位而論，二人就總是介於「先聖」、「先師」之間而偶有升降，更遑論堯、舜、禹、湯等人，亦有被定位作「先聖」的情況。此等歷朝各代對於「先聖」與「先師」在對象上界定的不一致，自周代乃至魏晉皆是如此，故在漢代初期的禮制中，「先聖」不一定指涉孔子；後漢又採用周公為「先聖」、孔子為「先師」的禮制；魏晉迄至南北朝時代，又改為孔子為「先聖」、顏回為「先師」的禮制。時至唐代初年，唐高祖則改回「以周公為先聖，孔子配」的後漢禮制，迨至唐太宗採取房玄齡等人的建議，又改回魏晉禮制。

　　至於唐代在高祖李淵建立政權的初期，竟採用「以周公為先聖，孔子配」的禮制，此不僅不同於隋代，也與魏晉南北朝以來之「故事」相違，唐高祖開國之際，反而選擇了距離當世更遙遠的後漢禮制，成為今日學者所謂「與孔子從祀制大相逕庭」的一次「逆流」〔註14〕，這確實是頗為耐人尋味的一項課題。換言之，誠如陳寅恪在論述隋唐制度時，曾明白指出其大抵不出於三源：北魏北齊、蕭梁南陳，與西魏北周〔註15〕。然而武德建制，卻寧可捨近求遠、棄此三源而擇後漢之制，導致孔子一度淪為周公的配享者，關於這個議題，曾有日本學者多賀秋五郎，針對當時唐初的社會氛圍與政治局勢提出個人見解，其認為主要原因有二：第一，是唐代初期的政治社會，實有濃厚的復古思想；第二，是高祖李淵滅隋之後，希望其所建立的政權，能獲得關西地區的士人學者之支持。關於前者，多賀秋五郎以唐初人士多精研《漢書》為例，認為唐初的復古思維，從時人主動親近於漢室的學術文化一事，即可窺知；關於後者，則是高祖李淵最初自太原起義而取代隋室，這與周武王滅殷之故實頗為類似，益之以唐代政權定都長安，長安城即隋代大興城，本是隋唐二朝的桂玉之地，又與周代的都城鎬京相近，故推測唐高祖有

〔註14〕黃進興：〈解開孔廟祭典的符碼——兼論其宗教性〉，《文化與歷史的追索——余英時教授八秩壽慶論文集》（臺北：聯經出版事業公司，2009 年 12 月），頁548～549。

〔註15〕陳寅恪：《隋唐制度淵源略論稿‧敘論》，收入《陳寅恪集：隋唐制度淵源略論稿‧唐代政治史論述稿》上冊（北京：三聯書店，2001 年），頁3～4。

意識地擬以周武王之弟周公為先聖，藉此給予世人親切感，更對於唐之代隋，尋得了政治倫理上的正當性，易於得到關西學者的支持與認同。〔註16〕多賀秋五郎於此處所探究的歷史課題，確實值得吾人繼續考察與深拓。

　　綜合以上所論，本文認為，今日考察《新唐書》所謂「大業以前，皆孔丘為先聖，顏回為先師」以及《唐會要》的「庠序置奠，本緣夫子」、「晉、宋、梁、陳，及隋大業故事，皆以孔子為先聖，顏回為先師」等語，足以體現底下四件歷史現象：第一，也是最重要者，是魏晉迄至南北朝時代的以孔子為「先聖」並以「先師」顏回作為從祀，推測此事當與魏晉以降，以孔子為主要祭祀對象的「廟學」教育制度有關，正因為官方教育事業的「廟學」制度之逐漸發展並趨於普遍，促使孔子的「先聖」地位，在當世一度被確立下來。第二，值得注意者，是魏晉乃至南北朝的「廟學」制度，僅推展於中央官學，尚未普及至地方郡縣，推測這概是孔子的「先聖」地位仍未能完全穩固不屹的原因之一。第三，依《新唐書》與《唐會要》所載房玄齡等人提供給唐太宗的建議，其立論的基礎，當是站在學校教育的立場，也兼有歷史傳承的角度。第四，是隋代一朝的禮制大抵遠承魏晉、近襲北齊，而唐代自太宗之後的主動再度回歸魏晉南北朝禮制，除了可以得見孔子的社會地位，在當世已日漸提高並穩固之外，推測「廟學」制度能在唐代趨於成熟與普及，並且普遍落實於地方官學，相信這當與唐太宗時期的此項教育、禮制政策有關。故即便日後在唐高宗即位之後，於永徽年間（650～655）一度又恢復襲仿後漢禮制的以周公為「先聖」、孔子為「先師」之唐高祖舊制，必須等到唐高宗顯慶年間（656～661）之後又復舊，則孔子為「先聖」、顏回為「先師」的禮制，始確立不移〔註17〕，不過以孔子為祭祀主體的「廟學」制度，在中國的官學等傳統文教事業中，誠然已進入了「不可逆」的發展趨勢。

　　總的來說，唐代在執政初期即能有效推廣「廟學」制度於地方官學，此實與統治者極力提高孔子的社會地位、熱心推廣文化教育事業、大舉興辦各級學校等主張有密切關係。蓋唐太宗登基不久，即把尊孔崇儒、推行仁政，作為治國的一項重大決策，唐太宗曾經對大臣說：「朕今所好者，惟在堯、舜

〔註16〕以上詳參多賀秋五郎：《唐代教育史の研究》（東京：不昧堂書店，1953年），頁88～89。

〔註17〕關於唐高宗兩度更改「先聖」對象，其過程詳參筆者於下文之說解。參本文第伍章〈魏晉南北朝「廟學」對於後代學制等方面的演變與影響〉，頁193～198。

之道，周、孔之教，以為如鳥有翼，如魚依水，失之必死，不可暫無耳。」
〔註18〕在統治者的此種思想指導之下，尊孔、重儒與崇經，自成為唐代執政階層最重要的治國方針。《貞觀政要》亦記載：「貞觀二年，詔停周公為先聖，始立孔子廟堂於國學，稽式舊典，以仲尼為先聖，顏子為先師，兩邊俎豆干戚之容，始備於茲矣。」又：「是歲大徵天下儒士，賜帛給傳，令詣京師，擢以不次，布在廊廟者甚眾。」〔註19〕其後（貞觀四年，西元 630 年）復下令全國州縣學皆建置孔子廟，更於貞觀十一年（637）再度下詔以尊孔子為「宣父」，並在兗州修建「宣尼廟」、「給戶二十，充享祀焉」〔註20〕，傳統官學中的「廟學」制度之建置，不論中央或地方，自此有了近乎完備的通行規制。

職是，今將《貞觀政要》的記載，與筆者於上文所援引的《新唐書・禮樂志》、《唐會要》之史料相互參看，足以證明由於唐太宗有意識地尊孔崇儒、極力提高孔子的社會地位，確實有利於當世「廟學」制度的推廣於地方官學。另外，也正因為此類的政治主張，促使唐太宗得以進一步地「精選天下文儒」、設置了國家藏書之所「弘文館」〔註21〕，並大舉興辦各級學校〔註22〕，此自是「廟學」制度在唐代初期即能有效被推廣於地方官學的重要主因之一。

（二）「廟學」在唐代中期已普及於地方官學

綜合上文所述，「廟學」制度自東晉孝武帝建構基本的雛形之後，歷經北

〔註18〕《貞觀政要・慎所好》。參（唐）吳兢撰，謝保成集校：《貞觀政要集校》（北京：中華書局，2003 年）卷六〈慎所好〉第二十一，頁 331。

〔註19〕《貞觀政要・崇儒學》。參（唐）吳兢撰，謝保成集校：《貞觀政要集校》卷七〈崇儒學〉第二十七，頁 376。

〔註20〕《唐會要・褒崇先聖》：「（貞觀）十一年七月二十四日，脩宣尼廟於兗州。給戶二十，充享祀焉。」參（宋）王溥：《唐會要》中冊，卷三十五〈褒崇先聖〉，頁 636。

〔註21〕唐太宗精選文儒、設置弘文館之歷史故實，可參《舊唐書・儒學列傳》、《新唐書・儒學列傳》與《唐六典》等之記載。詳參（後晉）劉昫等撰，楊家駱主編：《舊唐書》（臺北：鼎文書局，1976 年）卷一百八十九上〈列傳〉第一百三十九上〈儒學上〉，頁 4941、《新唐書》卷一百九十八〈列傳〉第一百二十三〈儒學上〉，頁 5636。以及（唐）李林甫等撰，陳仲夫典校：《唐六典》卷八〈門下省〉之「弘文館」條，頁 254～255。

〔註22〕關於唐太宗的大舉興辦各級學校，今日學者先進已有詳盡完整的介紹，故筆者不再累述。可參楊蔭樓：〈唐太宗的崇儒及其儒家政治觀〉，收於張秋升、王洪軍主編：《中國儒學史研究》，頁 273～274。

齊乃至隋代的持續開展，誠已逐步從中央官學拓展至地方官學，再經由唐代太宗確立了孔子的「先聖」地位，正式詔令全國境內的州、縣學皆設置孔廟，益之以唐太宗熱心推廣文化教育事業、大舉興辦各級學校，一方面是孔子的社會地位誠然顯著提高，一方面是官方教育事業的設置孔子廟，遂成為當世的一項普遍通行的學制。時至高宗李治一朝的兩度更改「先聖」對象，最後再度確立孔子為「先聖」，以及當世「廟學」教育制度下的「祀孔」等相關祭祀事宜，此項歷史事件發生之後，更從此造就了孔子「先聖」地位的確立無疑，「廟學」制度亦自此完全普及於唐代中期以後的各級學校。

　　若依此論，則唐高宗兩度更改「先聖」對象的事件始末，確實值得重視，故筆者擬欲利用「廟學」制度的研究視角，以考察唐高宗兩度更改「先聖」對象的歷史意義，以及從祀制度的建立等，藉此陳述「廟學」在唐代中期的普遍化程度。這是因為就「廟學」的研究視角而論，從祀制度的確立，其實也意味著對於孔子以降，符合於「道統」的人物之確立。蓋足以作為後世在「祀孔」時的配享對象，往往也都是能夠承繼、發揚或體現孔子之道的歷史人物。職是，若就時代意義而論，即便從祀制度的建立，多少具有強調「學統」的意味，不過若是從「廟學」制度的發展史以及「道統」的傳承等觀點而論，則從祀制度自有其學術與教育上的重要意義，更足以說明「廟學」制度在學校教育、甚或是整個社會民間的普及狀況。

1. 唐高宗兩度更改「先聖」對象的歷史意義

今日考察《唐六典》的記載：

> 凡國有大祭祀之禮，皇帝親祭，則太尉為亞獻，光祿卿為終獻；若有司攝事；則太尉為初獻，太常卿為亞獻，光祿卿為終獻；孔宣父廟，則國子祭酒為初獻，司業為亞獻，國子博士為終獻；……。

〔註23〕

又：「州、縣釋奠於孔宣父及祭社稷」〔註24〕、「凡州、縣皆置孔宣父廟，以顏回配焉，仲春上丁，州、縣官行釋奠之禮；仲秋上丁亦如之。」〔註25〕蓋

〔註23〕（唐）李林甫等撰，陳仲夫典校：《唐六典》卷四〈尚書禮部〉之「祠部郎中、員外郎」條，頁124。

〔註24〕（唐）李林甫等撰，陳仲夫典校：《唐六典》卷四〈尚書禮部〉之「膳部郎中、員外郎」條，頁128。

〔註25〕（唐）李林甫等撰，陳仲夫典校：《唐六典》卷四〈尚書禮部〉之「祠部郎中、員外郎」條，頁123。

　　《唐六典》是唐玄宗時期，由官方修定的行政法典，法典中除了明文規定官員於孔子廟祭祀的時間、參與層級，以及相關的儀禮規制等，也明確說明了「國子祭酒」是國子學的「孔宣父廟」之「初獻」；地方官學的「州、縣皆置孔宣父廟，以顏回配」等祭祀事務。

　　《唐六典》是在唐代誠已纂輯完備的成文法典，其對於「廟學」教育制度的明文規定，確立了唐代前期「廟學」的落實成果，而且至少代表了兩項重要意義：其一，是讓「廟學」教育制度，從中央官學普及到地方縣學，全國作為教學空間的官方學校園地，至少到縣學為止，皆被明文規定必須建置孔子廟；其二，是確定了以孔子為主、顏淵作為配享的祭祀制度，故當世的各級學校，一方面立學以教，一方面亦立廟以祀，分別讓「廟」制與「學」制，皆具有正式、而且完備、發達的體系和制度，此正是元代徐碩《至元嘉禾志》所謂：「廟以崇先聖，學以明人倫，郡邑廟學，大備於唐。」〔註26〕

　　孔廟的祭祀制度，以及顏回等七十二弟子配享孔子的祭孔祀典，在東漢末年已初見一些固定的常規。自從漢高祖開啟帝王祭孔之先例，以至漢武帝採納董仲舒之議而「獨尊儒術」、確立「儒學」為國家教育正統之後，歷朝各代的君王亦持續追封孔子、賜爵其後人，並詔封世襲奉祀官、修補或擴建山東曲阜的闕里孔子廟，清初孔繼汾（孔子第六十九代孫）援引明孝宗之語而云：

> 自漢祖過魯祀之，後多為之立廟。沿及唐宋英明願治之君屢作，益尊而信之。孔子之廟遂遍天下。……雖金元入主中國，綱常掃地之時，亦未嘗或廢。〔註27〕

此足見延續並照顧孔氏後裔，實已成為每位古代中國的統治者，無法推託的一種責任，而孔子廟的相關祭祀儀禮，更被視為一代帝國的重要國家祭典，歷代政權對於儒家至聖先師的尊崇，可見一斑。

　　另外，中國至唐代的高祖時期，曾經「以周公為先聖，孔子配」，不過誠如上文所引《新唐書·禮樂志》之房玄齡、硃子奢等朝臣於貞觀二年的建言：自大業（隋代）以前，中國的古代傳統皆是以「孔丘為先聖，顏回為先師」。故唐太宗「乃罷周公，升孔子為先聖，以顏回配」，而唐高宗李治於永

〔註26〕（元）徐碩《（浙江省）至元嘉禾志》卷七「學校」條，頁7426。

〔註27〕參（清）孔繼汾述，孔子文化大全編輯部編輯：《闕里文獻考》第一冊，卷三十三〈藝文考〉第十二之二，頁786。

徽年間，又復以周公代孔子為「先聖」：

> 永徽中，復以周公為先聖，孔子為先師，顏回、左丘明以降皆從祀。
> 顯慶二年，太尉長孫無忌等言：「《禮》：『釋奠於其先師。』若《禮》
> 有高堂生，《樂》有制氏，《詩》有毛公，《書》有伏生。又《禮》：『始
> 立學，釋奠於先聖。』鄭氏《注》：『若周公、孔子也。』故貞觀以
> 夫子為聖，眾儒為先師。且周公作禮樂，當同王者之祀。」乃以周
> 公配武王，而孔子為先聖。〔註28〕

依上引《新唐書·禮樂志》所載，由於長孫無忌等人的建議〔註29〕，促使唐
高宗於顯慶二年（657）之後，再度改回貞觀之制──「孔子為先聖」，並且
將周公配享於武王、歸類在「王者之祀」，和孔子等儒家聖賢有所區隔。

《唐會要》也記載了唐高宗採納長孫無忌與許敬宗等人之議而改令一事：

> 成王年幼，周公踐極，制禮作樂，功比帝王，……此即姬旦鴻業，
> 合同王者；祀之儒官就享，實貶其功。仲尼生衰周之末，拯文喪之
> 弊，祖述堯舜，憲章文武，宏聖教於六經，闡儒風於千世，故孟軻
> 稱生民以來，一人而已。自漢以降，奕葉封侯，崇奉其聖，迄於今
> 日。胡可降茲上哲、俯入先師？……請改令從詔，於義為允。其周
> 公仍依別禮，配享武王。〔註30〕

其詳細記載長孫無忌與許敬宗等人認為，孔子自漢代以降皆能「崇奉其聖」
的原因，正是孔子具備「祖述堯舜，憲章文武，宏聖教於六經，闡儒風於千
世」之功。

孔子歸於孔子廟堂裡的「先聖、先師之祀」；周公歸於帝王祭祀體系的
「王者之祀」，這本是魏晉乃至於南北朝的「廟學」教育制度發展以來，諸多
政權的統治階層與民間學者的普遍觀念，《舊唐書·禮儀志》亦記載：

> 武德、貞觀之制，神祇大享之外，……帝嚳，祭於頓丘。唐堯，契
> 配，祭於平陽。虞舜，咎繇配，祭於河東。夏禹，伯益配，祭於安

〔註28〕《新唐書·禮樂志》。參《新唐書》卷十五〈志〉第五〈禮樂五〉，頁374。
〔註29〕此一歷史事件，《新唐書·禮樂志》與《唐會要》以太尉長孫無忌領名，《舊
唐書·禮儀志》與《通典》則以禮部尚書許敬宗領名。參《舊唐書》卷二十
四〈志〉第四〈禮儀四〉，頁915、《新唐書》卷十五〈志〉第五〈禮樂五〉，
頁374。（宋）王溥：《唐會要》中冊，卷三十五〈褒崇先聖〉，頁636。（唐）
杜佑：《通典》卷五十三〈禮〉十三〈沿革〉十三〈孔子祠〉，頁1480。
〔註30〕《唐會要·褒崇先聖》。參（宋）王溥：《唐會要》中冊，卷三十五〈褒崇先
聖〉，頁636～637。

邑。殷湯，伊尹配，祭於偃師。周文王，太公配，祭於酆。周武
王，周公、召公配，祭於鎬。漢高祖，蕭何配，祭於長陵。三年一
祭，以仲春之月。牲皆用太牢。祀官以當界州長官，有故，遣上佐
行事。〔註31〕

上引文獻中的「周武王，周公、召公配，祭於鎬」一語，足以說明了關於周
公的奉祀，本當同於契、絲、伯益、伊尹、姜太公之流，屬於帝王祭祀體系
中，配享國君的從祀者。

此外，上文所援引的《舊唐書・禮儀志》之記載，誠然已是一種完備的
歷代帝王祭祀制度，且此種祭祀制度在北魏孝文帝時期所制定的「祀令」中，
已能得見一些端倪。《魏書・禮志》：

（太和十六年）二月丁酉，詔曰：「夫崇聖祀德，遠代之通黃；秩□
□□，中古之近規。故三五至仁，唯德配享；夏殷私己，稍用其姓。
且法施於民，祀有明典，立功垂惠，祭有恒式。斯乃異代同途，奕
世共軌。……。凡在祀令，其數有五：帝堯樹則天之功，興巍巍之
治，可祀於平陽。虞舜播太平之風，致無為之化，可祀於廣寧。夏
禹禦洪水之災，建天下之利，可祀於安邑。周文公制禮作樂，垂範
萬葉，可祀於洛陽。其宣尼之廟，已於中省，當別敕有司。饗薦之
禮，自文公以上，可令當界牧守，各隨所近，攝行祀事，皆用清酌
尹祭也。」〔註32〕

又唐代杜佑的《通典》卷五十三〈祀先代帝王〉，亦記載了幾乎與《魏書・禮
志》相同的文字內容，可見此等祭祀制度，當是一可徵之歷史事實：

孝文太和十六年，詔曰：「法施於人，祀有明典，立功垂惠，祭有常
式。……。凡在祀令者有五。帝堯樹則天之功，興巍巍之治，可祀
於平陽。虞舜播太平之風，致無為之化，可祀於廣寧。夏禹禦洪水
之災，建天下之利，可祀於安邑。周文公制禮作樂，垂範萬葉，可
祀於洛陽。其宣尼廟已於中省，別敕有司行事，自文公以上，可令
當界牧守，各隨所近，攝行祀事，皆用清酌尹祭也。」〔註33〕

〔註31〕《舊唐書・禮儀志》。參《舊唐書》卷二十四〈志〉第四〈禮儀四〉，頁 909
～910。

〔註32〕《魏書・禮志》。參《魏書》卷一百八之一〈志〉第十〈禮一〉，頁 2750。

〔註33〕（唐）杜佑：《通典》卷五十三〈禮〉十三〈沿革〉十三〈祀先代帝王〉，頁
1476～1477。

考察《魏書》與《通典》所載之內容，當是在記述初定於北魏孝文帝太和之際的「祀令」，且二部史傳皆清楚描述了堯、舜、禹、周公等人物的祭祀，不僅屬於古代帝王體系下的祭祀之制，更是「異代同途」的祭祀通例。至於和「廟學」制度或者與孔子廟堂「祀孔」相關的宣尼廟祭祀，則「已於中省」、本當「別敕有司行事」，必須和古代帝王的祭祀之制有所區別。

　　由此可見，《舊唐書・禮儀志》所載的當世之帝王祭祀系統及其制度，似與《魏書》與《通典》所載的北魏孝文帝之「祀令」類同，而且三部典籍中所提及的周公，皆是被歸類在帝王祭祀體系下的祭祀之制。若依此論，則足以得見，至少在魏晉南北朝乃至隋唐的「廟學」教育制度發展底下，孔子廟堂裡的「先聖、先師之祀」與古代帝王祭祀系統的「王者之祀」，已經逐漸出現明顯的區別；分別代表「道統」的孔子與代表「治統」的周公，也益加涇渭自分。職是，今日考察唐太宗時期的房玄齡、朱子奢等人；唐高宗時期的長孫無忌、許敬宗等人，是輩對於「祀孔」、「祀周」方面所提出的建議，實非突發奇想、標新立異的言論，反而都是擬欲正本清源、希冀能復歸魏晉南北朝舊制的一種思維模式。

　　換言之，「廟學」教育制度的設立，旨在通過對於孔子及其門人的奉祀，以尊崇是輩在學術思想方面的貢獻，另一方面，「制禮作樂」、「功比帝王」的周公，則該歸於「王者」之流。故長孫無忌與許敬宗等人，依此諫議唐高宗，應依循貞觀之制以修改《永徽令》的新規定，這也正是今日學者能依此而謂：「廟學所在，便是學術教育之所在，此是周公終於必須離開廟學的最重要因素。」〔註34〕由是，分別代表「道統」的孔子和代表「治統」的周公，至此涇渭分明；以孔子為祭祀中心、顏回等弟子作為配享的從祀制度，也從此成為國家不再變動的定制。此外，唐高宗也於咸亨元年（670）詔令「州、縣皆營孔子廟」〔註35〕，展現其充分依循貞觀學制的理念，故依上文所援引諸例，已足以得見唐高宗此次的再度確立孔子為「先聖」，以及當世「廟學」教育制度下的「祀孔」等相關祭祀事宜，皆充分顯示了以孔子為代表的學術、教育等方面的權威性，已然被唐代政權所完全認同。

　　因此，今日考察韓愈〈處州孔子廟碑〉所描述的當世祭祀孔子之真實

〔註34〕高明士：《中國中古的教育與學禮》，頁547。
〔註35〕《新唐書・禮樂志》：「咸亨元年，詔州、縣皆營孔子廟。」參《新唐書》卷十五〈志〉第五〈禮樂五〉，頁374。

情狀：

> 自天子至郡邑守長通得祀而徧天下者，唯社稷與孔子為然。……；
> 豈如孔子用王者事，巍然當座，以門人為配，自天子而下，北面跪
> 祭，進退誠敬，禮如親弟子者？〔註36〕

從韓氏所謂「自天子至郡邑守長通得祀而徧天下者，唯社稷與孔子為然」，
以及「自天子而下」、「禮如親弟子」等語，不僅可以想見當世的唐代政權對
於祭祀孔子的慎重程度，更足以說明，至少不晚於韓愈的生活年代，以孔
子及其學術思想為代表的「道統」，實有高於國家政權「治統」的傾向，故能
出現天下通祀、唯「孔子用王者禮」；自天子至於庶人，皆「禮如親弟子」等
情況。

　　此外，更由此可見「廟學」制度擬欲表達的祭祀先聖先賢之真諦，以及
其真正的存在價值等相關精神意義，已從表面性質的國家社會所規範的制
度，逐漸滲透到當代的政權統治階級乃至於一般民眾的內心思維裡，此誠然
是「廟學」制度的影響之下，「道統」的具體化之明證，至於唐高宗最後再度
確立孔子為「先聖」，乃至於韓愈生活年代可以得見的當世「廟學」教育制度
下之「祀孔」等相關祭祀事宜，當然也是唐代的太宗時期能極力提高孔子地
位，並於貞觀年間在官方教育事業普遍推廣「廟學」教育制度以來的一項鮮
明成果。

2. 唐代對於「廟學」從祀制度的創建之功

　　若是就「廟學」制度中的從祀制度而論，則北宋的神宗與南宋的理宗、
度宗等諸位君主，對於從祀者的增補、列位方式、位階等次分配等方面的貢
獻頗大。蓋宋神宗不僅於熙寧七年（1074）增列了荀況、揚雄、韓愈三人於
孔子廟庭，作為從祀於孔子的配享對象，又於元豐七年（1084），以孟子配享
而與顏回並列，並且詳細規定了每一位從祀者在祭祀體系中的地位等級，朱
熹描述道：「顏、孟配饗，始亦分位於先聖左右，後來方並坐於先聖之東西
嚮。……孔子居中，顏、孟當列東坐西向。」〔註37〕今茲以朱熹的說明，對
照於唐代的玄宗時期下詔制定之禮制，則唐玄宗於開元二十七年（739）的

〔註36〕韓愈：〈處州孔子廟碑〉，收於（唐）韓愈撰，（清）馬其昶校注、馬茂元整理：
　　　　《韓昌黎文集校注》第七卷〈碑誌〉，頁490。

〔註37〕朱熹：《朱子語類》第四冊，卷九十〈禮七〉之「祭」條。收於（宋）朱熹撰，
　　　　朱傑人、嚴佐之、劉永翔主編：《朱子全書》第十七冊，頁3026。

「夫子皆南面而坐，十哲等東西列侍」之列位方式〔註 38〕，似較為簡略。這即是說，在宋神宗的詳細規範孔子廟堂內的列位方式之後，孔子的從祀者之位階等次分配，自此始分。又宋理宗於淳祐元年（1241），為了表揚「宋五子」——周、張、二程、朱五人在學術與教育等方面的貢獻，認為是輩的付出，或者「深探聖域」；或者洞澈儒家經典，皆足以使「自孟軻後不得其傳」的孔子之道「益以大明於世」。〔註 39〕故將上述的五位儒家學者，從祀於孔子廟庭，此誠然開啟了奉祀當世傑出理學家人物之先例。爾後復有宋度宗於咸淳三年（1267），進而又增列了曾子、子思，與原本奉祀於孔子廟庭的顏回、孟軻，並為「四配」，更依循了宋理宗的先例，從而將邵雍、司馬光等人，納入從祀的行列，成為孔子廟庭的祭祀系統中所供祀之當世人物，此是《史傳》所謂：「帝詣太學謁孔子，行舍菜禮，以顏淵、曾參、孔伋、孟軻配享，顓孫師升十哲，邵雍、司馬光升列從祀，雍封新安伯。」〔註 40〕尤其宋度宗所釐定的祭祀系統，大體上已幾乎被往後的歷朝各代所認可，故能歷久不輟地持續被沿襲下去。

　　這即是說，若就學術思想、教育傳承等方面的貢獻而論，宋代諸帝王對於「廟學」的從祀制度之推展，實有一定程度的功勞，明末清初學者顧炎武也因此而評曰：

> 周、程、張、朱五子之從祀，定於理宗淳祐元年。顏、曾、思、孟四子之配享，定於度宗咸淳三年。自此之後，國無異論，士無異習。歷胡元至於我朝，中國之統亡，而先王之道存，理宗之功大矣。〔註 41〕

顧氏認為，由於宋理宗與宋度宗的諸項措施，促使祀孔方面的祭祀制度，

〔註 38〕　詳見《舊唐書・禮儀志》之記載。參《舊唐書》卷二十四〈志〉第四〈禮儀四〉，頁 920。

〔註 39〕　《宋史・理宗本紀》：「孔子之道，自孟軻後不得其傳。至我朝周惇（敦）頤、張載、程顥、程頤，真見實踐，深探聖域，千載絕學，始有指歸。中興以來，又得朱熹精思明辨，表裏混融，使《大學》、《論》、《孟》、《中庸》之書，本末洞澈，孔子之道，益以大明於世。朕每觀五臣論著，啟沃良多，今視學有日，其令學官列諸從祀，以示崇獎之意。」詳參（元）脫脫等撰，楊家駱主編：《宋史》（臺北：鼎文書局，1991 年）卷四十二〈本紀〉第四十二〈理宗二〉，頁 821。

〔註 40〕　《宋史・度宗本紀》。參《宋史》卷四十六〈本紀〉第四十六〈度宗〉，頁 897。

〔註 41〕　《日知錄》卷十四〈配享〉（原鈔本作〈從祀〉），參（清）顧炎武撰，（清）黃汝成集釋，欒保群、呂宗力校點：《日知錄集釋：全校本》中冊，頁 852。

自此能得以確立，尤其宋理宗的「周、程、張、朱五子之從祀」，更是「先王之道」得以存續不輟的主因，故而功勞誠然甚大，也因此給予其極高的評價。

元代脫脫等人亦在《宋史‧理宗本紀》之末贊云：「（理宗）身當季運，弗獲大效，後世有以理學復古帝王之治者，考論匡直輔翼之功，實自帝始焉。廟號曰『理』，其殆庶乎！」〔註42〕質言之，孔子廟庭的祭祀系統之趨於完備，確實有賴宋代諸帝王對於「廟學」制度中的從祀制度之建立，由於當世能有宋神宗的增列荀況、揚雄、韓愈的先例，並且規範了各個從祀者在祭祀體系中的地位等級；又有宋理宗開啟了奉祀當世傑出理學家人物之先例；其後始有宋度宗能將顏、曾、思、孟四子，定為「四配」，使其一同配享於廟庭。若依此論，則宋代君主對於「廟學」從祀制度的貢獻，確實具有相當程度的功績。

不過，若是再更進一步地考察，則「廟學」的從祀制度，當始於唐代。蓋中國傳統的其他類型祭禮，實施「從祀」與「配享」等制度的由來已久，而孔子廟的從祀制度，則是在東漢明帝的祭祀孔子並及七十二弟子時，誠已開啟其端〔註43〕。至於孔門弟子之配享孔子，也最遲當在東漢末期時已見行事，時人禰衡（173～189）即撰有〈顏子碑〉頌文，其頌辭中有「配聖饋」等語〔註44〕，誠可作為佐證；迨至三國的魏齊王時期，更屢見朝廷派遣太常至辟雍，以「太牢」祭祀孔子，並以顏淵配之〔註45〕，此足見顏淵配享孔子一事，在漢末魏初時已是祭孔祀典的常規。而中國自唐代中期以後，在「廟學」制度普遍落實於官方教育事業的情況之下，以孔子為先聖、孔門後學等諸賢作為從祀的官學祭祀活動，在當時已是一極為普遍的現象，而將孔

〔註42〕《宋史‧理宗本紀》。參《宋史》卷四十五〈本紀〉第四十五〈理宗五〉，頁889。

〔註43〕關於中國傳統祭禮的「從祀」與「配享」制度，以及祭天、祭帝與祭孔時的配享儀制，可參黃進興的論述。參黃進興：〈學術與信仰：論孔廟從祀制與儒家道統意識〉，收入氏著：《優入聖域：權力、信仰與正當性》（臺北：允晨文化公司，1994年），頁222～226。

〔註44〕（漢）禰衡：〈顏子碑〉，收入高明編：《兩漢三國文彙》，頁2250。

〔註45〕《三國志‧魏書‧三少帝紀》記載，魏齊王於正始年間，每講經遍，輒使太常釋奠辟雍，以「太牢祀孔子於辟雍，以顏淵配」。詳見《三國志‧魏書四》卷四〈三少帝紀〉第四，頁119、120、121等處。《晉書‧禮志》亦記載：「魏正始中，齊王每講經遍，輒使太常釋奠先聖先師於辟雍，弗躬親。」參《晉書》卷二十一〈志〉第十一〈禮〉下，頁670。

門諸賢哲納入孔子廟庭，作為配享孔子的從祀制度，也始於唐代，正是有唐一代的創建之功，促使「祀孔」的從祀之制，自此確立不移。換言之，包含「從祀」、「配享」的成套祭祀制度，在唐玄宗開元年間，始有完整的運作機制，故即便宋代政權對於「廟學」從祀制度的建置完備，其貢獻確實不容抹滅，但是唐代政權對於「廟學」從祀制度的開創之功，也值得吾人仔細探究。

　　一般來說，截至唐代初期為止，與「廟學」制度相關的祭祀活動，大抵以「先師『配享』先聖」為主，故當周公被視為「先聖」的一些歷史時代，諸如後漢、唐代高祖武德年間、唐高宗永徽之際等，周公是祭祀的主位，而被視為「先師」的孔子，則是從祀者，配享於周公；當孔子被視為「先聖」的魏晉乃至隋代以及唐代太宗貞觀年間，與唐高宗顯慶二年之後，孔子自是祭祀的主位，而從祀者則改為顏回，配享於孔子。由此可見，隨著周公與孔子在「先聖」、「先師」地位之間的升降，其所配合的從祀者，也隨著此等情況而有所變更。

　　《舊唐書・禮儀志》記載，貞觀二十一年（647），唐太宗詔曰：

> 左丘明、卜子夏、公羊高、穀梁赤、伏勝、高堂生、戴聖、毛萇、孔安國、劉向、鄭眾、杜子春、馬融、盧植、鄭玄、服虔、何休、王肅、王弼、杜預、范甯、賈逵總二十二座，春秋二仲，行釋奠之禮。〔註46〕

此次詔令所欲表達者，是左丘明等二十餘人，皆與顏回一般，同被官方納入「先師」的行列。這條史料在《新唐書》以及當世記載典章制度的《唐會要》等文獻中，皆能得見〔註47〕。杜佑《通典》亦載：

> 以左丘明、卜子夏、公羊高、穀梁赤、伏勝、高堂生、戴聖、毛萇、孔安國、劉向、鄭眾、杜子春、馬融、盧植、鄭玄、服虔、何休、王肅、王弼、杜元凱、范甯、賈逵，總二十二人，並為先師。〔註48〕

諸部文獻史料的記載大致無異，再配合貞觀年間的以孔子為「先聖」的祭祀制度，則配享於「先聖」孔子的從祀制度，自此初具規模，這也正是明代學者丘

〔註46〕《舊唐書・禮儀志》。參《舊唐書》卷二十四〈志〉第四〈禮儀四〉，頁 917。
〔註47〕詳見《新唐書・禮樂志》與《唐會要・褒崇先聖》。參《新唐書》卷十五〈志〉第五〈禮樂五〉，頁 374。以及（宋）王溥：《唐會要》中冊，卷三十五〈褒崇先聖〉，頁 636。
〔註48〕（唐）杜佑：《通典》卷五十三〈禮〉十三〈沿革〉十三〈孔子祠〉，頁 1480。

濬（1421～1495）能依此稱其為「此後世以先儒配享孔子之始」。〔註49〕

　　唐玄宗開元年間，配享於孔子的從祀制度，有了更大規模的發展，例如開元七年（719），從祀的對象增列了「十哲」；開元八年（720）又加祀了曾參與孔門七十二子，並且追尊顏回為「亞聖」；迨至開元二十年（732）的《大唐開元禮》完成時，以孔子為主位的祭祀制度，誠已開展出：「先聖」孔子、「先師」顏回、十哲與七十二賢從祀的龐大且趨於完備之祭祀體系〔註50〕。另外，唐玄宗又於開元二十七年（739），追諡孔子為文宣王、顏回則尊為「兗公」、餘下孔門諸哲為「侯」、曾參以下七十二賢為「伯」〔註51〕，孔門一系的祭祀行列發展至此，儼然成為廟庭之中的小型王國。此外，也正因為此等祭祀制度，已著錄於《大唐開元禮》之中，足見這種祭祀之禮，應已成為唐代玄宗以後的一項定制，而且是一通行於「天下諸州」的釋奠儀式範本〔註52〕，是諸項關於「祀孔」之禮制，亦被清楚地規定於《唐六典》：「凡春、秋二分之月，上丁釋奠於先聖孔宣父，以先師顏回配，七十二弟子及先儒二十二賢從祀焉。」〔註53〕其所記載的祭祀規制，完全同於《大唐開元禮》。

　　由是觀之，從祀制度的「從祀」名稱之由來，以及與「祀孔」方面相關的從祀制度，當肇始於唐代貞觀之際。在當世首先有唐太宗的釐定左丘

〔註49〕　（明）丘濬（邱浚）著，林冠群、周濟夫校點：《大學衍義補》（北京：京華出版社，1999 年）中冊，卷六十五〈治國平天下之要・釋奠先師之禮上〉，頁560。

〔註50〕　詳參《大唐開元禮》卷一〈序例上〉、卷五十四〈吉禮：國子釋奠於孔宣父〉二處之諸項規定。參（唐）蕭嵩等撰：《大唐開元禮》（北京：民族出版社，2000 年）卷一〈序例上〉，頁 16、19；卷五十四〈吉禮：國子釋奠於孔宣父〉，頁 298～303。

〔註51〕　詳參（唐）杜佑：《通典》卷五十三〈禮〉十三〈沿革〉十三〈孔子祠〉，頁1481～1483。又：《舊唐書・禮儀志》亦記載，唐玄宗於開元二十七年八月，下詔制定：「朕以薄德，祇膺寶命，思闡文明，廣被華夏。時則異於今古，情每重於師資。既行其教，合旌厥德。爰申盛禮，載表徽猷。夫子既稱先聖，可追諡為文宣王。……昔緣周公南面，夫子西坐，今位既有殊，坐豈如舊，宜補其墜典，永作成式。自今已後，兩京國子監，夫子皆南面而坐，十哲等東西列侍。天下諸州亦准此。」詳參《舊唐書》卷二十四〈志〉第四〈禮儀四〉，頁 920。

〔註52〕　詳見《舊唐書・禮儀志》。參《舊唐書》卷二十四〈志〉第四〈禮儀四〉，頁920。

〔註53〕　（唐）李林甫等撰，陳仲夫典校：《唐六典》卷二十一〈國子監〉之「祭酒、司業」條，頁 557。

明等二十餘人，列入與顏回相同的「先師」地位，一起配享於「先聖」孔子。太宗此舉，確實促使「廟學」的從祀制度，自此初具規模，其後復有唐玄宗的繼續拓展其規模，不僅增祀了許多孔門弟子與後學，一同作為孔子的從祀者，更明確地將詔令傳達至天下各處，成為當世通行於各州的固定規制。

　　這也正是往後的宋代乃至於元、明、清諸朝，能在唐代所釐定的基礎上，更進一步地開展「廟學」的從祀制度，形成一龐大且複雜的祭祀系統，而且影響所及，不啻只有官方文教事業，大體上襲仿於官方教育機構的宋代書院，自然也有意識地仿效官學的建置孔廟，故亦一如官學而深受此種祭祀制度的影響。例如北宋熙寧七年（1074），宋神宗以荀況、揚雄、韓愈「皆發明先聖之道，有益學者」為由〔註54〕，將此三人增列為配享對象而從祀於廟庭，又於元豐七年（1084）再度「以孟軻配食文宣王，封荀況、揚雄、韓愈為伯，並從祀。」〔註55〕；北宋紹聖元年（1094），宋哲宗「以王安石配饗神宗廟庭」〔註56〕，首先把在當世一度被奉為新法時期的「孔子」的王安石也納入神宗廟庭，其後又有宋徽宗於崇寧三年（1104）「以王安石配饗孔子廟」〔註57〕、「詔：王安石可配享孔子廟，位於鄒國公之次」〔註58〕，不僅將王安石配享於孔子廟庭，更視其為宋代功臣而圖繪其像於高閣，列位於顏孟之下、十哲之上，成為孔子廟的祭祀系統底下，位階僅次於顏回和孟子的從祀者。雖然在當代、甚或後世學者的心目中，對於上述的這些從祀者，是否足以列位於孔子廟，總有不少的爭議〔註59〕，不過仍足以說明這些人物在當世受到官方重視的程度。

　　再如兩宋以降的書院，不僅對「廟學」制度的祭祀系統有所承繼，更在沿襲此等祭祀的內容之後，擴大了祭祀與從祀的對象，也開展出更多元、更

〔註54〕　詳見《宋史·禮志》。參《宋史》卷一百五〈志〉第五十八〈禮八〉，頁2549。
〔註55〕　《宋史·神宗本紀》。參《宋史》卷十六〈本紀〉第十六〈神宗三〉，頁312。
〔註56〕　《宋史·哲宗本紀》。參《宋史》卷十八〈本紀〉第十八〈哲宗二〉，頁340。
〔註57〕　《宋史·徽宗本紀》。參《宋史》卷十九〈本紀〉第十九〈徽宗一〉，頁369。
〔註58〕　《宋史·禮志》。參《宋史》卷一百五〈志〉第五十八〈禮八〉，，頁2549。
〔註59〕　如：明末清初的顧炎武，即以「無傳注之功，不當祀也」批評宋代政權將荀況、揚雄、韓愈三人，納入孔子廟庭的從祀行列一事。詳見《日知錄》卷十四〈嘉靖更定從祀〉，參（清）顧炎武撰，（清）黃汝成集釋，欒保群、呂宗力校點：《日知錄集釋：全校本》中冊，頁855。至於王安石，更是在宋徽宗崇寧三年（1104）被納入孔子廟庭之後，又在北宋末期的欽宗靖康元年（1126）罷享，且從此不再復享。

多樣化的面貌，其依循「廟學」制度的祭祀與從祀之二種活動模式，將顏淵等人從祀於孔子的制度，衍生出朱熹、周敦頤等人從祀於祭祀空間的制度與模式，從而形成一體制頗為龐大、系統更為複雜的「祖一而宗分」之祭祀群。至於明清時期的書院祭祀，更形成了一個極為龐大的祭祀體系，除了奉祀孔子以及大批朝廷規定的全國統一之祭祀對象外，還設立了名宦祠、鄉賢祠、忠義孝悌祠，和一些以單個地方人物作為命名的祠宇，甚至祭祀儀式時所使用的貢品、儀式等，也有統一且嚴謹的規定〔註60〕，不過客觀來說，基本上仍是以孔子為祭祀主位、諸賢儒作為配享與從祀的基本前提，所持續發展出來的祭祀系統，正所謂：「孔子有功萬世，宜饗萬世之祀；諸儒有功孔子，宜從孔子之祀。」〔註61〕這自是中國傳統以來，被歷代官方與學者所認同的普遍觀點。尤其清代對於從祀者的列位規範，更提出了一項看似較為靈活寬鬆，卻在觀念上極為進步的條文：「先賢、先儒從祀位次，應視其道德為先後，不可援師弟為定例。」〔註62〕這是清聖祖於康熙二十五年（1686）諭令大學士時，所陳述的一段言論，其大旨乃在利用「道德」作為判斷標準，以界定從祀者的列位順序，並說明當由「先賢」、「先儒」等尊稱，來表現祀位的先後次序。此誠然跳脫了傳統以歷史的時代先後作為區別尊卑高低的既定觀念，也由於這項規定來自於清聖祖的諭令，自然也造就了當世的從祀制度，能在更加靈活之餘，也更為法制化。

　　總的來說，唐太宗在專以祀孔的聖廟內，另立先儒從祀於廟庭而建置了基本的從祀制度之後，「廟學」中納入從祀對象以配享孔子一事，自此確立不移。其後再歷經高宗諸帝的持續發展與擴大其規模，質言之，有唐一代所釐定的「廟學」制度祭祀系統，不僅已將周公「請出聖廟」、改為配享周武王，使之歸於歷代帝王的祭祀系統，更誠然樹立了以孔、顏等代表的儒家道統，自此「道統」與「治統」截然分立，形成不同的祭祀體系，此也正是清代文宗於咸豐十年（1860）諭令大學士、軍機大臣酌定「從祀章程」時，其參與的眾臣能直以「闡明聖學，傳授道統」，作為議定「祀孔」時的從祀對象之判

〔註60〕關於兩宋書院與明清書院的祭祀系統，詳參本文第柒章〈魏晉隋唐「廟學」對於兩宋書院的影響〉第二節〈關於祭祀活動與祭祀制度方面的影響〉。

〔註61〕（明）夏原吉等纂，黃彰健校：《明太祖實錄》卷239（臺北：中央研究院歷史語言研究所據北平圖書館校印紅格鈔本微捲影印，1962年校印），頁4下。

〔註62〕詳參（清）龐鍾璐：《文廟祀典考》（江蘇：廣陵古籍刻印社，1988年）第二冊，卷一〈祀典·紀盛〉，頁4。

別標準〔註63〕，而孔、顏等儒家聖賢被統治階級認定為官學的祭祀對象、普遍奉祀於日後的各級學校、書院以及各處民間私學園地裡，此無疑是「廟學」制度徹底普及化的一項鮮明證據。

　　最後，值得注意者，是若僅針對魏晉南北朝乃至隋唐以來的「廟學」制度發展而論，則周公只有在唐初與唐高宗永徽之際，一度改祀於官學之聖廟，從而成為「廟學」發展過程中的兩小段歷史時期之特例。一般而言，自東晉「廟學」制度初具雛形以來，乃至於唐代「廟學」制度的普及化，「廟學」系統的祭祀活動，仍主要以孔子為先聖、顏回為先師，此既是唐代中期以後常態性的通行定制，更是日後諸多古代學者的普遍共識。例如宋濂在明太祖洪武四年（1371）所上奏的〈孔子廟堂議〉中，即援引了《大唐開元禮》而云：「開元禮：國學祀先聖孔子，以顏子等七十二賢配諸州。但以先師、顏子配。」〔註64〕由此可見宋氏對於《大唐開元禮》所載的「廟學」祭祀制度中，以孔子為「先聖」、顏回為「先師」之禮制的重視與認同。至於往後的歷朝各代，雖然其官學或書院對於從祀於孔子的配享對象，或者緣於政治情勢、學術風向、教育發展等因素，偶有些微的爭議、調整或更易，甚或擬欲重新釐正祀典、大幅升降從祀者在祭祀行列中的位階，而且列位於孔子之下的諸賢儒，其在廟庭之中的位置也皆非穩固，不過大體上仍是在依循唐代所釐定的入祀資格與入祀條件，是在唐制的基礎之下，進而有所推展與發揚，此等相沿如是的情況，概已斷然無疑。

三、隋唐以降「廟學」制度的發展概況

　　從「廟學」制度的研究視角而論，中國自魏代至東晉南北朝乃至於隋唐二代，官方教育事業逐步完成了「廟學」教育制度的具體落實與普遍化，使之成為中央到地方各州縣的一項常態、固定的通制。另一方面，也由於唐高

〔註63〕當時大學士、軍機大臣等眾臣議曰：「從祀章程，例無明條，應以『闡明聖學，傳授道統』為斷。」此議獲允實施，並編纂入「禮部則例」。事見龐鍾璐《文廟祀典考》與《欽定大清會典事例》等文獻，詳參（清）龐鍾璐：《文廟祀典考》第二冊，卷一〈祀典・紀盛〉，頁31～32。（清）崑岡等修、劉啟端等纂：《欽定大清會典事例》第七，卷436〈禮部〉，收於續修四庫全書編纂委員會編：《續修四庫全書》（上海：上海古籍出版社，2002年）第804冊〈史部・政書類〉，頁834下～835上。

〔註64〕（明）宋濂：〈孔子廟堂議〉，收於（明）程敏政編，任繼愈主編：《明文衡》（長春：吉林人民出版社，1998年）卷九，頁98。

宗李治於最後又再度確立了以孔子為先聖、顏淵為先賢之祭祀制度，再依上文所引《唐六典》之記載，足見「廟學」中的「廟」制，最遲至唐玄宗的開元年間，已具備非常正式、完整而且發達的體制，其所包含的整套「從祀」與「配享」制度之運作模式，皆被明文規定在官方的行政法典，成為相關人員所奉行的法律條文。

這即是說，唐代自太宗貞觀年間之後，再歷經高宗、玄宗等諸帝王，至少在唐代前期，中國的「廟學」教育體制，實已正式完成，所謂「廟學合一」亦成為中央、地方官學中的固定學制和禮制，更是政府與地方在政教合一上的具體代表，這是有目共睹的歷史事實。

另外，即便歷史更迭、政權遞嬗，中國官方文教事業總能在承襲前代舊制的基礎上而有所開創，其教育體制與學制等方面，也因此得以更趨於成熟與普遍，是兩宋學制大抵承襲唐代；而元、明二朝的州縣學，則是不論在學校的位址、基本規制、內部設施、「廟學」制度與經費來源等方面，皆泰半沿襲宋制，並且在此基礎上以逐步拓展地方官學的規模與數量〔註65〕。

宋代尹洙〈鞏縣孔子廟記〉云：「宋興，八十載。……郡府立學校尊先聖廟十六七。」〔註66〕尹氏之言論，足以呈現中央官學到地方縣學的建有孔子廟，幾乎是北宋教育學制的常態；王安石〈繁昌縣學記〉謂：「事先師先聖於學而無廟，古也。近世之法，廟事孔子而無學。」、「然則事先師先聖者，以有學也。今也無有學而徒廟事孔子，吾不知其說也。而或者以謂孔子百世師，通天下州邑為之廟，此其所以報且尊榮之。」〔註67〕其以「無有學而徒廟事孔子」感嘆當世「通天下州邑為之廟」的目的，徒剩流於表面的「所以報且尊榮之」的象徵意義；朱熹〈行鄉飲酒禮告先聖文〉亦謂：「一昨朝廷舉行鄉飲酒之禮，而縣之有司奉行不謹，容節謬亂，儀矩闕疏，甚不足以稱明天子舉遺興禮之意。」〔註68〕也是感嘆當朝雖然舉行「鄉飲酒之禮」，唯地方縣學

〔註65〕關於元、明二朝的州縣學對於宋代學制的承襲，可參周愚文：《宋代的州縣學》第十一章〈州縣學發展對後世的影響〉，頁243～254。

〔註66〕（宋）尹洙：《河南集》卷四〈鞏縣孔子廟記〉，收於（清）紀昀等編纂：《景印文淵閣四庫全書》第1090冊〈集部三〉第29〈別集類二〉，頁16下。

〔註67〕王安石：〈繁昌縣學記〉，收於（宋）王安石：《臨川先生文集》第八十二卷，頁863。

〔註68〕朱熹：〈行鄉飲酒禮告先聖文〉，《晦庵先生朱文公文集》第五冊，卷八十六。收於（宋）朱熹撰，朱傑人、嚴佐之、劉永翔主編：《朱子全書》第二十四冊，頁4032。

卻「容節謬亂」、「儀矩闕疏」，原本具有立意美好的祭禮，僅徒剩表面的形式而已，不過王、朱所描述者，亦不失為北宋與南宋「廟學」普遍落實於地方官學的一項證據；金代段成己〈河中府重修廟學碑〉則云：「隋唐以來，學遍天下。雖荒服郡縣皆有學，學必立廟，以禮孔先聖先師。……至於近代，廟學制備矣。」〔註69〕元代馬端臨《文獻通考》亦記載：「自唐以來，州縣莫不有學，則凡學莫不有先聖之廟矣。」〔註70〕又上文所援引之元代順帝時期的徐碩《至元嘉禾志》卷七「學校」條記載：「廟以崇先聖，學以明人倫。郡邑廟學，大備於唐。」清代學者吳省欽〈什邡縣方亭書院新建聖像樓碑〉更有：「唐宋以來，郡、州、縣莫不有學，即莫不有廟」一語〔註71〕。綜合上引諸條文獻所論，足見「廟學」教育制度「大備於唐」，而且在唐代「凡學莫不有先聖之廟」以後，確實於宋、金二代已完全達到普遍化，尤其馬端臨《文獻通考》在「自唐以來，州縣莫不有學，則凡學莫不有先聖之廟」一語之後，復援引柳子厚〈柳州文宣王廟碑〉與歐陽修〈襄州穀城縣夫子廟記〉等例而謂「皆言廟而不及學」、「荒陋之邦，往往庠序頹圮，教養廢弛，而文廟獨存。長吏之有識者，以興學立教，其事重而費鉅，故姑葺文廟，俾不廢夫子之祠，……。」〔註72〕由此可見當代對於孔子廟的重視，致使其地位甚至有高於州縣學校的傾向。

　　此也正是今日學者能援引唐德宗貞元年間到唐憲宗元和年間的禮官王涇《大唐郊祀錄‧文宣王廟》，以及近世在敦煌發現的記載沙州州學、縣學之《沙州圖經》等文獻，詳盡地論證唐代「廟學」的教育體制、建築規模與配置格局〔註73〕。往後的歷朝各代，亦大抵相互承襲唐代此制，即使是相較之下最不推崇儒術、士人地位特為低落的元代，其建國初期也曾致力於「廟

〔註69〕　（金）段成己：〈河中府重修廟學碑〉，轉引自（清）胡聘之輯：《山右石刻叢編》卷二十六，收於《石刻史料新編》第一輯，21：「山西」（臺北：新文豐出版公司，1977年），頁10。

〔註70〕　馬端臨《文獻通考》卷四十三〈學校考四‧祠祭褒贈先聖先師〉條末按語。參（元）馬端臨：《文獻通考》，頁411上。

〔註71〕　（清）吳省欽：《白華前稿》卷八〈碑記〉第一〈什邡縣方亭書院新建聖像樓碑〉，收於續修四庫全書編纂委員會編：《續修四庫全書》第1447冊〈集部‧別集類〉，頁632下～633上。

〔註72〕　上引二語，皆見於馬端臨《文獻通考》卷四十三〈學校考四‧祠祭褒贈先聖先師〉條末按語。參（元）馬端臨：《文獻通考》，頁411上。

〔註73〕　詳參高明士：《中國中古的教育與學禮》，頁64～66。

學」教育制度的推廣〔註 74〕，是史傳記載元太宗窩闊台任內，至少有二次修茸孔子廟的紀錄〔註 75〕，而且《元史》也記載其在打敗金代、建立元代政權之初（元太宗英文皇帝六年，西元 1234 年），即把金代中都燕京的樞密院，改建為「宣聖廟」〔註 76〕，《新元史》則記載同年年底「設國子監助教官於燕京，令大臣子弟入學。」〔註 77〕今日將二部史傳合而觀之，可推測元太宗當是沿襲以往的「廟學」教育制度，在孔子廟旁設立中央官學——國子學，並詔令侍臣子弟入學，故今日學者普遍認為，這是元代「廟學」實施於國子學的最早紀錄〔註 78〕。而元代第二任帝王元成宗鐵穆耳，亦對中國固有的儒學教育事業等方面，展現了相當程度的重視，是史傳載有「成宗始命建宣聖廟於京師」〔註 79〕，又：

> 成宗即位，詔曲阜林廟，上都、大都諸路府州縣邑廟學、書院，贍
> 學土地及貢士莊田，以供春秋二丁、朔望祭祀，修完廟宇。自是天
> 下郡邑廟學，無不完茸，釋奠悉如舊儀。〔註 80〕

依上引諸條史料，已經足以證明元代初期的太宗、成宗等君王，能持續對於「廟學」制度等文教事業，表示極大的關注。

〔註 74〕 除了筆者於上文所述及的元成宗於大德初年詔令地方官員「到任先詣先聖廟拜謁」可證實此論，亦可參胡務：〈元代廟學的興建和繁榮〉，收入《元史論叢》（北京：中國社會科學出版社，1997 年）第六輯。胡務：〈元代廟學的建築結構〉，收入《元史論叢》（南昌：江西教育出版社，2000 年）第八輯。以及申萬里：〈元代廟學考辨〉，《內蒙古大學學報（人文社會科學版）》，2002 年 3 月，第 2 期第 34 卷。

〔註 75〕 元代第一任帝王：元太宗窩闊台，其任內至少有二次修茸孔子廟的紀錄。分別是元太宗英文皇帝五年（1233 年）與元太宗英文皇帝八年（1236 年），《元史・太宗本紀》：「（元太宗英文皇帝五年）敕修孔子廟……」、「（元太宗英文皇帝八年）三月，復修孔子廟……」詳參（明）宋濂撰，楊家駱主編：《元史》（臺北：鼎文書局，1998 年）卷二〈本紀〉第二〈太宗〉，頁 33、34。

〔註 76〕 《元史・選舉志》記載：「國初，燕京始平，宣撫王楫請以金樞密院為宣聖廟。」參《元史》卷八十一〈志〉第三十一〈選舉一・學校〉，頁 2032。

〔註 77〕 《新元史・太宗本紀》：「（元太宗英文皇帝六年）設國子監助教官於燕京，令大臣子弟入學。」參柯劭忞：《新元史》（臺北：藝文印書館，1956 年）第一冊，卷四〈本紀〉第四〈太宗〉，頁 23 下。

〔註 78〕 程方平：《遼金元教育史》（重慶：重慶出版社，1993 年），頁 17。

〔註 79〕 《元史・祭祀志》。參《元史》卷七十六〈志〉第二十七〈祭祀五・宣聖〉，頁 1892。

〔註 80〕 《元史・祭祀志》。參《元史》卷七十六〈志〉第二十七〈祭祀五・郡縣宣聖廟〉，頁 1901。

　　質言之，「廟學」在元代之後，已是一通行於世人日常生活的普遍概念，是作為官方教育事業設置孔子廟一事之專有名詞，而且此種教學與祭祀兩相結合的教育制度，甚至已成為當世各級儒學的通稱，是各地以儒學教學為主的文教事業之重要活動與內容，幾乎可以用來指涉元代當世的一切儒學，故今日學者已能透過對元人文集、以及各地金石碑傳中的考察，檢索到大量的以「廟學」作為詞條的資料，並直以「廟學即是儒學」界定元代「廟學」〔註81〕。由此可見元代對於唐宋以來廟、學合一制度的高度承繼。

　　另外，王陽明〈萬松書院記〉云：「惟我皇明，自國都至於郡邑咸建廟學，羣士之秀，專官列職而教育之。其於學校之制，可謂詳且備矣。」〔註82〕此足以呈現明代從中央到郡邑之全國的學校，誠然已建置了非常完備的「廟學」教育體制。而清代對於闕里孔子廟，或者本已建置完備的「廟學」體系之中央與地方教育機構，其重視與尊奉之程度，誠然不遜於前朝，清代雍正皇帝即直言不諱地讚嘆「孔子之教」是「在君上尤受其益」之偉大事業〔註83〕，而且清代官學底下的「廟學」制度，也大抵因襲明代舊制，例如清代的北京國子監，是前代所通稱的「太學」，今依《欽定大清會典》所載：「為廟於城東北隅，太學之東，殿曰：大成。……廟後建祠，曰：崇聖。」〔註84〕此足以證明清代中央官學不僅亦建置有完整的「廟學」體系與制度，且其「廟／學」的佈置格局，乃遵循中國傳統古禮以「左」為尊的方式所配置出的「左廟右學」建制。由此可見，「廟學」教育制度自唐代以後，歷經往後諸朝政權的致力推廣，實成為傳統中國官學之固定性、常態性的通行學制，是直到清

〔註81〕根據申萬里的考察，元人文集以及各地金石碑傳中「廟學」二字出現的數量，高達 72 處之多。參申萬里：〈元代廟學考辨〉，《內蒙古大學學報（人文社會科學版）》第 34 卷第 2 期（2002 年 3 月），頁 22～23。

〔註82〕王陽明：〈萬松書院記〉，參（明）王守仁撰，吳光、錢明、董平、姚延福編校：《王陽明全集》（上海：上海古籍出版社，1992 年）上冊，卷七〈文錄四〉，頁 252～253。

〔註83〕雍正諭禮部：「孔子之教在明倫紀、辨名分、正人心、端風俗，亦知倫紀既明，名分既辨、人心既正、風俗既端，而受益者之尤在君上也。」參（清）崑岡等修、劉啟端等纂：《欽定大清會典事例》第七，卷 436〈禮部〉，收於續修四庫全書編纂委員會編：《續修四庫全書》第 804 冊〈史部・政書類〉，頁 834下。

〔註84〕（清）允祹等撰：《欽定大清會典》卷四十五〈禮部・先師之禮〉。收於（清）紀昀等編纂：《景印文淵閣四庫全書》第 619 冊〈史部〉第 377〈政書類〉，頁 387 下。

代為止，中國自中央國子監到地方縣學，皆普遍落實了此項學制，並未發生太大的變動。

　　總的來說，以「廟學」制度的發展史而論，其自從在東晉孝武帝時代初具雛形之後，歷經南北朝乃至於隋代的繼續推展，迨至唐太宗的極力提高孔子地位，並於貞觀年間在官方教育事業普遍推廣「廟學」制度；其後復有唐高宗最後再度確立了孔子在「廟學」等祭祀活動中的「先聖」地位，自此之後，孔子被歸於聖者之流的「道統」、周公被歸於王者之流的「治統」，二者的分立於截然相對的二處，已經完全被確立。職是，中國自唐宋之後，孔子儼然成為儒學道統的代表，是中國傳統文化與知識份子的代言人，往後的歷代政權，無不積極的利用官學系統來建置完備的「廟學」制度；讓官方的教育園地，能藉由孔子廟的建置及其相關的祭祀活動，一方面宣揚儒家的學術文化與思想理念，一方面也由於廟中的祭祀主位是「教育、學問之神」、又是百世帝王之師的孔子，更足讓屬於學校的園地充滿了神聖化的莊嚴、肅穆之氛圍。故清代錢大昕云：「孔廟從祀，非尋常事。」〔註85〕從唐代到清末以前，諸政權通過官學等文教事業對「廟學」制度的樹立，使得重視孔子在學術與教育上的地位、遵奉孔子為「先聖」等層面，皆成為往後中國人心中的一種不容撼動之普世價值。

第二節　晚清新政導致「廟學」制度解體

　　筆者於上文曾經探討了清代文宗在咸豐十年（1860）諭令眾臣酌定「從祀章程」，其參與的相關人員，有意識地利用「闡明聖學，傳授道統」，作為議定「祀孔」時的從祀對象之判別標準。故若就「廟學」制度的研究視角而論，當時所訂立的「從祀章程」，不僅是中國自唐代以來所建立的從祀制度的章程化之始，更可謂是中國近兩千年來「道統」教育化的一項總結。蓋中國「廟學」制度自東晉孝武帝建置了雛形，再歷經唐太宗乃至於玄宗之際所建立的聖廟配享、從祀制度，以及玄宗開元年間對於從祀制度所作的更大規模之開展，讓往後中國的各類文教事業與教育組織，有了固定而且通行的「祀孔」規制，更讓往後的歷朝各代，有了足以依循的入祀資格、入祀條件作為前提，從而形成一幅甚為龐大的「廟學」祭祀體系。不過，就在清文宗議定

〔註85〕（清）錢大昕撰，呂友仁校點：《潛研堂集》（上海：古籍出版社，1989年）卷十九〈雜著三・王鳴盛奏從祀事〉，頁322。

「從祀章程」的約莫四十年之後,「廟學」制度伴隨著與之緊密聯繫的傳統官學體系一併解體;自唐代中期以後,日益普及於官方各級學校、書院以及各處民間私學園地裡的「廟學」制度,從此被硬生生地劃下了休止符,此自是與近代西方文化的傳入,以及清末國力孱弱而導致統治者亟欲改革教育體制等歷史故實,有相當程度的關係。

一、晚清新政對於中國傳統教育事業的衝擊

　　清末的首次對於教育體制之改革,當是光緒二十四年間的戊戌變法(1898 年 6 月 11 日～9 月 21 日)〔註86〕,可惜當時光緒帝以及擬欲實行變法的臣屬,最後終以失敗收場,今考察《清史稿‧德宗本紀》所載:

> (光緒二十四年五月)甲戌,詔改直省各屬書院為兼習中西學校,以省書院為高等學,郡書院為中等學,州、縣書院為小學。其地方義學、社學亦如之。〔註87〕

此足見光緒帝等人已擬欲「兼習中西學校」,故計畫引進西方新式教育,並將各省、郡的書院以及各州、縣的書院,分別改設成為「高等學」、「中等學」與「小學」。

　　歷時百餘天的戊戌變法,最後以失敗告終,慈禧太后下詔停止一切新政,宣布恢復舊觀,是類學制的相關改革,亦未能付諸實踐。必須待至兩年之後,亦即光緒二十六年(1900)的庚子年義和團與八國聯軍之亂後,慈禧太后首次體會到清廷國力的孱弱,已完全無法與列強抗衡,亦深知若非改革,則不足以收拾人心;若非變法,不足以緩和對外空氣;為了落實「取外國之長」、「去中國之短」而主動開始改革、推行新政,此即後世所謂「庚子新政」。慈禧太后在光緒二十七年(1901 年 1 月 29 日)下詔變法,並利用光緒帝的名義頒佈上諭,詔命督撫以上的大臣,就朝章國政、吏治民生、學校科舉、軍制財政等問題,詳細擬出議奏。

　　其中關於學校科舉方面的改革,即是庚子新政的一項重要內容,包括廢

〔註86〕戊戌變法的時間,以清代光緒紀年,是光緒二十四年 4 月 23 日至 8 月 6 日。西元紀年則是 1898 年 6 月 11 日至 9 月 21 日,為期一百零三天,故史稱「百日維新」。參中國近代史教學研討會編著:《中國近代史》(臺北:幼獅文化事業公司,1972 年),頁 272～273。

〔註87〕《清史稿‧德宗本紀》。參趙爾巽等著,國史館校註:《清史稿校註》(臺北:臺灣商務印書館,1999 年)第二冊,卷二十四〈本紀〉第二十四〈德宗二〉,頁 978。

除科舉、興辦學堂、派留學生等。光緒二十七年（1901 年 9 月 4 日），清政府下諭各省城的書院改成大學堂，各府以及直隸州的書院改設中學堂，各州、縣的書院則改設小學堂，並且額外增設蒙養學堂，以年紀六、七歲為入學之年，性質類似於現代的國民小學教育。同年 12 月 5 日，清政府又頒佈學堂科舉獎勵章程，規定學堂的畢業生在考試之後，可獲得進士、舉人、貢生等身分。

值得一提者，是考察光緒二十七年（1901）庚子新政對於文教事業方面的改革，再對照於《清史稿・德宗本紀》所載光緒二十四年（1898）清德宗「兼習中西學校」的目標，二者在改制各級書院為大、中、小學堂上的措施，幾乎大同小異。慈禧太后必須等到兩年之後，因各國列強的侵略而驚覺推行新政的重要性，從而重新提出三年之前因為其強力壓制而導至變法失敗的光緒帝等人所倡導的「舊政」、「被否定的措施」，甚或有學者總評了庚子新政的整體過程，認為：「慈禧年歲已高，事事保守，倡言改革，乃迫於環境；為籠絡人心之計，無發奮圖強之心。而朝臣則敷衍了事，故改革無大效果。」〔註88〕回首這一段歷史過程，著實令人不勝唏噓！

另外，光緒三十年（1904）一月，又有張之洞等人，制定學堂章程，將普通教育分為初等、中等、高級教育，而與普通學堂並行者，尚有專業教育，諸如師範學堂，以及各類實業學堂等，各類學校在學制上自成系統，並且頒佈《重訂學堂章程》，除了詳細規定各級學堂的章程以及其管理的體制，更以法令的形式，要求全國各地必須實際推行，由是一套完整的學校制度已誠然建立起來。最後，光緒三十二年（1906）起，宣布正式停止科舉考試，一律從學堂選拔培養人才。

至於一直以來和中國科舉制度維繫甚深，並且在一定程度上受到「廟學」教育制度影響的古代書院，當然也隨著這樣的歷史背景與潮流而逐漸沒落，導致延續千餘年的傳統書院，在清末的書院改制運動中，隨著光緒皇帝的一紙詔令而宣告廢止〔註89〕，自此淡出了歷史舞臺〔註90〕。此誠如今日學

〔註88〕 中國近代史教學研討會編著：《中國近代史》，頁 296。

〔註89〕 關於清末的書院改制歷程，今日學者已撰有專章加以探討，可參樊克政：《中國書院史》第八章〈清末的書院改制〉（臺北：文津出版社，1995 年），頁 331～338。

〔註90〕 不過客觀而論，清末書院改制之後，書院並未因此淡化出世人的視野、也並未徹底消失在歷史的長河中。因為就在書院改制之後不到二十年的 1920 年，蔡元

者所云：

> 科舉制度的廢除，使那些希冀通過科舉考試步入仕途的士人的希望
> 最後破滅，於是，那些原來還在觀望徘徊，猶豫不決的書院，也都
> 不得不下定決心，紛紛改設學堂，致使書院改學堂的數量驟
> 增，……。〔註91〕

甚或今日更有學者直言：「光緒三十一年（1905 年），清政府下令停止科舉，
書院賴以生存的政治基礎已完全喪失，書院便以更快的速度改為學堂。」其
認為中國傳統文化在實質內涵上已與西方近代文化產生激烈的衝突與矛盾；
或許以儒家思想為基礎的中國傳統教育模式，已經無法適應當代的學術環
境，甚或更不足以容納西方的科學文化。〔註92〕

二、「廟學」制度的解體與新學制之建立

誠如上述，中國自西元 1901 年至 1906 年的一連串改革，諸如廢除科舉
考試制度、設立新式學堂、引進新式教育等，導致中國延續了千餘年的各種
傳統學制，從此宣告結束，而自魏晉以降逐漸成型的「廟學」教育制度，也
在此時退居次要地位，甚至有逐漸解體的傾向。蓋近代的教育學制裡，「學」
的要素當然依舊存在，唯「廟」的要素、功能與作用，似乎不能再如「廟學」
制度興盛時期一般地被運用在學校空間內。職是，1901 年之後的中國教育體
制，致使學校已成為一純粹教學、授予知識的園地，此種源自於西式學堂、
新式教育等概念者，自是現代人所普遍認知的「學校」之定義，而傳統的「廟

培即在北京高等師範大學的一次演講中談到：「學校卻有不及書院之點。」參
見蔡元培：〈在北京高等師範學校《教育與社會》社演說詞〉（1920 年 4 月 15
日），收於高平叔編：《蔡元培全集》（北京：中華書局，1984 年）第三卷，頁
395。而蔡氏所主政的北京大學，依今日學者的研究，也極具有濃厚的書院色
彩，詳參陳平原：〈解讀被作為神話的清華國學院〉，《科學時報‧大學周刊》，
1995 年 8 月 1 日，第 4 版。另外，胡適在 1923 年 12 月 10 日在南京東南大學
的演講詞、並於 1924 年發表的〈書院制史略〉一文中亦云：「書院之廢，實在
是吾中國一大不幸事。」收於胡適著，季羨林主編：《胡適全集》（合肥：安
徽教育出版社，2003 年），第 20 卷〈教育篇〉，頁 112。由此可見，隨著時間
的流逝和近現代教育出現的諸多問題，世人更願意重新檢視古代書院。

〔註91〕金林祥：〈試論清末書院改革〉，《教育史研究》1993 年第 4 期。收於中國地方
教育史志研究會、《教育史研究》編輯部主辦：《紀念《教育史研究》創刊二十
周年論文集（3）——中國教育制度史研究》（2009 年 9 月），頁 199～205。

〔註92〕以上論述，詳參胡青：《書院的社會功能及文化特色》（武漢：湖北教育出版
社，1996 年），頁 283。

學」制度自東晉太元十年（385）的初具雛形，至清光緒二十七年（1901）的變法改革，共歷時而且影響了中國教育學制將近 1500 多年，此正是胡務所謂：「直到清末西學傳入中國之前，廟學制度始終貫穿了中國封建社會中後期的歷史，可以毫不誇張地說，其間的教育史其實就是一部廟學發展的歷史。」〔註 93〕而晚清以來透過日本而向西方學習、引進的新式學校教育和體制，則從此取代了「廟學」制、科舉考試與傳統官學等文教事業，時至今日猶然如此。

最後，當歷史時序進入了民國時期，國民政府學習歐美教育學制，益之以一些社會政策、教育方針等實行之下，「廟學」教育制度誠然已全面解體，自此不存在於國家正式的學校體制裡。民國元年（1912），南京臨時政府教育部的首任教育總長蔡元培，發表〈對於新教育之意見〉，文末有：

> 滿清時代，有所謂欽定教育宗旨者，曰忠君，曰尊孔，曰尚公，曰尚武，曰尚實。忠君與共和政體不合，尊孔與信教自由相違（孔子之學術，與後世所謂儒教、孔教當分別論之。嗣後教育界何以處孔子，及何以處孔教，當特別討論之，茲不贅），可以不論。……以質於當代教育家，幸教育家平心而討論焉。〔註 94〕

蔡元培於 1912 年 2 月發表此文之後，復於同年 9 月根據此文的基本宗旨，頒布了國家的教育宗旨。蔡氏時任教育總長，其言論自然對民國時期的教育方針，產生重大的影響〔註 95〕，是此篇文章發表之後的三個月內，已先後刊載於《民立報》、《教育雜誌》、《臨時政府公報》、《東方雜誌》諸處〔註 96〕，是同年 9 月教育部公佈的《教育宗旨令》如下：「茲定教育宗旨，特公佈之，此令。注重道德教育，以實利教育、軍國民教育輔之，更以美感教育完成其德。中華民國元年九月初二日部令第二號。」〔註 97〕此宗旨亦載於之前刊登蔡氏〈對於新教育之意見〉的《教育雜誌》之下一卷期裡〔註 98〕，可謂蔡氏擬欲

〔註 93〕胡務：《元代廟學：無法割捨的儒學教育鏈》，頁 164。
〔註 94〕蔡元培：〈對於新教育之意見〉（1912 年 2 月 11 日），收於高平叔編：《蔡元培全集》（北京：中華書局，1984 年）第二卷，頁 136～137。
〔註 95〕此可參熊明安：《中華民國教育史》（重慶：重慶出版社，1990 年），頁 8。
〔註 96〕《民立報》1912 年 2 月 8、9、10 日，《教育雜誌》第 3 卷第 11 號（1912 年 2 月 10 日出版），《臨時政府公報》第 13 號（1912 年 2 月 11 日出版），《東方雜誌》第 8 卷第 10 號（1912 年 4 月出版）。
〔註 97〕《臨時政府公報》第 13 號（1912 年 2 月 11 日出版）。
〔註 98〕見《教育雜誌》第 4 卷 7 號「法令」欄（1912 年 10 月 10 日出版）。

實行教育改革的大方向。

　　蔡元培身處於中國文化的新舊交替、中西衝突的劇變時代，本身亦是一位具備深厚儒學底蘊的學者，然而細究蔡氏的言下之意，其「尊孔與信教自由相違」一語，顯然是將傳統教育的「尊孔」視為宗教信仰，甚至認為「尊孔」違反宗教自由，此或許是今日學者所謂：「蔡元培本著科學的、實事求是的精神，既不盲目尊孔，也不盲目反孔，……。」〔註99〕誠是希望世人能對於孔子及儒學作出「重新認識與重新評價」的變革〔註100〕，並藉此來斥責當世、甚或是傳統中國的利用孔子與儒學作為工具來實現政治目的之陋規，從而達到「以人道主義去君主之專制，以科學知識去神權之迷信」的理想〔註101〕。不過，蔡氏的主張，也確實深刻影響了日後國民政府在一些社會政策、教育方針等方面的施行，此誠如今日學者所云：「這個看法，深深影響以後的孔子地位以及孔廟（此處特指學校中的孔廟）存廢問題。」〔註102〕蓋日後的國民政府，實已將孔子廟納入內政部的管轄範圍，自此被歸入宗教性質的諸寺廟種類之中，並割裂於現代國家的正式教育體制之外。

　　不過，值得一提者，是祀孔典禮雖然一直是歷代中國官方與民間所重視的祭典，不過其祭祀日期又與一般宗教不甚相同。蓋各種宗教性的祭祀及其活動，往往會選擇祭祀對象的誕辰、升天之日，作為慶典的日期，例如佛教以釋迦牟尼佛誕辰為「浴佛節」、「灌佛會」等，以慶祝佛教創始人的誕生，所謂「三寶佛節」亦是紀念釋迦牟尼佛的誕生、悟道及升天成佛的節日；基督教堂則以聖徒升天之日作為慶典日期；以耶穌受難日作為公共的宗教節日，並且舉行相關儀式、集結隊伍遊行，此本是私人宗教（private religion）的一大特色。至於作為官方宗教的孔子祭祀活動，則是選擇方便於全國一體奉行的「春秋釋奠」、「朔望祭祀」等來作為祭祀日期，又或者如唐代開元年間以前，或有分四時以祭祀的儀制，不僅與孔子誕辰無關，也並非為了符合一般信徒的需要，這即是秦蕙田所強調的不論「四時致祭」或「春秋釋奠」，

〔註99〕韓鐘文：〈蔡元培的儒學觀〉，收於張秋升、王洪軍主編：《中國儒學史研究》，頁419。

〔註100〕韓鐘文：〈蔡元培的儒學觀〉，收於張秋升、王洪軍主編：《中國儒學史研究》，頁419。

〔註101〕詳參蔡元培：〈對於新教育之意見〉（1912年2月11日），收於高平叔編：《蔡元培全集》第二卷，頁136、137等處之說解。

〔註102〕高明士：《東亞傳統教育與法文化》，頁83。

皆與孔子或個別聖賢無關〔註103〕，也是外國學者在比較基督教與「孔教」二者時，所謂「二教擇期的異適，關係官方、私人上的分野」〔註104〕。

第三節　「廟學」對於東亞地區傳統教育的影響略述

一、「學制」廢而「廟制」存的特殊現象

　　中國的「廟學」教育制度自東晉孝武帝的建置雛形；北齊政權的逐步拓展至地方上的州、郡學，迨至唐代之後已具備完整而且發達的體系，始成為中國傳統學制的一種基本形態，影響日後歷朝各代的教育體制甚深，即便唐末五代衰亂之際，政府的教育事業幾經動亂、戰火等摧殘而時斷時續，「廟學」或者在時代的風雨中屹立不搖；或者學校雖衰敗、卻仍能獨存廟宇以盡力支撐，此是《文獻通考》所謂「蓋衰亂之後，荒陋之邦，往往庠序頹圮，教養廢弛，而文廟獨存。」〔註105〕南宋寧宗嘉泰元年（1201）的《會稽志》亦記載：「宋興，學校之制皆因前代。惟州郡自唐末五代喪亂，學宮盡廢，有司廟祭先聖而已，猶有廢而不舉者。」〔註106〕所幸在宋代君王開國之後，又能持續推廣，致使宋、金二代，乃至於明、清等朝代的學制，皆能有所因襲，即便是肇始於唐代中期，興盛於兩宋的「書院」制度，也著實受到「廟學」教育制度極大的影響，此亦是今日學者高明士能謂：「宋初的書院教育，恐怕一開始就受到唐五代以來『廟學』制的影響，而具備廟（祠）學之制。」〔註107〕、「唐代以後的東方人，皆知廟學為學校制度，即連民間之書院教育，亦不脫此一形制。」〔註108〕高氏認為，兩宋書院多建有祠宇，正是「廟學」制度的一種延伸，甚至述及佛門的寺院教學，其院區規模也不脫「廟學」形制〔註109〕。至於「廟學」的逐漸退居於官方文教事業的次要地位，則必須待

〔註103〕（清）秦蕙田：《五禮通考》第九冊〈吉禮〉卷一百十七，頁7071～7074。

〔註104〕Cf. C. K. Yang, *Religion in Chinese Society* (Berkeley, Los Angeles, and London: University of California Press, 1961) p.145~146.

〔註105〕馬端臨《文獻通考》卷四十三〈學校考四・祠祭褒贈先聖先師〉條末按語。參（元）馬端臨：《文獻通考》，頁411上。

〔註106〕（宋）施宿等撰：《會稽志》卷一〈學校〉，收於（清）紀昀等編纂：《景印文淵閣四庫全書》第486冊〈史部〉第244〈地理類〉，頁15下。

〔註107〕高明士：《東亞傳統教育與法文化》，頁70。

〔註108〕高明士：《中國中古的教育與學禮》，頁61。

〔註109〕高明士：《中國中古的教育與學禮》，頁67。高明士：《東亞傳統教育與法文化》，頁85。

至清末以來的西學傳入，光緒帝與慈禧太后的推行新政，擬欲改革當時的教育體制，以及國民政府的學習歐美教育學制，尤其自民國之後，在國民政府的一些社會政策、教育方針等實行之下，孔子廟也因而被歸入宗教性質的諸寺廟種類之中，更導致傳統的「廟學」制度，自此與現代國家的教育事業「絕緣」了！

二、「廟學」制度的影響層面極為廣泛

雖然傳統的「廟學」制度，因為近、現代中國的實行「西化」教育事業而退出一般的學校體制，然而其確實影響中國古代的傳統教育甚深〔註110〕，對於現今的中國、臺灣等地的文教事業、社會文化等，亦仍有相當程度的影響。例如明代呂元善《聖門誌》曾經統計，截至其生存的年代為止，中國的孔子廟實有 1560 餘處〔註111〕，今日學者黃進興認為此項統計是一實核之數〔註112〕。

此項高達千餘以上的統計數字，當是明清時期左右的中國境內之孔子廟數量，由此可見官方和民間對於孔子等儒家聖賢的重視。而臺灣地區除了「全臺首學」的臺南孔廟以外，舉凡臺北、新竹、臺中、彰化、高雄等地，亦皆設置有孔廟，而且總是能成為當地的重要景點，也是極具象徵性質的宗教建築之一。尤其是臺灣臺南的孔子廟，其可謂是當時全臺灣的第一所學校，傳統儒家的倫理綱常和禮儀教化、儒學的教育思想與各式理念，更因為這所「學校」的設立，而得以逐漸地廣泛散播至臺灣各處。

此外，古代的「廟學」教育制度也隨著中國文化在鄰近於中國的越南、朝鮮、日本等周邊地區，產生相當程度的影響。越南、韓國、日本等地，也都興建了許多孔廟，而香港、琉球、馬來西亞、新加坡等國家，也是今日孔

〔註110〕關於唐代之後「廟學」教育制度在中國的普及化，以及宋、元、明、清對於此種制度的具體落實，除了筆者於上文之說解，今日學者也實有詳盡的研究，此可參高明士：《東亞傳統教育與法文化》，頁 58～69。

〔註111〕參（明）呂元善纂輯，孔子文化大全編輯部編輯：《聖門誌》卷一上〈聖賢表傳〉，頁 121～122。又清代孔繼汾《闕里文獻考》也根據呂元善的估計而說明當世天下的孔子廟「自京師已達天下之郡邑，無處無之」之境地。參（清）孔繼汾述，孔子文化大全編輯部編輯：《闕里文獻考》第一冊，卷三十三〈藝文考〉第十二之二，頁 784。

〔註112〕參黃進興：〈解開孔廟祭典的符碼——兼論其宗教性〉，《文化與歷史的追索——余英時教授八秩壽慶論文集》（臺北：聯經出版事業公司，2009 年 12 月），頁 537，注 6。

廟的主要分佈地區，考察今日東亞地區，屬於十九世紀以前的縣級以上孔子廟，一般說來也都是屬於學校性質〔註113〕，而且即便各國的孔子廟之相關祭祀儀禮，可能代表著不同的政治與文化的象徵，但其建築物的遍佈整個東亞文化圈；藉著推崇孔子的神聖性來宣揚統治階層對於教育事業的基本理念，諸如提倡儒學、宣揚禮教、樹立道統等，皆是不爭的事實，而孔子等儒家聖賢的精神範式、儒家的教育思想與理念，亦因此得以在東亞地區廣泛地傳播。直言之，「廟學」制度影響東亞傳統教育甚深，故即便時至今日，其已幾乎退出現代化的教育學制，成為記載於文獻史料中的一些隻字片語，不過仍有諸多與「廟學」制度相關的研究課題，值得吾人繼續深拓。

這即是說，「廟學」制度誠然可以放置到整個東亞傳統教育、東亞文化學術圈的面向上，作系統性的考察和研究。因為中國的此種教育學制，確實深刻地影響了傳統東亞諸國的立學根基，此正是今日對於中國中古教育學制有深入研究的高明士等學者，能將「廟學」制度的相關考察，擴及到東亞地區的傳統教育，不僅說明「廟學」制度深刻地影響了宋、元、明、清諸朝的學制，鄰近中國之李朝聖宗時代的越南、新羅時期與朝鮮李朝的韓國，以及幕府時代的日本等亦復如是，並依此而論證「廟學」制度是東亞諸國傳統教育的共同要素之一，其制度的建置，更可謂東亞文化圈的共相〔註114〕。

由此可見，中國古代以孔子廟作為文教事業中心而規劃出來的「廟學」教育制度，是儒學傳播與落實的一種獨特形式；是官學用以發揚儒家的學術與禮教等思想的方式之一；更是統治階層表達國家政權對於儒學、儒教的重視之具體展現，而魏晉南北朝即是此種教育制度的發展進程上，一個極為重要的歷史時期，其中又以東晉、北齊二朝的一些學制上之建置，對於「廟學」制度的開展最具關鍵影響，益之以唐代對「廟學」教育制度的普及化，從而促使這種特殊的教育學制，得以在中國中古時期，從初步的建構雛形，乃至完成了整體學制上的制度化並且被成功推廣到各地的官方教育事業。自此以後，「廟學」制度從最初的具有文教功能之當地寺廟──孔子於山東故里的曲阜孔廟，著實成為了上達中央官學、下迄地方學校的一種儒家教育體系之代表，再歷經宋、明等時期的發展，更成為「儒學」的代名詞之一，是國家倫

〔註113〕此可參高明士的考察及其論述，詳見氏著：《東亞傳統教育與法文化》，頁43。
〔註114〕關於高明士的論述，可參高明士：《中國中古的教育與學禮》，頁67。以及高明士：《東亞傳統教育與法文化》，第五節〈東亞教育圈的成立及其特質〉，頁75～82。

理政教的重要表徵，在清末西學傳入、光緒帝與慈禧太后擬將「書院」改設成「學堂」之前，此等教育學制始終發達、普遍而不輟，甚至深刻影響了鄰近中國的傳統東亞諸國，可謂東方政治、文化環境中、推行學校教育事業時的一種共通型態。

第陸章　魏晉隋唐「廟學」的祭祀事務與相關活動內容

　　筆者於上文論及，「廟學」制度的發展契機，與官學的祭祀活動息息相關。即便周代學宮祭祀先師、先聖的禮節和儀式，其「先聖」並不一定是指涉孔子；「先師」亦非僅限於孔子一人，不過可以確定者，是中國的學校教育體制裡，自古即有祭祀「先聖」與「先師」的內容。

　　這種在周代學校出現的對行業祖師之祭祀，被後世學者稱為「學禮」，可謂古代官學最隆重的禮儀。生徒、學子在學校園地「行學禮」，並通過行使「學禮」，對學校園地本身或者學校園地所標舉的祭祀對象等，表達崇敬之意，故「學禮」與「行學禮」，既是宗教活動也是教育活動，誠然隱含著後世逐漸發展出來的「廟學」制度之粗略樣貌，是筆者所謂「廟學」教育制度的發端。

　　孔子過世之後，闕里孔子廟成為當地一處提供學習禮樂文化的場所，並具有供人瞻仰、祭拜和舉行儀式等奉祀與文教的功能，學在廟中、廟中有學的「廟學合一」形式，亦自此初顯端倪，迨至魏晉以降「廟學」制度的發展成熟，學校園地興建孔子廟以舉行祀孔祭禮等事務，自是傳統中國官方特重的政教活動。職是，本文於此章節部分，即針對「廟學」制度的「釋奠」等祭祀相關事務，作一系統性的研究考察，諸如祭祀的儀式、器物、祭品、音樂、舞蹈與服飾等，以及負責整體流程的相關人士、主持祭祀活動的官員等諸多面向，藉此呈現彼時祀孔典禮的活動流程與實際場景，希冀透過這方面的論述，可以還原古代「廟學」祭祀的樣貌，使之更加立體化、具象化。

第一節　特重祭祀禮儀的「吉禮」

一、古代禮書所規範的「五禮」

　　《周禮·地官司徒》：「以五禮防萬民之偽，而教之中。」〔註1〕古代中國之所以能被稱為禮儀之邦，正是因為其極為重視祀神祭享、喪葬悼唁、軍事征戰、待人接物、交際應酬，乃至於飲食、婚慶、宴饗等方面的禮儀，《周禮·春官宗伯·大宗伯》亦云：「以吉禮事邦國之鬼神示」、「以凶禮哀邦國之憂」、「以賓禮親邦國」、「以軍禮同邦國」、「以嘉禮親萬民」〔註2〕。依上引二條史料，足以證明中國自漢代以前，實已規範出吉禮、凶禮、賓禮、軍禮與嘉禮等「五禮」，作為上至君臣將相、下至士卒平民在日常生活中各項活動的行為準則；《周禮》等經典所記載的內容，也自是歷代統治階層在落實政教時所奉為圭臬者，而漢室以降的歷代官修史籍、諸如《後漢書》、《晉書》、《宋書》、《南齊書》、《隋書》、《舊唐書》、《新唐書》、《宋史》乃至於《明史》等，更皆著錄了禮志、禮儀志或祭祀志，藉以清楚表明官方繼承《周禮》傳統的精神。

　　換言之，至少不晚於春秋戰國，與禮儀相關諸事，即已被區分為五大類，從而形成所謂「五禮」；而「五禮」的主要內容，不僅特重於祭祀，具有「期盼吉祥」意義的「吉禮」更居於首位，是鄭玄在《禮記·祭統》的「凡治人之道，莫急於禮。禮有五經，莫重於祭。」下注云：「禮有五經，謂吉禮、凶禮、賓禮、軍禮、嘉禮也。莫重於祭，謂以吉禮為首也。」〔註3〕《晉書》亦云：「《周官》五禮，吉凶軍賓嘉，而吉禮之大，莫過於祭祀，……。」〔註4〕關於祀天神、祭地祇與祭人鬼等祭祀活動，一直以來皆是傳統中國文化的重要事務，而「吉禮」的位居五禮之首、「吉禮之大，莫過於祭祀」的觀念，亦未嘗發生更易，這本是自古乃至於今日學者的普遍共識〔註5〕。

〔註1〕（清）阮元校勘：《十三經注疏》第三冊《周禮注疏》卷十〈地官司徒〉第二〈大司徒〉，頁161下。

〔註2〕上引《周禮》諸語，分別參見（清）阮元校勘：《十三經注疏》第三冊《周禮注疏》卷十八〈春官宗伯·大宗伯〉，頁270上、274下、275下、276下、277上。

〔註3〕（清）阮元校勘：《十三經注疏》第五冊《禮記注疏》卷四十九〈祭統〉第二十五，頁830上。

〔註4〕《晉書·禮志》。參《晉書》卷十九〈志〉第九〈禮上〉，頁580～581。

〔註5〕關於這方面的論述與說解，可參楊志剛：《中國禮儀制度研究》（上海：華東師範大學出版社，2000年），頁251～252。

二、祭祀孔子屬於「吉禮」範疇

　　誠如上述，「吉禮」的祭祀事務是「五禮」之冠，至於「祭先聖先師」的祀孔儀式「釋奠」之禮，本為中國古代學校的一項重要祭祀典禮，自古以來也皆被歸於「吉禮」的範疇，此自是《通典》能詳載周代乃至於唐代以來，歷朝各代所持續因襲的關於「釋奠」之紀錄〔註6〕，《新唐書・禮樂志》的「吉禮」條也有所謂：「大祀：天、地、宗廟、五帝及追尊之帝、後。中祀：社、稷、日、月、星、辰、嶽、鎮、海、瀆、帝社、先蠶、七祀、文宣、武成王及古帝王、贈太子。小祀：司中、司命、司人、司祿、風伯、雨師、靈星、山林、川澤、司寒、馬祖、先牧、馬社、馬步，州縣之社稷、釋奠。」〔註7〕《大唐開元禮》更清楚說明：「凡國有大祀、中祀、小祀。……日月、星辰、社稷、先代帝王、嶽鎮海瀆、帝社、先蠶、孔宣父、齊太公、諸太子廟，並為中祀。司中、司命、風師、雨師、靈星、山林、川澤、五龍祠等，並為小祀。州縣社稷釋奠及諸神祀，並同為小祀。」〔註8〕這些資料皆是祭祀孔子的相關事務係屬於「吉禮」之明證。

　　總的來說，「禮」的相關活動，始終是傳統中國教育的核心課題，在上述五禮之中，又「以吉禮為首」，而「吉禮之大，莫過於祭祀」，因此歷朝各代往往以傳統古禮隆重舉辦，而且各種祭禮也各有一定的儀制。「廟學」制度的祭祀孔子之禮，即誠屬上述國家五禮中的「吉禮」範疇，這一類祭禮在周代以前，本是一國家大事，統治者也通常會親臨釋奠、積極舉辦並參與是類祭禮活動，目的除了展現統治者本身對於學術和文教等事業的尊崇，當然也希望國家所培育之莘莘學子，有一值得追尋與效法的理想對象或目標，此也自是荀子在論述「禮有三本」時所強調的「君師者，治之本」〔註9〕。尤其「廟學」制度自魏晉初具雛形以來，再歷經長時期的發展與成熟，關於孔子廟的祭祀禮儀，也確實仍被歷朝各代所因襲，即便到了現代社會，雖然孔子廟大抵只留存了「廟」制而無「學」制，不過自古以來許多應當注意的祭祀細節，

〔註6〕（唐）杜佑：《通典》卷五十三〈禮〉十三〈沿革〉十三〈吉禮〉十二〈釋奠〉，頁1471～1475。

〔註7〕詳見《新唐書・禮樂志》。參《新唐書・禮樂志》卷一十一〈志〉第一〈禮樂一〉，頁310。

〔註8〕參（唐）蕭嵩等撰：《大唐開元禮》卷一〈序例上〉，頁12。

〔註9〕《荀子・禮論》。參（清）王先謙撰，沈嘯寰、王星賢點校：《荀子集解》卷第十三〈禮論篇〉第十九，頁349。

仍然幾乎持續沿習乃至於今日。

第二節　「廟學」祭祀的具體事務與過程

　　本文認為，祭祀孔子等「釋奠」之禮，不僅誠屬「吉禮」的範疇，更在魏晉「廟學」制度初具雛形之後，成為一項重要的官方學制，而魏晉乃至於往後歷代諸朝的官方教育事業，也持續秉持周代學宮的祭祀傳統，視「釋奠」和「釋菜」為「廟學」制度的主要祭祀內容。不過，除了「釋奠」與「釋菜」，舉凡皇太子行「齒冑禮」、官方定期舉行的「養老禮」與「鄉飲酒禮」，乃至於統治階層的親臨視察學校等，這些官學體制底下的一些重要時機點，也皆與「廟學」制度緊密相涉；此外，在「廟學」的祭祀活動中，關於祭祀的服飾和參與成員、祭祀的音樂和舞蹈，以及祭祀的牲禮等，也具有一定的規範與發展脈絡，故筆者分別論述如下：

一、祭祀的時機與確切日期

　　「釋奠」與「釋菜」是「廟學」制度底下最重要的祭祀活動，而且二者基本上具有確切的祭祀日期，皆是祭祀先聖先師的常行固定之禮儀，更可謂「學」中最隆重的禮儀，二者的祭祀對象均為先聖先師，只是舉行的時間與場合有所區別。其中「釋菜」的祭祀儀式較為單純，係周代官學始立學堂或者學子甫入學時，必須行使的以「疏食菜羹」、「蘋蘩芹藻之屬」奠祭先師之禮；「釋奠」的祭祀儀式則較為複雜，因為這種祭祀活動或許不僅只專行於學校，舉凡相關之自然萬物、廟屋祠宇等，皆可納入其祭祀範疇；「立學」與「四時」所施行的「釋奠」之禮，在祭祀的對象上也略有區別，尤其各類的史書典籍，或有利用「四時致祭」、「歲時祭祀」又或「春秋釋奠」一語帶過者，致使後世學者容易忽略了其中的若干細節，以及其在發展、演變上的細微變化。

　　首先，依照《禮記·文王世子》所載：「凡學：春，官釋奠於其先師，秋冬亦如之。凡始立學者，必釋奠於先聖先師。」〔註10〕再根據鄭玄所謂「不言夏，夏從春可知，此常時之釋奠也」的說法〔註11〕，足以說明周代官學的

〔註10〕《禮記·文王世子》。參（清）阮元校勘：《十三經注疏》第五冊《禮記注疏》卷二十〈文王世子〉第八，頁394下～395上。

〔註11〕（清）阮元校勘：《十三經注疏》第五冊《禮記注疏》卷二十〈文王世子〉第八，頁395上。

「釋奠」之禮，理當也會在夏季舉行，亦即確實是一種舉行於四時，又具有固定時節以及具體日期安排的祭祀活動，此是唐代孔穎達能因此而疏云：「此論四時在學釋奠之事。」、「凡學者，謂《禮》、《樂》、《詩》、《書》之學，於春、夏之時，所教之官各釋奠於其先師。秋、冬之時，所教之官亦各釋奠於其先師，故云『秋冬亦如之』。」〔註12〕又其援引北朝的熊安生之語而疏云：

> 凡釋奠有六：始立學，釋奠，一也；四時釋奠，有四，通前五也。
> 又《王制》師還釋奠於學，六也。釋菜有三：春入學，釋菜合舞，
> 一也。此釁器釋菜，二也。《學記》皮弁祭菜，三也。〔註13〕

綜合上述各項資料，足以得見在孔子尚未被確定於「先聖」或「先師」等地位之前，古代官學即以形成「四時釋奠」的祭祀傳統，且當時在甫立學之初，除了舉行「釋菜」之禮，「釋奠」之禮也理應一併舉行，是杜佑《通典》所謂「周制，凡始立學，必釋奠於先聖先師。」唯「立學」與「四時」所施行的「釋奠」之禮，在祭祀的對象上似略有區別而已。

其次，是魏晉以降「廟學」制度逐日成形之後，執政階級對於官學的祭祀活動，大抵盡力依循前代舊制，例如西晉武帝即曾經下詔「太學及魯國，四時備三牲以祀孔子」；東晉明帝也於太寧三年（325）下達「詔給奉聖亭侯四時祠孔子祭直，如泰始故事」的政令〔註14〕。值得注意者，是或許當世之官學對於孔子廟的祭祀，無法完全確實於每歲四季按時舉行「釋奠」之禮，不過至少仍能固定在「每歲春秋二仲」的二個時節，維持「釋奠」當有的祭祀事務，此自是斷然無疑：

> 後齊制，新立學，必釋奠禮先聖先師，每歲春秋二仲，常行其禮。
> 每月旦，祭酒領博士以下及國子諸學生以上，太學、四門博士升堂，
> 助教以下、太學諸生階下，拜孔揖顏。日出行事而不至者，記之為
> 一負。雨霑服則止。學生每十日給假，皆以丙日放之。郡學則於坊
> 內立孔、顏廟，博士以下，亦每月朝云。〔註15〕

〔註12〕（清）阮元校勘：《十三經注疏》第五冊《禮記注疏》卷二十〈文王世子〉第八，頁395上。

〔註13〕（清）阮元校勘：《十三經注疏》第五冊《禮記注疏》卷二十〈文王世子〉第八，頁396下。

〔註14〕（唐）杜佑：《通典》卷五十三〈禮〉十三〈沿革〉十三〈吉禮〉十二〈孔子祠〉，頁1480。

〔註15〕《隋書·禮儀志》。參《隋書》卷九〈志〉第四〈禮儀四〉，頁181。

依《隋書・禮儀志》記載，北齊官學係於「每歲春秋二仲」常行「釋奠」之禮；每月月旦，亦即每月的初一，除非當日天候不佳而導致參與人員「雨霑服」，否則國子祭酒也必須帶領博士以下的助教、太學生等人「拜孔揖顏」，若是當天「日出行事而不至」而無法出席的人員，甚至會遭受鞭杖的懲罰〔註16〕。

這即是說，魏晉南北朝的各個歷史時期，其官學體制或許無法在每歲四時，徹底落實「釋奠」之禮，不過至少在春、秋的二個固定時節，仍能維持此等「常行」之禮。尤其吾人可以從上述文獻的記載，得見官學對於無故缺席祭孔活動的懲處方式，以及活動當日遇上雨勢過大，方可暫時停辦的狀況，此皆足以顯示當時對於祭拜孔子一事的重視程度。

再次，是詳細考察「釋奠」的確切日期。《禮記・月令》：「（仲春之月）是月也，……上丁，命樂正習舞，釋菜。……仲丁，又命樂正入學習舞。」〔註17〕宋代《太平御覽》依此而記載：「《禮記・月令・仲春》曰：是月也，命樂正習舞（為將釋奠。）。上丁釋奠於國學（釋謂置也。謂置牲幣之奠於文宣王。），天子及公卿、諸侯、大夫親往視之，觀其禮也。」、「《月令・仲秋》曰：是月也，命樂正習吹（春夏尚舞，秋冬尚吹，習之為將釋奠。），上丁釋奠於國學，天子乃率公卿、諸侯、大夫親往視之（禮儀同仲春。），……。」〔註18〕據此得見自古以來官學的「釋奠」之禮，係在仲春與仲秋的上丁日舉行，此亦是《隋書・禮儀志》所載北齊官學於「每歲春秋二仲，常行其禮」之故。「上丁」係指陰曆每月上旬的丁日；「仲春」與「仲秋」又分別指陰曆二月與八月，亦即每年陰曆二月與八月上旬的丁日，是魏晉南北朝必定舉行「釋奠」之禮的確切日期。

〔註16〕《隋書・禮儀志》云：「日出行事而不至者，記之為一負。」參《隋書》卷九〈志〉第四〈禮儀四〉，頁181。再依《隋書・刑法志》記載：「（北齊）在官犯罪，鞭杖十為一負。」、「（隋代）其品第九以上犯者，聽贖。應贖者，皆以銅代絹，贖銅一斤為一負，負十為殿。」詳參《隋書》卷二十五〈志〉第二十〈刑法〉，頁706、711。其詳細記載了北齊至隋代的官吏犯罪之後，必須接受鞭杖十下為「一負」的規定，時至隋代，尚有九品以上犯罪者，能藉由贖銅一斤，以代鞭杖十下的方案。

〔註17〕《禮記・月令》。參（清）阮元校勘：《十三經注疏》第五冊《禮記注疏》卷十五〈月令〉第六，頁300下～301上。

〔註18〕（宋）李昉編纂，夏劍欽、王巽齋校點：《太平御覽》（石家莊：河北教育出版社，1994年）第五卷，卷535，禮儀部十四〈釋奠〉，頁238～239。

最後，是「廟學」制度在隋唐時期之後，又一度恢復「四時釋奠」、「歲時祭祀」的傳統。例如《通典》記載：「隋制，國子寺，每歲四仲月上丁，釋奠於先聖先師。」〔註19〕隋文帝再度以陰曆二月、五月、八月與十一月的上旬丁日，作為舉行「釋奠」的確切日期，唐代開國初期亦依循隋代此制，唯武德年間曾經改用上述陰曆四個月份的中旬丁日祭祀，迨至開元二十八年（740）二月，太宗敕：「文宣王廟，春秋釋奠，宜令攝三公行禮，著之常式。」當世國子祭酒劉瑗亦奏請：「準故事，釋奠之日，群官道俗等，皆合赴監觀禮。請依故事，著之常式。」太宗採納其制，並且皆著錄於《大唐開元禮》〔註20〕，《新唐書·禮樂志》亦記載：「（開元）二十八年，詔：春秋二仲上丁，以三公攝事，若會大祀，則用中丁，州、縣之祭，上丁。上元元年，肅宗以歲旱罷中、小祀，而文宣之祭，至仲秋猶祠之於太學。」〔註21〕而春、秋二仲的上丁日舉行「釋奠」一制，也自此成為唐代以降官方教育事業的固定通則。

依上述，「廟學」制度自魏晉初具雛形以降，或者依循周代「四時釋奠」的傳統；或者簡化為「春秋二仲釋奠」的方式，不過「仲月上旬丁日」的這個確切日程，卻是幾乎不曾變動，此也正是後世習慣稱「祭丁」或「丁祭」祭孔之禮的主因。另外，「廟學」的祭祀事務，當然不啻只有「釋菜」與「釋奠」，筆者於上文提及北齊官學於每月的初一，國子祭酒必須帶領博士以下的助教、太學生等人「拜孔揖顏」，似乎也是「廟學」制度之下的固定祭祀活動，時至元代，依據收錄了元代當世許多官方公文原件與儒學相關之重要事件的《廟學典禮》所載，中統二年（1261）六月，元世祖詔令：「先聖廟，國家歲時致祭，諸儒月朔釋奠，宜恒令灑掃修潔。」〔註22〕至元六年（1269）四月又有：「如遇朔望，自長次以下正官同首領官，率領僚屬吏員，俱詣文廟燒香。」的詔令〔註23〕；至元三十一年（1294）七月也下詔：「其瞻學地土產業，及貢

〔註19〕（唐）杜佑：《通典》卷五十三〈禮〉十三〈沿革〉十三〈吉禮〉十二〈釋奠〉，頁1474。
〔註20〕上述唐太宗時代之故實，詳參（唐）杜佑：《通典》卷五十三〈禮〉十三〈沿革〉十三〈吉禮〉十二〈釋奠〉，頁1474～1475。
〔註21〕詳見《新唐書·禮樂志》。參《新唐書·禮樂志》卷一十五〈志〉第五〈禮樂五〉，頁376。
〔註22〕佚名：《廟學典禮》卷一〈先聖廟歲時祭祀禁約搔擾安下〉（浙江：浙江古籍出版社，1992年），頁12。
〔註23〕佚名：《廟學典禮》卷一〈官吏詣廟學燒香講書〉，頁13。

士莊，諸人毋得侵奪，所出錢糧，以供春秋二丁、朔望祭所尊敬者，月支米糧，優恤養贍，廟宇損壞，隨即修完。」〔註24〕上述資料足以說明，元代「廟學」制度的祭祀活動，除了每年陰曆二月與八月上旬丁日的「釋奠」，國家也會於「歲時致祭」，儒生士子等相關人士，也當於每月初一和十五，自主地舉行「釋奠」之禮。

二、祭祀的參與成員

關於孔子廟的祭祀活動，自漢代高祖駕幸闕里、親謁孔子廟，以「太牢」祭祀孔子之後，不僅開創了帝王親自祀孔的先例，更成為日後中國兩千多年來歷代君王，亦即官方主導之祀孔的範式。換句話說，祭祀孔子自漢代之後，實已成為統治者，或謂官方所支持並且備受重視的祭典；往後各地官員途經魯地，或者當地的地方官甫上任之際，必須主動前往孔廟，行晉謁之禮，這也自然成為一種上行下效的固定慣例，故不需迨至魏晉以降「廟學」制度的興起與發展，歷代統治階層對於祭孔祀典的關注與推崇，甚或帶領朝廷文武百官，親臨並實際參與官學的「釋奠」活動，一直以來都是中國古代的一項傳統與特色。

因此，考察今日現存的史書典籍，時常能得見歷代國君與皇太子「親釋奠」、「觀釋奠」、親自參與官學祀孔活動的記錄。例如《三國志》記載魏齊王於正始年間，數度親臨官學講經，並在每回講經之後「使太常釋奠」、以「太牢祀孔子於辟雍」〔註25〕；《通典》記載西晉武帝與惠帝分別於泰始七年、元康三年，親臨太學釋奠，而惠帝在擔任太子時，以及惠帝之子愍懷太子，也曾經「親釋奠於大學」〔註26〕；《晉書》記載東晉元帝的皇太子，於太興二年講述《論語》，當時皇太子亦「親釋奠，以太牢祠孔子」，並於隔年再度「釋奠於太學」；東晉孝武帝則是在寧康三年七月講述《孝經》，而《晉書》記載

〔註24〕佚名：《廟學典禮》卷四〈崇奉孔祀教養儒生〉，頁85。

〔註25〕詳見《三國志·魏書·三少帝紀》。參《三國志·魏書四》卷四〈三少帝紀〉第四，頁119、120、121等處。關於此事，《晉書·禮志》亦有詳細的記載：「魏齊王正始二年二月，帝講《論語》通，五年五月，講《尚書》通，七年十二月，講《禮記》通，並使太常釋奠，以太牢祠孔子於辟雍，以顏回配。」參《晉書》卷十九〈志〉第九〈禮上〉，頁599。又：「魏正始中，齊王每講經遍，輒使太常釋奠先聖先師於辟雍，弗躬親。」參《晉書》卷二十一〈志〉第十一〈禮〉下，頁670。

〔註26〕關於西晉武帝、惠帝與愍懷太子之歷史故實，詳參（唐）杜佑：《通典》卷五十三〈禮〉十三〈沿革〉十三〈吉禮〉十二〈釋奠〉，頁1472。

當時所舉行的「釋奠」活動，一如前代故事〔註27〕。尤其東晉在「廟學」制度初具雛形的時間前後，統治階級親臨官學以祀孔等「釋奠」活動，誠然極為頻繁，是《通典》所謂：「東晉明帝之為太子，亦行釋奠禮。成、穆、孝武三帝，皆親釋奠，惟成帝在辟雍，自是一時制也。」〔註28〕

再如《梁書》記載梁武帝於眾皇子、宗室王侯之子甫進入官學受業時，本人「親屈輿駕」、「釋奠於先師先聖」〔註29〕；《陳書》記載陳宣帝的皇太子，於太建三年秋八月「親釋奠於太學」、陳後主的皇太子於至德三年前往太學講述《孝經》，講畢之後亦「釋奠於先師」〔註30〕；《通典》也載有「宋文帝元嘉二十二年，太子釋奠，採晉故事。祭畢，親臨學宴會，太子以上悉在。」一事〔註31〕。即便是國祚甚短、政權極度混亂的北周一代，也至少有二次君主釋奠的紀錄〔註32〕，此皆足見魏晉南北朝官方對於祀孔等「釋奠」活動的重視。至於唐代中期以前，《新唐書》也記載了高祖於武德七年，即曾經親臨「釋奠」，太宗則於貞觀十四年「觀釋奠於國子學」〔註33〕。高宗的皇太子則於永隆二年至開耀元年（681）的短暫一年之內，「釋奠於國學」至少二次〔註34〕；中宗的皇太子也曾在景龍二年（708）七月「親釋奠於國學」

〔註27〕 東晉元帝的皇太子與東晉孝武帝親臨「釋奠」活動現場的故實，詳見《晉書·禮志》。參《晉書》卷十九〈志〉第九〈禮上〉，頁599～600。東晉元帝的皇太子於太興三年八月「釋奠於太學」，則詳見《晉書·元帝紀》。參《晉書》卷六〈帝紀〉第六〈元帝〉，頁154。

〔註28〕 （唐）杜佑：《通典》卷五十三〈禮〉十三〈沿革〉十三〈吉禮〉十二〈釋奠〉，頁1472。

〔註29〕 《梁書·儒林列傳序》。參《梁書》卷四十八〈列傳〉第四十二〈儒林列傳〉，頁662。

〔註30〕 陳宣帝的皇太子於太建三年秋八月「親釋奠於太學」，詳見《陳書·宣帝本紀》，參《陳書》卷五〈本紀〉第五〈宣帝〉，頁80。陳後主的皇太子在太學講述《孝經》之後「釋奠於先師」，詳見《陳書·後主本紀》，參《陳書》卷六〈本紀〉第六〈後主〉，頁112。

〔註31〕 （唐）杜佑：《通典》卷五十三〈禮〉十三〈沿革〉十三〈吉禮〉十二〈釋奠〉，頁1472。

〔註32〕 第一次是在時稱西魏的文帝元寶炬，其於大統十三年（547），曾經「釋奠蒼頡及先聖、先師」。詳見《周書·冀儁傳》，參《周書》卷四十七〈藝術列傳〉第三十九〈冀儁傳〉，頁838。第二次則是在大象二年（580）三月，詳見《北史·周本紀·宣帝》，參《北史》卷十〈周本紀下〉第十〈宣帝〉，頁378。以及《周書·宣帝紀》，參《周書》卷七〈帝紀〉第七〈宣帝〉，頁123。

〔註33〕 《新唐書·禮樂志》。參《新唐書》卷十五〈志〉第五〈禮樂五〉，頁373。

〔註34〕 （唐）杜佑：《通典》卷五十三〈禮〉十三〈沿革〉十三〈釋奠〉，頁1474。

〔註35〕，今日考察《通典》的整理與歸納，杜佑所記載的唐代中期前後，諸位帝王或皇太子親臨「釋奠」活動現場、參與祭祀等記錄之例，數量亦著實不少〔註36〕。

這即是說，依照各部史書和典籍的記載，魏晉南北朝乃至於隋唐二世這段歷史時期，君王或太子「親臨釋奠」、參與祀孔活動等故實，可供以後世作為參考的記錄著實甚多。此外，統治階級親臨「釋奠」祭祀活動，現場狀況自是朝廷文武百官齊聚、熱鬧非凡，但總的來說，專門負責祀孔等「釋奠」活動的官員，當屬掌理宗廟禮儀的「太常卿」，亦即後世俗稱的「太常」。蓋「太常」一職最早可追溯自唐虞時代，當時專司國家禮樂的樂官后夔，相傳是堯舜時期精通音律的人物，是一位通曉禮儀的禮官，時至周代則設有「宗伯」，為掌管邦禮的春官，其後秦代改稱「奉常」，漢代則更名為「太常」而被歷代政權所持續沿用〔註37〕，是《通典》所謂：「太常卿：今太常者，亦唐虞伯夷為秩宗兼夔典樂之任也。周時曰宗伯，為春官，掌邦禮。秦改曰奉常，漢初曰太常，欲令國家盛大常存，故稱太常。」並援引唐代顏師古所云：「太常者，王之旌也，畫日月焉。王者有大事則建以行，禮官主奉持之，故曰奉常，後改為太，尊大之義也。」作為注解〔註38〕。杜佑的這些論述與記載，誠已明確提點了「太常」一職的歷史源流，以及其在古代最主要的職務內容。

「太常卿」一職，在漢代即位列「九卿」之一〔註39〕，即便時至隋唐之世猶然，魏晉時期亦大抵因襲漢代以來的職等品級與各項職掌業務等制度，雖然北齊之後始改「九卿」之名為「九寺」，「太常」自此隸屬於太常寺，隋唐二代亦幾乎完全因襲北齊之制。不過，無論是漢魏時期的「太常卿」，或者隋唐二代的「太常寺」，「太常」的品級自古以來，大抵落在第三品，幾乎不

〔註35〕 參《舊唐書‧輿服志》。詳見《舊唐書》卷四十五〈志〉第二十五〈輿服〉，頁1949。

〔註36〕 此可參閱（唐）杜佑：《通典》卷五十三〈禮〉十三〈沿革〉十三〈吉禮〉十二〈釋奠〉，頁1474～1475。

〔註37〕 《漢書‧百官公卿表》記載：「奉常，秦官，掌宗廟禮儀，有丞。景帝五年更名太常。」參《漢書》卷十九上〈百官公卿表〉第七上，頁726。

〔註38〕 詳參（唐）杜佑：《通典》卷二十五〈職官七〉之「太常卿」條，頁691～692。

〔註39〕 杜佑《通典》記載：「漢以太常、光祿勳、衛尉、太僕、廷尉、大鴻臚、宗正、大司農、少府謂之九寺大卿。」詳參（唐）杜佑：《通典》卷二十五〈職官七〉之「總論諸卿」條，頁690。

曾出現太大的變動，其官職體系中也皆設有「太常少卿」一至二人、「太常丞」一至二人、「太常博士」四人乃至於「功曹」、「主簿」等眾多屬官，以輔佐、協助「太常」。所以至少在唐代杜佑《通典》撰著完成時，「太常卿」之下已設置有「丞」、「主簿」、「博士」、「太祝」、「奉禮郎」、「協律郎」、「兩京郊社署」、「太樂署」、「鼓吹署」、「太醫署」、「太卜署」、「廩犧署」、「汾祠署」、「太公廟署」等十四處〔註40〕，這些「太常」底下的眾位屬官，各司其職、分層負責與官方祭祀活動有關的「陵廟、群祀、禮樂、儀制、天文、術數、衣冠之屬」〔註41〕。

　　換言之，「太常卿」一職自漢代以降，大抵掌管了國家的文教、禮儀、祭祀等事務，在漢武帝時期公孫弘所擬議之辦學方案中，「太常」還必須負責「太學」學生的考核與選補等工作〔註42〕。直言之，「太常」自古以來就是業務工作極為重要、品級與地位皆頗高的一個職位，而官方在舉行吉、凶、賓、軍、嘉等「五禮」時，過程中的各項儀式與活動、祭祀的場合與對象，本不相同，參加該祭祀活動的人員，當然也不甚相同。今茲以被歸類於「吉禮」的祀孔典禮為例，魏晉以降「廟學」制度下的「釋奠」、「釋菜」等官方祭祀活動時，總是在「太常卿」及其眾屬官的主導之下，再讓官學中的「祭酒」帶領太學或國子的博士、助教，及其以下的學生，共同參與祭祀活動。

　　在「釋奠」等官方祭祀活動中，「太常」必須主持並且引領全體與祭人員祭祀，或者擔任引導天子祭祀的職責；「太常少卿」、「太常丞」與「太常博士」等屬官，則負責率領「太祝」、「齋郎」安排香燭、牲禮等物品，並且整理祭祀現場的神像、安排香燭等，而「太常少卿」作為「太常卿」副手，故當另外負責祭祀活動中的斟酒等工作。

　　由是觀之，在「釋奠」等官學祭祀活動中，參與的成員至少可以概分為兩大類：其一，是負責並安排整體祭祀過程的「太常」及其屬官。其二，是該學校本身的人員而必須實際參與祭祀活動的祭酒、博士、助教與學生等。至於彼時的「釋奠」假若遇上帝王或太子親臨，則帝王、太子所率領陪同觀禮的朝廷百官，自是參與「釋奠」活動的第三大類人士。其中「太常」及其眾位屬官，是「釋奠」等官學祭祀活動中的「助祭者」；陪同帝王、太子的朝

〔註40〕詳參（唐）杜佑：《通典》卷二十五〈職官七〉之「總論諸卿」條，頁689。

〔註41〕（唐）杜佑：《通典》卷二十五〈職官七〉之「太常卿」條，杜佑《通典》，頁692～693。

〔註42〕詳參本文第貳章〈魏晉至南朝文教事業綜述〉，頁36～37之說解。

廷百官，僅是在一旁觀禮，則屬於「陪祭者」；必須實際參與祭祀活動的學校成員，其職等、品級較高者，諸如：祭酒、博士等，更要肩負起「主祭者」的職責。

另外，值得一提者，是官學學生在隋代以降，已確定具備品級，被納入官職體系的編制之中，而隋代學制又本多因襲北齊政權，此或許正是筆者於上文所提及的必須參與卻無故缺席祭祀孔子的人員，在北齊時代被視為「在官犯罪」，會遭受鞭杖懲罰之故。此外，依照筆者的論述，「廟學」制度下的「釋奠」等官方祭祀活動中，誠然是參與人員頗為眾多、活動流程隆重繁複的事務，除了品級位在第三品的「太常」及其負責相關祭祀工作的各階層屬官，乃至於官學體制本身的祭酒、助教與學生，實際參與的成員之品級，從第三品到第九品不等，且這些成員的品級又隨著歷史時代的演進而稍有變動、彼此互有升降。職是，本文利用杜佑《通典》所載的職官體系，整理並歸納出當中，與「廟學」祭祀活動密切相關的重要人員，希冀通過《通典》的記錄，作為一項可徵的資料，使這些人物的面貌得以更加鮮活與具象化。今茲以表格呈現：

表二：《通典》所載歷代中央官學的主要人員及其品級

	魏	陳	北魏	北齊	隋	唐
國子／太學祭酒	第五品	第三品	從三品	從三品	從三品	從三品
國子博士		第四品	第五品	第五品	正五品	正五品
太學博士	第五品	第八品	從七品	從七品	從七品	正六品
國子助教	第八品（國子太學助教）	第八品	從七品	從七品	從七品	從六品
太學助教				從九品	正九品	從七品
國子學生					視從七品	
太學學生					視從八品	

依上述表格，這些與「廟學」祭祀活動密切相關的主要成員，在魏晉隋唐的階段，其品級均有微幅的更動，除了上述的學生之確定具有品級一事，在魏代本位於第五品的「祭酒」一職，自南朝時期已被提升至第三品，北朝政

權略降至從三品，自此被隋唐二室持續因襲。至於「國子博士」與「國子助教」等職，必須迨至西晉武帝的成立國子學，始具備其職官名稱與品級，尤其筆者刻意將「國子博士／太學博士」、「國子助教／太學助教」分別前後並列，除了能夠觀察其官職在歷史時代的地位升降，更足以得見西晉武帝雖然設立國子學而與太學分立，形成貴族子弟入國子學；庶人子弟入太學的看似「雙軌並行」的教育規模與特色，不過國子學的地位，始終凌駕於太學之上，蓋「國子博士」與「國子助教」的品級，總是高於「太學博士」與「太學助教」，即便是隋代官學的學生，情況亦復如是；「國子博士」與「太學博士」之間、「國子助教」與「太學助教」之間，彼此總是落差二個品級以上。由是，國子學與太學的分立，誠然透露了利用出身門第以差別對待學生的訊息。

三、祭祀所規範的服飾

　　元代《廟學典禮》曾經記載了至元十年（1273）二月二十九日，中書吏禮部的一條符文，本文摘錄其重要內容如下：「漢、唐以來，祭文廟，饗社稷，無非具公服，執手板，行諸祭享之禮。且鄉人儺孔子，猶朝服而立於阼階，……。」又：「自此以往，擬合令執事官員，各依品序穿著公服。外據陪位諸儒，亦合衣襴帶唐巾，行釋菜之禮，似為相應。」、「春秋二丁，除執事官已有各依品序製造公服，外據陪位諸儒，自備唐巾，以行釋菜之禮。」〔註43〕依照上引資料，則中國古代在孔子廟舉行祭祀時，參與的成員似是穿著「公服」、持「手板」，而觀禮人士也似僅需穿著「朝服」等類似儒服的正式服裝即可，而《廟學典禮》此處所增列者，也僅是「執事官員」當「各依品序穿著公服」、陪祭或觀禮者必須「自備唐巾」，捨此而外，無法窺見當世祀孔典禮之下，眾位實際參與或者陪同觀禮者的服裝樣式。

　　中國古代祭祀孔子的實際狀況，理當不啻只有《廟學典禮》所載的那般簡略，關於「廟學」祭祀所規定的服飾，雖然史書典籍的記載，確實並未十分詳盡，而且往往散見於各類史書、類書等典籍之中，但吾人大抵仍能利用有限的材料，加以歸納與整理，方得以窺見部份參與祭祀活動的成員的裝扮。

　　首先，是君王「親臨釋奠」時的服飾，《通典》：

〔註43〕佚名：《廟學典禮》卷一〈釋奠服色〉，頁14～15。

> （梁代）又有通天冠服，絳紗袍，皁緣中衣，黑舄，是為朝服，元
> 正賀畢，還儲更衣，出所服也。其釋奠先聖，則皁紗袍，絳緣中衣，
> 絳袴韤，黑舄。〔註44〕

其記載梁代君王的朝服，係以深紅色直領紗袍、內襯黑衣作為外露的領口與袖口等外緣的搭配裝飾，再穿著黑色的鞋履，合而為「通天冠服」的裝扮；參與「釋奠」活動時，則是搭上黑色紗袍、內襯紅衣，以及紅色的褲、襪，並穿著黑色鞋履。

　　不過，尚待商榷者，是參與「釋奠」活動的黑色紗袍，究竟是於「通天冠服」之外，另外搭上黑色紗袍；抑或是直以黑色紗袍為穿著，未能明確得知。可以確定者，是陳代君王參與「釋奠」活動時的服飾，當與梁代非常相似，《通典》：「（陳代）若釋奠，玄朝服，絳緣中單，絳袴韤，玄舄。」〔註45〕依此處所載，則陳代君王當直以黑色朝服作為外部穿著，其餘作為內襯的「中衣」、以及褲、襪、鞋履等，則大抵與梁代形制無異。或許歷代對於「通天冠服」的規範與樣式不甚相同，不過其作為級別頗高、最為常用的朝服，則是中國古代一直以來的慣例，《晉書‧輿服志》：「（天子朝服）通天冠高九寸，金博山顏，黑介幘，絳紗袍，皁緣中衣。」〔註46〕迨至北齊政權，誠已確定「通天冠」的帽冠，是君王參與「釋奠」活動時的衣物配件之一，是《通典》載有：「通天冠：北齊依之，乘輿、釋奠所服。」〔註47〕

　　其次，是皇太子參與「釋奠」時的服飾。雖然君王「親臨釋奠」的服飾仍有些許疑議，不過皇太子穿著「遠遊冠服」參與「釋奠」活動，則幾乎可以完全確定。《通典》：「遠遊冠：隋依之，制：三梁，加金附蟬九首，施珠翠，黑介幘，翠緌，犀簪導。皇太子元朔、入朝、釋奠則服之。大唐因之，其制具《開元禮‧序例》。」〔註48〕又：

> 遠遊冠服，絳紗袍，白紗內單，皁領、襈、褾、裾，白假帶，方心

〔註44〕（唐）杜佑：《通典》卷六十一〈禮〉二十一〈沿革〉二十一〈嘉禮〉六〈君臣服章制度〉，頁1717。

〔註45〕（唐）杜佑：《通典》卷六十一〈禮〉二十一〈沿革〉二十一〈嘉禮〉六〈君臣服章制度〉，頁1719。

〔註46〕《晉書‧輿服志》。參《晉書》卷二十五〈志〉第十五〈輿服〉，頁766。

〔註47〕（唐）杜佑：《通典》卷五十七〈禮〉十七〈沿革〉十七〈嘉禮二〉之「通天冠」條，頁1608。

〔註48〕（唐）杜佑：《通典》卷五十七〈禮〉十七〈沿革〉十七〈嘉禮二〉之「遠遊冠」條，頁1610。

曲領，絳紗蔽膝，韎，舄。其革帶、劍、佩、綬，與上同。謁廟、
還宮、元日朔日入朝、釋奠，則服之。遠遊冠公服，絳紗單衣，革
帶，金鉤䚢，假帶，方心。紛長六尺四寸，廣二寸四分，色同其綬。
金縷鞶囊，韎，履。五日常朝，則服之。〔註49〕

《後漢書‧輿服志》亦記載：「遠遊冠，制如通天，有展筩橫之於前，無山述，
諸王所服也。」〔註50〕《舊唐書‧輿服志》也載有：「《武德令》：皇太子衣服，
有袞冕、具服遠遊三梁冠、公服遠遊冠、烏紗帽、平巾幘五等。」〔註51〕《新
唐書》則謂：「皇太子之服六：……。遠遊冠者，謁廟、還宮、元日朔日入朝、
釋奠之服也。」〔註52〕依上述各條資料，足以得見「遠遊冠」的形制，當一
如「通天冠」，是中國古代皇太子、親王、諸王的禮冠，隋唐、兩宋也持續延
用此制，唯冠上用細竹編織、或者鐵絲纏繞作為襯裡的梁數，以及冠上的配
飾及其材質與「通天冠」不同。

再綜合《舊唐書》、《通典》等文獻所載，則「遠遊冠服」也一直被作為
朝堂臣子的「公服」，即便是皇太子亦同，故《新唐書》也載有：「公服者，
五日常朝、元日冬至受朝之服也。遠遊冠，絳紗單衣，白裙、襦，革帶金鉤䚢，
假帶，瑜玉隻佩，方心，紛，金縷鞶囊，純長六尺四寸，廣二寸四分，色如
大綬。」〔註53〕所謂「公服」又稱「從省服」，其有別於或被稱為「具服」的
「朝服」，《新唐書》所載「羣臣之服二十有一」時即記有「從省服者，五
品以上公事、朔望朝謁、見東宮之服也，亦曰公服。冠幘纓，簪導，絳紗單
衣，白裙、襦，革帶金鉤䚢，假帶，方心，韎，履，紛，鞶囊，雙佩，烏皮
履。六品以下去紛、鞶囊、雙佩。三品以上有公爵者，嫡子之婚，假絺冕。
五品以上子孫，九品以上子，爵弁。庶人婚，假絳公服。」〔註54〕綜合上引
史料，足見彼時之朝廷百官在謁見東宮、或辦理公事時，必須穿著成套的「遠
遊冠公服」，可謂一般官吏的制服，唯冠上與身上佩戴的配飾不同，並且隨著
品級高低、職務輕重而有精緻華麗、樸素簡略等分別。換言之，舉凡官品大

〔註49〕　（唐）杜佑：《通典》卷六十一〈禮〉二十一〈沿革〉二十一〈嘉禮〉六〈君
臣服章制度〉，頁1722。

〔註50〕　《後漢書‧輿服志下》。參《後漢書‧志》第三十〈輿服下〉，頁3666。

〔註51〕　《舊唐書‧輿服志》。參《舊唐書》卷四十五〈志〉第二十五〈輿服〉，頁1940。

〔註52〕　《新唐書‧車服志》。參《新唐書》卷二十四〈志〉第十四〈車服〉，頁517。

〔註53〕　《新唐書‧車服志》。參《新唐書》卷二十四〈志〉第十四〈車服〉，頁518。

〔註54〕　《新唐書‧車服志》。參《新唐書》卷二十四〈志〉第十四〈車服〉，頁522
〜523。

小、職位高低、文臣武將，主要是依靠其冠冕、冠上與身上所佩戴的配飾進行區分。

「遠遊冠服」是皇太子參加各種祭祀活動、外交活動、宴會慶典、大型朝會上所穿著的成套禮服與祭服。依《通典》所載，隋代依循前代舊制，規定皇太子參加「釋奠」活動時，係頭戴細竹編織、或者鐵絲纏繞三梁為襯裡的「遠遊冠」，冠上有金質蟬形以及珍珠和翡翠作為裝飾，再配上犀角製成的髮簪，冠裡內搭黑色頭巾，冠纓下垂的部分則為翠羽所製；身上穿著紅色單衣、白色裡衣，亦即圓領紅色袍衫，內襯白色單衣。這套紅色「遠遊冠服」的外觀，不論胸前領襟、袖口、編飾、大襟等衣裳邊緣處，皆使用黑色，再披上白色、向下垂掛的祭服專用的大帶；「方心曲領」係指傳統古代官服「半圓硬領」領式，成套以紅色為主、黑色編飾的及膝衣袍，腰部繫上皮製的束衣帶，此條金色皮製革帶上，還必須扣上利用玉石作為主要裝飾構件的佩劍、栓上能夠繫住雙塊玉佩的絲質綬帶，是《通典》所云「通天冠服」上的「劍、佩、綬」等，皆是腰部的皮製束衣革帶上的配飾。

皇太子參加「釋奠」活動時所穿著的服飾，大致已如上文所述，而且這套祭服樣式之制，也當一路承襲至唐代，《通典》即記載：

> （開元）二十六年，肅宗為皇太子，受冊，太常所撰儀注，有服絳紗袍之文。太子以為與皇帝所稱同，上表辭不敢當，請有以易之。上令百官詳議。尚書左丞相裴耀卿、太子太師蕭嵩等奏曰：「謹按衣服令，皇太子具服，有遠遊冠，三梁，加金附蟬九首，施珠翠，黑介幘，髮纓綾，犀簪導，絳紗袍，白紗中單，皂領、襟、襈，白裙襦，方心曲領，絳紗蔽膝，革帶，劍，佩，綬等，謁廟還宮、元日冬至朔日入朝、釋奠則服之。其絳紗袍，則是冠衣之內一物之數，與裙襦、劍、佩等無別。至於貴賤之差，尊卑之異，則冠為首飾，名制有殊，并珠旒及裳采章之數，多少有別，自外不可事事差異。……。」議奏上，手敕改為朱明服，下所司行用焉。〔註55〕

《通典》此處所載之大致內容，亦可見於《舊唐書・輿服志》〔註56〕。而皇太子參加「釋奠」時的成套服飾及其各細部之樣式，在當世尚書左丞相裴耀

〔註55〕（唐）杜佑：《通典》卷六十一〈禮〉二十一〈沿革〉二十一〈嘉禮六〉，頁1726～1727。

〔註56〕參《舊唐書・輿服志》。詳見《舊唐書》卷四十五〈志〉第二十五〈輿服〉，頁1941～1942。

卿、太子太師蕭嵩等人的奏議中，誠已明確指出。蓋開元二十六年（738），
皇太子李瑛因為武惠妃的讒言而被貶為庶人廢死，改立李亨為太子，在接受
冊封時，李亨因其太子身分的服飾與「皇帝所稱同」，故奏請唐玄宗改易。經
過朝中大臣詳議之後，連帶重申了皇太子於「釋奠」時的穿著範式。

　　再次，是君王與太子以下，參與「釋奠」活動的各色官員之服裝樣式。
關於實際參與「釋奠」活動的人員，包括負責並安排整體祭祀過程的「太常」
及其屬官，以及隸屬於學校本身的祭酒、博士、助教與學生等成員。可惜今
日現存的文獻資料，對於這些人物的服裝式樣之記載，著實不若君王與太子
等統治階層詳盡。今茲以「廟學」制度達於完備與普遍化的唐代為例，希冀
利用有限的歷史材料，刻劃出「廟學」制度底下的祭祀活動中，實地參與現
場的眾位人員之大體服飾樣貌。

　　《舊唐書·輿服志》：「（隋制）衣裳有常服、公服、朝服、祭服四等之
制。」〔註57〕依《舊唐書》所載，則唐代官員的服飾大抵因襲隋制，其分別
按照穿著場合而計有「祭服、朝服、公服、常服」等四類。其中「祭服」顧
名思義，當與「祭祀」密切相關，不過依筆者於上文之論述，至少在「釋奠」
的整體活動過程中，參與的成員實有「陪祭」、「助祭」以及隸屬於學校本身
而必須實際參與祭祀的分別，甚至職等、品級較高的成員，尚需肩負「主祭」
的工作。例如《新唐書·車服志》記載：「具服者，五品以上陪祭、朝饗、拜
表、大事之服也，亦曰朝服。」〔註58〕又被稱為「具服」的「朝服」，可謂僅
次於「祭服」的正式禮服，是官員於平日君臣朝會，乃至於元日與冬至等重
大朝會或場合上的穿著，也是作為「陪祭」的五品以上官員之服裝。換言之，
彼時陪同帝王、皇太子參與「廟學」的「釋奠」等祭祀活動的朝廷百官，其
並不屬於「助祭」或「主祭」的身份，故僅需穿著又稱為「具服」的「朝服」
在旁觀禮即可。至於「太常」及其屬官等「助祭」人員，卻必須各依職等與
品級，分別穿著不同樣式的「祭服」。例如《舊唐書·輿服志》記載：「凡冕
服，助祭及親迎若私家祭祀皆服之，爵弁亦同。」〔註59〕此處所謂「冕服」、

〔註57〕參《舊唐書·輿服志》。詳見《舊唐書》卷四十五〈志〉第二十五〈輿服〉，
　　　　頁1930。
〔註58〕參《新唐書·車服志》。詳見《新唐書》卷二十四〈志〉第十四〈車服〉，頁
　　　　522。
〔註59〕參《舊唐書·輿服志》。詳見《舊唐書》卷四十五〈志〉第二十五〈輿服〉，
　　　　頁1943。

「爵弁」等，皆是唐代「祭服」的樣式之一。另外，《舊唐書‧輿服志》亦記載：「《武德令》，侍臣服有袞、鷩、毳、繡、玄冕，及爵弁，遠遊、進賢冠，武弁，獬豸冠，凡十等。」〔註60〕其中前六套服裝，亦即「袞冕、鷩冕、毳冕、繡冕、玄冕，爵弁」六等，則是百官的「祭服」，是「助祭」的官員在祭祀活動中的穿著。關於上述六等「祭服」的差別，筆者係以官員的品級與職等作為分類，今茲以表格釋之：

表三：唐代各品級官員之「祭服」樣式

1	袞冕	第一品官員「助祭」、「主祭」所著服飾
2	鷩冕	第二品官員「助祭」、「主祭」所著服飾
3	毳冕	第三品官員「助祭」、「主祭」所著服飾
4	繡冕	第四品官員「助祭」、「主祭」所著服飾
5	玄冕	第五品官員「助祭」、「主祭」所著服飾
6	爵弁	第六品以下、九品以上官員所著「助祭」服飾

依上文所陳列之表格，足以得見唐代的第一品至第六品官員之「祭服」，誠然各有分別，至於第六品以下、九品以上官員，則一律穿著「爵弁」，此亦即世稱「五冕服、一爵弁」的「助祭」、「主祭」所著之服飾。

由是，吾人自能稍為窺見當世的「釋奠」活動現場，眾位參與成員的大致裝扮：帝王穿著「通天冠服」、皇太子穿著「遠遊冠服」，作為「陪祭」的群臣則穿著「朝服」。負責主導「釋奠」活動的「太常」，其作為「助祭」身分，自古以來又位列第三品，故當穿著「毳冕」；祭酒、博士與助教等學校成員，也各依品級不同，而具有不同樣式的「祭服」。帝王的「通天冠服」、皇太子的「遠遊冠服」、作為「助祭」之「太常」的「毳冕」，以及作為「陪祭」群臣的「朝服」，其服飾大抵皆以絳色、又或者赤中帶黑的色調為主，《通典》所載「梁武帝天監八年，皇太子釋奠。周捨議：『既惟大禮，請依東宮元會，太子著絳紗襮，樂用軒懸。合升殿坐者，皆服朱衣。』帝從之。」一語〔註61〕，

〔註60〕 參《舊唐書‧輿服志》。詳見《舊唐書》卷四十五〈志〉第二十五〈輿服〉，頁1942。

〔註61〕 （唐）杜佑：《通典》卷五十三〈禮〉十三〈沿革〉十三〈吉禮〉十二〈釋奠〉，頁1473。

或許可以作為一項輔證。

　　至於國子學生與太學學生，在北齊乃至於隋代以降，則確定具備品級，他們被納入官職體系的編制之中，理當穿著第六品以下的「爵弁」，《舊唐書・輿服志》：「爵弁，色同爵，無旒無章。玄纓，簪導，青衣，纁裳，白紗中單，青領、褾、裾，革帶，鉤䤝，大帶，練帶，紕其垂，內外以繡，紐約用青組。爵韡，襪，赤履，九品以上服之。」〔註62〕又《儀禮・士冠禮》：「爵弁服：纁裳、純衣、緇帶、韎韐。」〔註63〕此足見官學學生的「爵弁」，當是較為樸素的「無旒無章，青衣纁裳」之傳統士人裝扮。再依《通典》記載，東晉孝武帝太元年間，國子學生於平日，就必須以「單衣角巾，執經一卷以代手板」作為拜見祭酒、博士時的基本裝扮〔註64〕；北齊時代於國學舉行「養老禮」時，國子學生亦穿著「黑介幘，青衿，單衣」，乘馬恭迎、並陪同親臨國學的帝王〔註65〕。《大唐開元禮》也記載「皇帝、皇太子視學」時，該校學生皆穿著「青衿服」參與全程，而「諸享官各服祭服，諸陪祭之官皆公服」；國學舉行「養老禮」時，學生也「俱青衿服入就位」〔註66〕。

　　另外，誠如筆者於上一章節所論述，唐代中期以後，「廟學」制度始臻於完備，並且誠然普及至地方官學，而《大唐開元禮》亦記載，當時諸州舉行「釋奠」等祭祀活動時，「諸享官各服祭服，助教儒服」，當地學生仍舊穿著「青衿服」；各郡縣舉行「釋奠」等祭祀活動時，「諸享官各服祭服，學官儒服」，而各郡縣的學生依然一如上述而穿著「青衿服」〔註67〕。由此可見，國

〔註62〕　參《舊唐書・輿服志》。詳見《舊唐書》卷四十五〈志〉第二十五〈輿服〉，頁1943。

〔註63〕　（清）阮元校勘：《十三經注疏》（臺北：藝文印書館，2001年）第四冊《儀禮注疏》卷二〈士冠禮〉第二，頁15上。

〔註64〕　（唐）杜佑：《通典》卷五十三〈禮〉十三〈沿革〉十三〈吉禮〉十二〈大學〉，頁1466。

〔註65〕　（唐）杜佑：《通典》卷六十七〈禮〉二十七〈沿革〉二十七〈嘉禮〉十二之「養老」條，頁1867。

〔註66〕　皇帝、皇太子視察國學時，學生必須穿著「青衿服」參與全程一事，詳參（唐）蕭嵩等撰：《大唐開元禮》卷五十二〈吉禮〉之〈皇帝皇太子視學〉，頁291。國學舉行「養老禮」時，學生「俱青衿服入就位」，參（唐）蕭嵩等撰：《大唐開元禮》卷一百四〈嘉禮〉之〈皇帝養老於太學〉，頁494。

〔註67〕　各州的地方官學學生參加「釋奠」所穿著的服飾一事，參（唐）蕭嵩等撰：《大唐開元禮》卷六十九〈吉禮〉之〈諸州釋奠於孔宣父〉，頁355。各郡、縣的地方官學學生參加「釋奠」所穿著的服飾一事，參（唐）蕭嵩等撰：《大唐開元禮》卷七十二〈吉禮〉之〈諸縣釋奠於孔宣父〉，頁366。

子學生、太學學生，以及各州、郡、縣的地方官學之學生，不論時空的更替，更遑論其是否具有官方賦予的職等和品級，這些官學的生徒學子，在各種祭祀的活動過程中，大抵皆穿著最簡單、樸素的「青衿服」即可，其誠屬「釋奠」等「廟學」相關祭祀活動中，鮮少需要在穿著與裝扮上，做出太多變化者。

四、祭祀的牲禮、音樂和舞蹈

關於孔子廟的祭祀活動中所需要的牲禮或祭品，《史記》即曾記載漢高祖途經魯地孔宅時，以「太牢」之禮祭祀孔子，是首次以天子身分，用太牢祭孔之例；時至魏晉，《三國志‧魏書》亦記載，曹魏政權於正始年間屢次「以太牢祭孔子於辟雍」，蓋魏齊王曹芳命「太常」以「太牢」祭祀孔子、以「釋奠」之禮祭孔於辟雍，可謂「釋奠祭孔」之始，再經東晉以降「廟學」制度的逐漸發展，則「太牢」以「釋奠」祭孔一事，實成為往後歷代的定制。

《大唐開元禮》記載：「宗廟、社稷、帝社、先靈、先代帝王、五嶽、四鎮、四海、四瀆、孔宣父、齊太公、諸太子廟並用太牢。」〔註68〕再依《大戴禮記》記載：「諸侯之祭（牲）牛，曰太牢；大夫之祭牲羊，曰少牢；士之祭牲特豕，曰饋食。」〔註69〕所謂「太牢」，本是中國傳統祭祀裡最豐厚的祭品，一般係指一隻活全牛，誠屬天子祭祀時的祭獻規格，至於卿大夫位低於天子、能力亦有限，故使用「少牢」作為祭獻品，指活全羊或活全豬。

職是，漢魏以降孔子廟的祭祀，乃至於「廟學」制度發展之後的官學祭祀活動，利用「太牢」以祀孔，斷然無甚大疑議，不過兩晉時期，亦即西晉武帝乃至於東晉明帝的中央官學，確實也有出現以「三牲」祭祀孔子的事例〔註70〕，《大唐開元禮》也記載：「凡供別祭用太牢者，犢一，羊一，豬一，酒二斗，脯一段，醢四合。」〔註71〕唐代所使用的「太牢」，其實際祭獻的物品內容，已可以是牛、羊、豬「三牲」，再輔以煮熟的乾肉一段、酒水二斗，以及各式肉醬等。

〔註68〕（唐）蕭嵩等撰：《大唐開元禮》卷一〈序例上〉之「俎豆」條，頁19。

〔註69〕《大戴禮記‧曾子天圓》。參（漢）戴德撰，黃懷信主撰，孔德立、周海生參撰：《大戴禮記匯校集注》上冊，卷五〈曾子天圓〉第五十八，頁633～635。

〔註70〕《通典》記載：「晉武帝泰始三年，改封孔子二十三代孫宗聖侯震為奉聖亭侯。又詔大學及魯國，四時備三牲以祀孔子。明帝太寧三年，詔給奉聖亭侯四時祠孔子祭直，如泰始故事。」

〔註71〕（唐）蕭嵩等撰：《大唐開元禮》卷一〈序例上〉之「俎豆」條，頁19。

　　更加值得注意者，是魏晉到隋代以前，「廟學」制度尚未完全普及於地方官學，其「釋奠」等祭祀活動，實以中央官學為主，迨至唐代中期以後，「廟學」制度誠已普及於各州、郡、縣，「釋奠」等祭祀活動自然也依此落實於各地的官學體制，故《通典》記載：「開元十一年，詔春秋釋奠用牲牢，其屬縣用酒脯而已。」〔註72〕唐玄宗於開元十一年（723）的這一項詔令，可以得見彼時的太學與國子學等中央官學，確實仍以「太牢」作為「釋奠」的牲禮，不過州、郡、獻等地方官學，由於層級與經費等因素，故得以使用一般尋常的酒水與肉乾，作為「釋奠」的祭品。

　　利用「太牢」作為牲禮以祀孔，確實是「廟學」祭祀活動中最重要的一環。捨此而外，尚有若干常見的祭品與祭祀器皿，當出現在「廟學」的祭祀活動中，如：《大唐開元禮》記載：「春秋釋奠於孔宣父九十五座，先聖先師各籩十、豆十、簠二、簋二、鉶三、爵三、俎三。若從祀諸座，各籩二、豆二、簠一、簋一、俎一。」〔註73〕杜佑《通典》在著錄《大唐開元禮》的「仲春仲秋上丁，釋奠於太學。孔宣父為先聖，顏子為先師。」一語下亦注云：

> 凡九十五座。先聖先師籩、豆各十，簠、簋各二，鉶、爵、俎各三。其七十二弟子及左丘明、公羊高、穀梁赤、伏勝、高堂生、戴聖、毛萇、孔安國、劉向、鄭眾、杜子春、馬融、盧植、鄭玄、服虔、賈逵、何休、王肅、王弼、杜元凱、范甯等從祀。諸座籩豆各二，簠簋俎各一。〔註74〕

《通典》與《大唐開元禮》此處所載，當屬彼時中央官學的祭獻規格，依二部典籍所載，足以得見在「釋奠」等祭祀活動中，仍必須額外擺設竹制食器「籩」與木制食器「豆」各十對；方形器皿「簠」與圓形器皿「簋」各二對；用於裝盛酒水的金屬器具「鉶」、有蓋的小型鼎狀容器「爵」，以及四足的木製漆飾「俎」各一對。類似今日高腳杯形狀的禮器「籩」與「豆」，用來裝盛棗栗等祭物；有蓋且有耳的「簠」與「簋」則用來裝盛稻粱、黍稷等祭物；「鉶」用來裝盛祭祀的酒或水、兩足三耳的小鼎「爵」用來盛菜和肉、菜羹，「俎」

〔註72〕（唐）杜佑：《通典》卷五十三〈禮〉十三〈沿革〉十三〈吉禮〉十二〈釋奠〉，頁1475。

〔註73〕（唐）蕭嵩等撰：《大唐開元禮》卷一〈序例上〉之「俎豆」條，頁18。

〔註74〕（唐）杜佑：《通典》卷一百六〈禮〉六十六〈開元禮纂類〉一〈序例上〉之「神位」條，頁2770。

則是用來盛放牲體的容器。

由此可見「廟學」制度的祭品之豐盛與多樣，尤其上述各種食器所盛裝的祭品、擺置的方向與位置，皆有一定的規定；餘下作為從祀的七十二弟子及左丘明等眾人，也擺設了「籩」、「豆」各二對；「簠」、「簋」各一對。至於彼時地方官學的祭品與禮器，《大唐開元禮》亦記載：「州、縣祭社稷、釋奠於先聖先師，每座各籩八、豆八、簠二、簋二、俎三。」〔註75〕其規格和級別，雖然不能直接比擬於中央官學，但是豐盛與多樣的程度，與中央官學的祭祀情況相較，似也不致於落差過多。

關於「廟學」祭祀所使用的音樂和舞蹈，此實與中國古代的樂舞制度密切相關，依《禮記·月令》之記載，古代在仲春與仲秋的上丁日所舉行之「釋奠」活動，即已規定負責管理音樂的「樂正」當在現場「習舞」與「習吹」。又《陳書·後主本紀》：「（至德三年）辛卯，皇太子出太學，講《孝經》，戊戌，講畢。辛丑，釋奠於先師，禮畢，設金石之樂，會宴王公卿士。」〔註76〕記載陳後主在親臨太學、進行「釋奠先師之禮」之後，命人使用鐘、磬等打擊樂器演奏音樂，藉此「會宴王公卿士」。《陳書》此處所謂「金石之樂」當是一般「廟堂之樂」的泛稱，對於當時用樂的規模、用舞的形式等情狀，亦略嫌語焉不詳。再考察《通典》所載，杜佑於《通典》：「宋文帝元嘉二十二年，太子釋奠，採晉故事。」一語下自注：「裴松之議：應舞六佾，宜設軒懸之樂，牲牢器用，悉依上公。」〔註77〕則清楚提點了「廟學」的「釋奠」活動，當使用「軒懸」之樂，以及「六佾」之舞。故《通典》亦記載：

> 齊武帝永明三年，有司奏：「宋元嘉舊事，學生到，先釋奠先聖先師，
> 禮又有釋菜，未詳今當行何禮？用何樂及禮器？」時從喻希議，用
> 元嘉故事，設軒懸之樂，六佾之舞，牲牢器用悉依上公。〔註78〕

又：「梁武帝天監八年，皇太子釋奠。周捨議：『既惟大禮，請依東宮元會，太子著絳紗襮，音博，衣領也。樂用軒懸。合升殿坐者，皆服朱衣。』帝從之。」、「北齊將講於天子，講畢，以一太牢釋奠孔宣父，配以顏回，列軒懸

〔註75〕（唐）蕭嵩等撰：《大唐開元禮》卷一〈序例上〉之「俎豆」條，頁18。

〔註76〕《陳書·後主本紀》。參《陳書》卷六〈本紀〉第六〈後主〉，頁112。

〔註77〕（唐）杜佑：《通典》卷五十三〈禮〉十三〈沿革〉十三〈吉禮〉十二〈釋奠〉，頁1472。

〔註78〕（唐）杜佑：《通典》卷五十三〈禮〉十三〈沿革〉十三〈吉禮〉十二〈釋奠〉，頁1472。

樂，六佾舞。」〔註79〕此足見南朝乃至北齊政權，其「廟學」的「釋奠」活動皆大抵固定使用「軒懸」之樂與「六佾」之舞。

《冊府元龜・學校部》中亦有一條資料，可以作為旁證：

> 許敬宗為太子右庶子，檢校中書侍郎。貞觀二十年，詔曰：「左丘明、卜子夏、公羊高、……，總二十四座，春秋二仲，行釋奠之禮，初以儒官自為祭主，直云博士姓名，昭告於先聖。又，州縣釋奠，亦以博士為主。」敬宗奏曰：「按《禮記・文王世子》：『凡學，春官釋奠於先師。』鄭注云：『官謂《詩》、《書》、《禮》、《樂》之官也。』彼謂四時之學，將習其道，故儒官釋奠，各於其師。既非國學行禮，所以不及先聖。至於春秋二時，合樂之日，則天子視學，命有司典禮，即總祭先聖先師焉。秦、漢釋奠；無文可檢，至於魏武，則使太常行事；自晉宋已降，時有親行，而學官主祭，全無典實。且名稱國學，樂用軒懸，尊俎威儀，蓋皆官備，在於臣下，理不合專。……。」〔註80〕

依《冊府元龜》所載，許敬宗於貞觀二十年（646）時，為了回應唐太宗的詔書而上呈奏疏，文中明白指出魏代官學的「釋奠」之禮，已是「太常」的職責；「樂用軒懸」之制，也在晉宋以降的國學「釋奠」活動中能夠得見。不過，此等樂舞制度，到了唐代開元年間似乎出現轉變，《通典》：「（開元）二十七年八月，因釋奠文宣王，始用宮懸之樂。」〔註81〕、「（開元二十七年）兩京樂用宮懸。」〔註82〕今日學者亦據此推測，隔年（開元二十八年，西元740年）以後的唐代祀孔典禮，皆採用 64 人制的八佾舞〔註83〕。

依上述，南朝宋、齊政權的「設軒懸之樂，六佾之舞」，可謂「廟學」的「釋奠」活動有樂、舞並用的最早記載，而唐代開元年間的變革，也足以說

〔註79〕（唐）杜佑：《通典》卷五十三〈禮〉十三〈沿革〉十三〈吉禮〉十二〈釋奠〉，頁 1473。

〔註80〕（宋）王欽若等編纂，周勛初等校訂：《冊府元龜》第七冊，卷六百四〈學校部〉八〈奏議〉第三（南京：鳳凰出版社，2006 年），頁 6961。

〔註81〕（唐）杜佑：《通典》卷五十三〈禮〉十三〈沿革〉十三〈吉禮〉十二〈釋奠〉，頁 1475。

〔註82〕（唐）杜佑：《通典》卷五十三〈禮〉十三〈沿革〉十三〈吉禮〉十二〈孔子祠〉，頁 1482。

〔註83〕陳昭瑛：《臺灣儒學：起源、發展與轉化》（臺北：臺大出版中心，2008 年），頁 74～75。

明祭孔儀式的樂舞與規模，誠然會因歷史時代的不同而有所差異。蓋「軒懸」與「宮懸」、「六佾」與「八佾」在使用時機上的不同，實際上也透露了官方對於孔子地位的認知程度，這是因為「軒懸」與「宮懸」之別，係懸掛鐘、磬的數量與方法之差異，《周禮・春官宗伯・小胥》：「正樂縣（懸）之位，王宮縣（懸），諸侯軒縣（懸），卿大夫判縣（懸），士特縣（懸），辨其聲。」鄭玄注云：「鄭司農云：『宮縣（懸），四面縣（懸）。軒縣（懸），去其一面……』玄謂軒縣（懸）去南面辟王也。」〔註84〕又《新唐書・禮樂志》：

> 軒縣（懸）三面，皇太子用之。若釋奠於文宣王、武成王，亦用之。其制，去宮縣（懸）之南面。判縣（懸）二面，唐之舊禮，祭風伯、雨師、五嶽、四瀆用之。其制，去軒縣（懸）之北面。皆植建鼓於東北、西北二隅。特縣（懸），去判縣（懸）之西面，或陳於階間，有其制而無所用。〔註85〕

此足見「樂懸」之制，當是一種鐘、磬的懸掛制度：「宮懸」係四面懸掛，象徵宮室之四面牆壁；「軒懸」係三面懸掛；「判懸」係二面懸掛；「特懸」則是單面懸掛，此也自是清代陶煒《課業餘談・樂》所謂：「宮懸，四面懸也；軒懸，缺南面也。」〔註86〕

此外，若是依照用樂者的級別而將「宮懸」、「軒懸」、「判懸」、「特懸」四種「樂懸之制」，分別擬配在祭祀舞蹈的規模上，則其又分別對應於帝王的「八佾」（64 人）、諸侯的「六佾」（36 人）、卿與大夫階層的「四佾」（16 人），以及士階層的「二佾」（4 人）之四種樂舞制度上〔註87〕。杜佑《通典》描述唐代開元年間「太樂」的曲制時也記載：「凡天子宮懸，太子軒懸。……凡宮懸、軒懸之作，奏二舞以為眾樂之容：一曰文舞，二曰武舞。宮懸之舞八佾，軒懸之舞六佾。」〔註88〕由於用樂者或者祭祀對象的等級與身分地位

〔註84〕 上引《周禮・春官宗伯・小胥》之記載以及鄭玄的注語，詳參（清）阮元校勘：《十三經注疏》第三冊《周禮注疏》卷二十三〈春官宗伯・小胥〉，頁 353 下～354 上。

〔註85〕 《新唐書・禮樂志》。參《新唐書》卷二十一〈志〉第十一〈禮樂十一〉，頁 463。

〔註86〕 （清）陶煒：《課業餘談》卷上〈樂〉。收於王雲五主編：《叢書集成初編》（上海：商務印書館據學海類編本排印，1939 年），語文學類，第 1175 冊，頁 3。

〔註87〕 不過若依此論，則宋代王讜《唐語林・補遺一》所謂：「其兩京文宣廟，春秋二仲釋奠，軒懸之樂，八佾之舞，牲以太牢。」一語，似乎出現問題。

〔註88〕 （唐）杜佑：《通典》卷一百四十四〈樂四・樂懸〉，頁 3686～3687。

有別，其樂器使用的數目與規模、擺放位置與方向以及樂舞人數等，亦自有不同的規定。南朝宋、齊政權的「設軒懸之樂，六佾之舞」，是將孔子視為諸侯等級，故「廟學」舉行「釋奠」活動時，是將陳列在架上的鐘、磬等樂器，分別懸掛於三面，並施以「六佾」之舞；唐代開元年間的「釋奠文宣王，始用宮懸之樂」，實是將孔子的身分地位提升至帝王用樂、用舞制度的級別。

　　根據今日學者的考察與研究，唐代貞觀年間的祭孔祀典，使用「軒懸」之樂搭配「六佾」之舞，而且依循「文舞」與「武舞」二舞並用的「軒懸」演奏之舊制，唐玄宗開元年間則一如筆者於上文所述，遂提升至「宮懸」之樂搭配「八佾」之舞，這種帝王級別的樂舞制度，也自是使用了「文舞」與「武舞」二舞並用的規制；時至宋代，官方為了表示謙遜禮讓之義，故改易唐代之制而僅用「文舞」；迨至明代又再度改回「文舞」、「武舞」並用的「軒懸」之樂搭配「六佾」之舞〔註 89〕。這即是說，在「廟學」等官方主導的祭祀活動中，樂、舞制度雖然皆有具體規定，唯歷代諸朝對於祭孔祀典時，尤其是魏晉南北朝以降，究竟是以「宮懸」之樂搭配「八佾」之舞，又或是「軒懸」之樂搭配「六佾」之舞，卻始終沒有定制。

第三節　「廟學」祭祀的活動流程

一、「三獻禮」釋義

　　實行「三獻禮」並且向祭祀對象祭獻牲禮與酒水，是「廟學」的「釋奠」等祭祀活動中最重要的一個過程，其透過「初獻」、「亞獻」與「終獻」三項活動進程，表達祭祀者對於祭祀對象的最大誠意。《儀禮・聘禮》：「薦脯醢，三獻。」〔註 90〕、《禮記・郊特牲》亦記載：「郊血，大饗腥，三獻爓，一獻孰（熟）。」〔註 91〕說明古代祭天，當用鮮血進獻；合祀先王，當用生肉進獻；祭祀社稷與五祀等神明，則使用燙熟的肉品進獻。又《後漢書・百官志》：

〔註89〕詳參高明士主編：《中國文化史》（臺北：五南圖書出版公司，2007 年），頁174～175。

〔註90〕（清）阮元校勘：《十三經注疏》第四冊《儀禮注疏》卷二十三〈聘禮〉第八，頁 275 下。

〔註91〕（清）阮元校勘：《十三經注疏》第五冊《禮記注疏》卷二十五〈郊特牲〉第十一，頁 480 上。

「光祿勳，卿一人，中二千石。本注曰：掌宿衛宮殿門戶，典謁署郎更直執戟，宿衛門戶，考其德行而進退之。郊祀之事，掌三獻。丞一人，比千石。」〔註92〕、「太尉，公一人。本注曰：掌四方兵事功課，歲盡即奏其殿最而行賞罰。凡郊祀之事，掌亞獻；……。」〔註93〕說明漢代以降，負責「三獻禮」事務者，是九卿之一的「光祿勳」機構，蓋自古以來管轄「光祿勳」或「光祿寺」的最高長官「光祿卿」，大抵位居第三品，是職等頗高的官署，而「太尉」亦誠屬彼時之最高軍事長官，故即便考察《後漢書‧百官志》，無法尋得彼時負責「初獻」與「終獻」的主要官員，不過至少可以得知，負責第二次獻祭者，必須是「太尉」級別，此皆足見「三獻禮」在古代官方祭典中，無可取代的重要性。另外，由於最初的「三獻禮」是獻上酒水或肉品，例如《儀禮‧士虞禮》記載：「主婦洗足爵於房中，酌，亞獻尸，如主人儀。」〔註94〕故其儀式又依次被稱為「初獻爵」、「亞獻爵」與「終獻爵」，亦即「三獻禮」是三次獻酒儀典的總稱。

二、「三獻禮」的具體流程與負責執行的官員

今依《後漢書‧明帝紀》記載，東漢明帝於永平十五年（72 A.D.）：「幸孔子宅，祠仲尼及七十二弟子。親御講堂，命皇太子、諸王說經。」〔註95〕其途經曲阜孔子故宅時，除了祭祀孔子，亦兼祭其七十二弟子，這是祀孔典禮開始具有配享對象的最早紀錄，亦是今日學者所謂「首開（孔子）弟子從祀於師的先例」、「其時七十二弟子應屬附祭關係」〔註96〕。另外，再依《魏書‧樂志》所載，北魏孝文帝太和十六年（492），官方將祀孔典禮時所舉行的「軒懸三樂」、「六佾之舞」等舊制之上，再特別規定了必須並行「三獻禮」〔註97〕，這是中國正式將「三獻禮」的項目，納入「釋奠」活動的最

〔註92〕參《後漢書‧百官志二》。詳見《後漢書‧志》第二十五〈百官二〉，頁3574。
〔註93〕參《後漢書‧百官志一》。詳見《後漢書‧志》第二十四〈百官一〉，頁3557。
〔註94〕（清）阮元校勘：《十三經注疏》第四冊《儀禮注疏》卷四十二〈士虞禮〉第十四，頁499上。
〔註95〕《後漢書‧明帝紀》。參《後漢書》卷二〈顯宗孝明帝紀〉第二，頁118。
〔註96〕黃進興：〈解開孔廟祭典的符碼——兼論其宗教性〉，《文化與歷史的追索——余英時教授八秩壽慶論文集》（臺北：聯經出版事業公司，2009年12月），頁548。
〔註97〕詳見《魏書‧樂志》的記載。參《魏書》卷一百九〈志〉第十四〈樂五〉，頁2828～2830。

早紀錄。

　　筆者特別提及東漢明帝於永平十五年的歷史故實，是因為往後歷朝各代在舉行「釋奠」等祭祀活動的「三獻禮」時，尚必須在「初獻禮」、「亞獻禮」與「終獻禮」三項過程裡，另外增加「初分獻禮」、「亞分獻禮」與「終分獻禮」三項儀式。換言之，祭祀孔子的禮儀稱為「正獻禮」；祭祀從祀於孔子的配享者，其禮儀稱為「分獻禮」。祭祀孔子時，必須在「三獻禮」的各自儀式裡，分別加入「分獻」之禮，依此形成「1.初獻→2.初分獻→3.亞獻→4.亞分獻→5.終獻→6.終分獻」的完整「三獻禮」流程，今日學界對於「釋奠」等祭祀活動的「三獻禮」之說解，基本上也一併包含了上述「分獻禮」的部分。不過礙於本論文的篇幅與筆者的能力，故本文於此處僅專以探討「初獻」、「亞獻」與「終獻」三者，無法涉及祭祀從祀於孔子的配享對象之「分獻禮」部分。

　　關於「廟學」的「釋奠」等祭祀活動之「三獻禮」負責人員，至少不晚於唐代中期，誠已具備明確的規範，並且明文著錄於政令，成為往後歷代諸朝得以依循的完備條例。今日考察《通典》的記載：

> 大唐武德二年，於國子學立周公、孔子廟各一所，四時致祭。貞觀二十一年制，左丘明以下二十二人同享。初以儒官自為祭主，直云博士姓名，昭告於先聖。又州縣釋奠，亦博士為主。許敬宗奏曰：「秦漢釋奠無文，魏氏則太常行事。自晉宋以降，時有親行，而學官為主，全無典實，在於臣下，理不合專。今請國學釋奠，令國子祭酒為初獻，詞稱『皇帝謹遣』，仍令司業為亞獻，博士為終獻。其州學，刺史為初獻，上佐為亞獻，博士為終獻。縣學，令為初獻，丞為亞獻，主簿及尉通為終獻。修附禮令，以為永制。」〔註98〕

依《通典》所載唐代的歷史故實與許敬宗的奏疏，可以窺見官學「釋奠」活動的一些進展脈絡：關於秦漢時期的「釋奠」活動的詳細情形，並無明確且可徵之記載傳世；魏代亦僅能得知是「太常」總理其事；晉宋以降，則大抵以該官學的學官為主祭者，捨此而外，也無太多足供後人考證的歷史材料。時至唐代，至少在貞觀二十一年（647）以前的制度，其「國子學」的「釋

〔註98〕　（唐）杜佑：《通典》卷五十三〈禮〉十三〈沿革〉十三〈吉禮〉十二〈釋奠〉，頁1474。

奠」之禮，係由「國子監」體制下所配置的祭酒、博士等儒官作為主祭者，而且主祭者在「釋奠」活動過程中，似乎往往僅直云自身官職、自報姓名，藉以「昭告於先聖」，而各州、縣等地方官學的「廟學」之「釋奠」之禮，亦復如是。

這即是說，雖然依《魏書・樂志》所載，正式將「三獻禮」納入「釋奠」活動之記錄，最早可以追溯自北魏孝文帝時期，不過依《通典》所載許敬宗之奏疏，可以得見中國官方對於祭祀孔子的「釋奠」等活動之相關記載，其資料著實甚少，更遑論這些有限史料的記載之簡略，導致後世根本無法確切得知詳盡的活動細節與活動流程。不過，仔細推敲許敬宗所謂「仍令司業為亞獻」一語，足見「釋奠」等祭祀活動的「三獻禮」，在許氏的生活年代即已確實存在，唯不能得見官方的明文規範。

職是，依《通典》所載，許敬宗上呈奏疏以建議唐太宗，奏請官方制定著於政令的條文，方能「以為永制」。許氏認為，中央官學的「釋奠」之禮，其「三獻禮」當以魏代之後大抵皆位列「從三品」的「國子祭酒」為「初獻」；以國子學配置了二員而位列「從四品」的「國子司業」為「亞獻」；以「第四品」至「第五品」的「國子博士」為「終獻」。其中負責「初獻」的「國子祭酒」，自是「釋奠」活動的主祭者，而且其作為主祭的身份底下，也具有「代國家、代官方、甚或代天子行事」的含意，故當詞稱「皇帝謹遣」。

至於地方官學部分，「州學」則由當地最高行政長官「刺史」、當地「刺史」的副官「上佐」，以及該學校的本身成員「博士」，分別負責「初獻」、「亞獻」與「終獻」之禮。「縣學」則由當地「縣令」，以及當地「縣令」的副官「縣丞」，分別負責「初獻」與「亞獻」之禮，至於「終獻」則由當地的文書官員「主簿」，或者當地典獄及捕盜的武官「尉」，二者擇一來負責擔任。

今日考察《唐六典》的記載，也可以作為《通典》所載之輔證：

> 凡國有大祭祀之禮，皇帝親祭，則太尉為亞獻，光祿卿為終獻；若有司攝事；則太尉為初獻，太常卿為亞獻，光祿卿為終獻；孔宣父廟，則國子祭酒為初獻，司業為亞獻，國子博士為終獻；……。
> 〔註99〕

〔註99〕（唐）李林甫等撰，陳仲夫典校：《唐六典》卷四〈尚書禮部〉之「祠部郎中、員外郎」條，頁124。

此處明確地說明了唐代舉行國家重要祭祀典禮時，係由君王親祭，亦即君王行「初獻」，「太尉」與「光祿卿」則分別負責「亞獻」與「終獻」的部分，假若上述人員當時有公務在身，也必須有其他官員代行其事。

《唐六典》所謂「國有大祭祀之禮」，當指祭祀天地、帝王宗廟等活動，而祭祀「孔宣父廟」則是「廟學」制度之「釋奠」等祭祀孔子的活動。至於祀孔典禮，《唐六典》也明確地說明了「國子祭酒」、「國子司業」與「國子博士」三種官員，必須分別負責唐代國子監的「初獻」、「亞獻」與「終獻」之禮。另外，《冊府元龜》也記載了一條史料，其內容約莫如同《通典》所載，唯其記載許敬宗上呈奏疏的時間，係在貞觀二十年（646）〔註100〕。

綜合上述，在「廟學」的「釋奠」等祭祀的活動流程裡，「三獻禮」誠然是最主要的部分，尤其官學在舉行「三獻禮」時，「釋奠」等祭祀活動的「樂」、「舞」部分，也必須同時進行。直言之，祀孔典禮「釋奠」的「三獻禮」、「宮懸」或「軒懸」的音樂演奏，以及「八佾」或「六佾」的舞蹈，此三者幾乎是在「釋奠」過程中的同一個時間點進行。由此可見，「三獻禮」的流程，當是一項綜合式、團隊式，而且極具動態的祭祀活動。至於「三獻禮」的儀式納入「釋奠」一事，其在北魏時期即有官方記錄，並且在唐代以後被著錄於政令，成為一套可以供後世依循的祀孔定制。今茲以《通典》、《唐六典》與《冊府元龜》所載的內容，整理並歸納了彼時官學「釋奠」等祭祀活動的「三獻禮」基本流程與負責人員：

〔註100〕《冊府元龜·學校部》：「貞觀二十年，詔曰：『左丘明、卜子夏、公羊高、……，總二十四座，春秋二仲，行釋奠之禮，初以儒官自為祭主，直云博士姓名，昭告於先聖。又，州縣釋奠，亦以博士為主。』敬宗奏曰：『按《禮記·文王世子》……。彼謂四時之學，將習其道，故儒官釋奠，各於其師。既非國學行禮，所以不及先聖。至於春秋二時，合樂之日，則天子視學，命有司典禮，即總祭先聖先師焉。秦、漢釋奠：無文可檢，至於魏武，則使太常行事；自晉宋已降，時有親行，而學官主祭，全無典實。且名稱國學，樂用軒懸，尊俎威儀，蓋皆官備，在於臣下，理不合專。況凡在小神，猶皆遣使行禮釋奠，既準中祀，據理必須稟命。今請國學釋奠，令國子祭酒為初獻，祝詞稱皇帝謹遣，仍令司業為亞獻。其諸州刺史為初獻，上佐為亞獻，博士為終獻。縣學，縣令為初獻，丞為亞獻。博士既無品秩，諸主簿及尉，通為終獻。若有闕，並以差攝。州縣釋奠，既請刺史、縣令親獻，主祭望準祭社，同給明衣，修附禮令，以為永則。』」詳參（宋）王欽若等編纂，周勳初等校訂：《冊府元龜》第七冊，卷六百四〈學校部〉八〈奏議〉第三，頁6961。

表四：唐代「廟學」的「釋奠」等祭祀活動之「三獻禮」負責人員

	國 子 監	州 學	縣 學
初獻	國子祭酒	當地刺史	當地縣令
亞獻	國子司業	當地上佐	當地縣丞
終獻	國子博士	當地州學博士	當地主簿或尉

　　總的來說，「廟學」的「釋奠」等祭祀活動，是最為典型的傳統「三獻禮」，而且此等祭獻儀禮，不啻只有存在於祀孔典禮，故除了傳統儒家類型的「廟學」祭祀，舉凡道教文化、客家文化中的祭祖與掃墓儀式等，都會在過程中舉行「三獻禮」的項目，蓋「三獻禮」可謂華人世界在敬神祭祖時，一項非常隆重的儀禮活動，這是因為在「廟學」的祭孔釋奠裡，其行使「三獻禮」所欲傳達者，是表現褒聖崇賢、彰顯尊師重道等精神，此與道教與客家文化中所欲傳達的慎終追遠、飲水思源等理念，不僅相當類似，也同樣深具教化意義。所以不論是道教或客家文化，其「三獻禮」流程的原型，可謂系出同源，皆可追溯自「廟學」的「釋奠」，均是儒家「釋奠」形式的一種改編或者變通。

　　至於「廟學」的「釋奠」等祭祀活動本身，其典禮儀節大致可以概分為「預備、迎神」、「祭祀」、「送神、禮成」三大部分，其中「祭祀」部分的主軸即是「三獻禮」的儀式。而且在「三獻禮」的進行過程中，「宮懸」或「軒懸」的音樂演奏，以及「八佾」或「六佾」的舞蹈，也幾乎在同一個時間點持續進行。「三獻禮」的三大階段──「初獻」、「亞獻」與「終獻」之禮，必須各有一位主祭者，其目的自是在表現祭祀者對於祭祀對象之最大程度的誠意與敬意。直言之，「三獻禮」的整體過程，可謂「廟學」的「釋奠」儀式最為核心部分。如今中國的傳統官學體制已退出歷史舞臺，不過依照本文的論述，再觀察當代全球各地的孔子廟祭祀活動，或許仍能稍微相互擬配，從而建構出古代「廟學」的「釋奠」之具體過程。

第柒章 魏晉隋唐「廟學」對於兩宋書院的影響

　　本文認為，若是以具備具體的教學活動而論，則中國古代書院肇始於唐末五代，經過北宋一代的發展，到了南宋已趨於成熟，其中朱熹對於白鹿洞書院的興復，即是書院教育模式與制度趨於成熟的一項明顯標誌，尤其朱熹總結了前人的辦學經驗，並且配合個人的教育宗旨與理念來制定書院規條、創立教學組織形式〔註1〕，其後宋理宗於淳祐元年（1241）更御筆手書朱熹的〈白鹿洞書院揭示〉並賜予太學〔註2〕，這不僅意味著朱熹所制定的書院學規，已被認定為當代之御頒的教育方針，更自此成為往後七百多年歷朝各代書院的建設範例。因此，截至清末廢除書院制度為止，這種獨具特色而且相對於官學有較為寬鬆的學術環境，又影響中國文教事業極深的學校制度、教育組織，縱然歷經若干曲折，但就總體趨勢而言，已經延續了近一千兩百多年的歷史；在一定程度上，確實為傳統中國政權培育了眾多優秀的人才。

第一節　兩宋書院與「廟學」制度之聯繫

一、宋代「廟學」發展概況

　　宋代在教育制度上的發展，在中國歷史上確實具有相當程度的重要性，

〔註1〕詳參朱熹：《晦庵先生朱文公文集》第五冊，卷七十四〈白鹿洞書院揭示〉。收於（宋）朱熹撰，朱傑人、嚴佐之、劉永翔主編：《朱子全書》第二十四冊，頁3586～3587。
〔註2〕詳參（明）薛應旂撰，王雲五主編：《宋元通鑑》（臺北：臺灣商務印書館，1973年）第八冊，卷一百十二〈理宗十〉，頁1上～1下。

此誠如學者周愚文所述：一方面是北宋擴大了太學的原有規模，使庶民子弟接受高等教育的機會大增；一方面是南宋以後私人設立的書院逐漸增多，從而成為相對於官方正式教育制度以外的另一種教育機構；此外，宋代在唐代的基礎上，繼續推廣並擴大州縣學的規模，促使官方教育事業得以在全國各地普遍落實〔註3〕。再者，宋代政權除了增設也廣設教育機構，統治階級也為了招攬人才而極力提倡科舉，依今日學者的研究統計，宋代不僅大幅增加科舉的錄取名額，亦主動提高進士及第者的待遇，其一次科舉考試的錄取人數，即多達五百餘人，是唐代一次科舉考試錄取人數的五倍之多〔註4〕，而在當時雖然大多數的庶民士子，或許是為了干祿求仕等功利目的而受業問學，但確實也造就了民間的讀書求學之一股優良風潮。質言之，中國自兩宋時期開始，即逐漸呈現了教育日趨普及的傾向，而自魏晉南北朝乃至於唐代開始不斷發展的「廟學」制度，自然也能伴隨著中國教育制度史的演進歷程，得以更趨於成熟與普及，使之不僅普遍落實於中央、地方官學，對於私人設立的教育機構——書院，確實也產生一定程度的影響。

不過，宋代立國之初雖然即已崇尚儒術，但推測或許是建立政權的草創時期而天下未定，致使其統治者，諸如太祖、太宗等人，對於地方官學尚未加以重視，此亦是今日學者所謂：「在較為安定的生活環境中，士子們有著強烈的就學願望，但當時宋朝統治者的精力主要用於在軍事、政治和財政方面加強中央集權，對教育事業，特別是對官學的發展，尚無暇兼顧。」〔註5〕雖然這可以視為兩宋書院之所以應運而生並且在中國各地日漸林立的原因之一〔註6〕，然

〔註3〕 此可參周愚文：《宋代的州縣學》，頁1、4～10等處。

〔註4〕 依樊克政的研究統計，唐代科舉的每次錄取人數，少則僅有幾人；多則不過數十人，且從未超過五十人，是有唐一代，登進士科者僅三千餘人。而宋代在太平興國二年（977）的一次科舉，即錄取五百餘人，且光是仁宗一朝，所取進士就已多達四千五百七十人。詳參樊克政：《中國書院史》，頁28～29。

〔註5〕 樊克政：《中國書院史》，頁20。

〔註6〕 如：南宋的呂祖謙在論及宋初書院之興起時，便曾云：「竊嘗聞之諸公長者，國初斯民，新脫五季鋒鏑之阨，學者尚寡，海內向平，文風日起，儒生往往依山林，即閒曠以教授，大率多至數十百人。」明代李東陽亦謂：「書院之作，乃古庠序之遺制。宋之初，學校未立，故盛行於時。」上引呂祖謙之言論，詳參呂祖謙：〈白鹿洞書院記〉，收於（明）鄭廷鵠：《白鹿洞志》卷九〈文翰一·記文〉，轉引自趙所生、薛正興主編：《中國歷代書院志》第一冊，頁398下。李東陽之言論，詳參（明）李東陽：《懷麓堂集》卷六十五〈衡山縣重建文定書院記〉，收於（清）紀昀等編纂：《景印文淵閣四庫全書》第1250冊〈集部〉第189〈別集類〉，頁679上～679下。

而這種情況，當然也必定連帶影響了「廟學」制度的發展，是迨至宋真宗咸平四年（1001），詔令「諸路郡縣有學校聚徒講誦之所，賜《九經》書一部」〔註7〕；景德三年（1006），始有詔令諸郡興修先聖廟，另詔廟中起講堂、聚學徒等施政措施；又大中祥符二年（1009）二月，復「詔立曲阜縣孔子廟學舍」〔註8〕、四年（1011）五月「詔州城置孔子廟」〔註9〕。此足見宋真宗有意識地興修闕里孔子廟周邊的學舍，並試圖推廣「廟學」教育制度，使之落實於地方文教事業，亦足見宋代自初期以來，即開始實施「廟學」制度。可惜上述諸項措施仍欠積極，宋代國君的主動興學並且極力推展「廟學」制度，必須迨至仁宗趙禎時期，尤其依《宋會要輯稿》所載，宋仁宗於明道、景祐年間（約1032～1038），數度詔令州郡立學，並賜學田、給經書，不僅促使當代的地方學校，能因此相繼而興〔註10〕，其在推廣州縣學時，更詔令各州縣若未能頓備或者未能即時建置縣學，可暫且先就當地的孔子廟或官舍屋宇作為學舍〔註11〕，此項措施對於「廟學」制度之推展、落實至地方官學，也誠然具有一定程度的影響。

　　此外，若就中國官方文教事業的發展史而論，「廟學」制度歷經魏晉南北朝乃至於唐代，在宋代實已普遍落實於各地的州縣學。換言之，宋代學制承繼了唐代「廟學」制度的傳統，在官方的各級學校設置孔子廟，奉祀孔子等聖賢、行學禮〔註12〕，表示尊師重道。尤其行學禮一事，在兩宋時期已經明文著錄於國家政令，是一項校內師生必須共同參加和遵守的學校重要活動。

〔註7〕　《宋會要輯稿》記載：「真宗咸平四年六月，詔諸路郡縣有學校聚徒講誦之所，賜《九經》書一部。」參（清）徐松輯：《宋會要輯稿》（北京：中華書局，1957年）第三冊，原書第54冊，卷21955〈崇儒二〉之二，頁2188上。
〔註8〕　《宋史・真宗本紀》。參《宋史》卷七〈本紀〉第七〈真宗二〉，頁140。
〔註9〕　《宋史・真宗本紀》。參《宋史》卷八〈本紀〉第八〈真宗三〉，頁149。
〔註10〕　《宋會要輯稿》記載：「自明道、景祐間，累詔州郡立學，賜田給書，學校相繼而興。」參（清）徐松輯：《宋會要輯稿》第三冊，原書第54冊，卷21955〈崇儒二〉之二，頁2188下。
〔註11〕　《宋會要輯稿》記載，當時宋仁宗詔令州縣學：「諸路州、府、軍、監，除舊有學校外，其餘並各令立學。如本處修學人及二百人以上處，許更置縣學；若州縣未能頓備，即且就文宣王廟，或係官屋宇為學舍。」參（清）徐松輯：《宋會要輯稿》第五冊，原書第108冊，卷10642〈選舉三〉之二四，頁4273下。
〔註12〕　關於宋代「廟學」制度的行學禮，其主要儀式與內容，可參周愚文：《宋代的州縣學》，頁178～181。關於古代官學中的「學禮」之說解，可參本文第肆章〈魏晉南北朝建立「廟學」雛形〉，頁150～152。

　　以兩宋時期的地方官學，亦即各地的州縣學為例，今考察其與「廟學」制度緊密相關的祭祀活動，主要包括三項：分別是「釋奠」、「釋菜」與「鄉飲酒」〔註13〕，此亦是歐陽修在〈襄州穀城縣夫子廟記〉所謂：「釋奠釋菜，祭之略者也。古者士之見師，以菜為贄，故始入學者，必釋菜以禮其行師。其學官四時之祭，乃皆釋奠。」、「釋奠有樂無尸；而釋菜無樂，則其又略也，故其禮亡焉。」〔註14〕歐陽氏此說，當本《禮記・文王世子》之論述，孔穎達在《禮記・文王世子》下即疏云：

> 凡釋奠有六：始立學，釋奠，一也；四時釋奠，有四，通前五也。
>
> 又《王制》師還釋奠於學，六也。釋菜有三：春入學，釋菜合舞，
>
> 一也。此釁器釋菜，二也。《學記》皮弁祭菜，三也。〔註15〕

此自是中國一直以來傳統官方學校體制的重要祭祀內容。今將歐陽氏〈襄州穀城縣夫子廟記〉所論與周代《禮記・文王世子》所載，以及唐代孔穎達之疏文相互參照，足見宋代州縣學中的「廟學」制度，本當一路承繼中國自古以來官方學校的祭祀傳統。

　　「釋奠」、「釋菜」與「鄉飲酒」三種「行學禮」，是宋代「廟學」制度中備受學校體制重視的祭祀活動，誠如今日學者所論：「雖然（宋代）州縣學行學禮時，州縣學生均非主角，但多次參與、耳濡目染之後，或能收潛移默化之效，而此正是廟學制的本意所在。」〔註16〕由是觀之，中國「廟學」制度歷經魏晉南北朝乃至唐代的不斷發展，在兩宋時期實已成為與官方文教事業緊密相扣、截然不可分割的其中一環。

二、兩宋書院與「廟學」制度

　　中國「廟學」制度發展到兩宋時期，實已和官方的文教事業緊密相繫，至於伴隨著當世官方文教事業應運而生、在各地日漸林立的書院，當然也必定連帶影響了「廟學」制度的發展。這即是說，「中國『廟學』制度」、「兩宋

〔註13〕關於宋代州縣學中與「廟學」制度緊密相關的祭祀活動：釋奠禮、釋菜禮與鄉飲酒禮，可參周愚文的說明，詳參周愚文：《宋代的州縣學》，頁178～181。

〔註14〕上引二語，參歐陽修：〈襄州穀城縣夫子廟記〉，詳參（宋）歐陽永叔：《歐陽修全集》（北京：中國書店據世界書局1936年版影印，1986年）上冊《居士集》卷三十九，頁273。

〔註15〕（清）阮元校勘：《十三經注疏》第五冊《禮記注疏》卷二十〈文王世子〉第八，頁396下。

〔註16〕周愚文：《宋代的州縣學》，頁181。

書院制度」與當世之「官方文教事業」三者，誠然具有密不可分的相互影響、承繼等聯繫關係。

　　若就書院的發展歷史而論，中國書院制度在南宋時期臻於成熟，其重要標誌正是上文所述之朱熹為白鹿洞書院所制定的學規〈白鹿洞書院揭示〉。誠如今日學者所云，此學規可謂中國書院史上「首次為書院確定了總的教育方針」；其不僅是南宋理宗以降的欽定書院學規，更成為日後元、明、清三朝書院的共同學規〔註 17〕。另外，中國書院制度的成熟，當然也表現在書院的整體組織制度、管理形式的日趨健全與完備，亦即書院的「三大事業」：講學、祭祀與藏書三大方面上的長足發展。

三、關於書院的「三大事業」與「五大功能」

　　今日學者盛朗西認為，書院有三大事業：藏書、供祀與講學〔註 18〕，此三者亦是中國書院的主要功能；章柳泉也曾將「書院祀先賢」視為書院的特點之一〔註 19〕。其後黃金鰲承繼盛氏的說法而云：「考書院之設施，約言之，有三大業，一藏書、二供祀、三講學。」〔註 20〕吳萬居則在是輩的研究基礎上，推展出書院的五大功能之論述：「愚以為書院之功能當不止於是，索之史志，宋代書院應有讀書、藏書、刻書、祭祀、講學等五大功能；並兼有收容流寓士子與教育鄉族子弟之作用。」〔註 21〕又云：

> 「讀書」乃承襲前代習業山林之傳統，「祭祀」旨在暗示學子如何安身立命，「講學」旨在闡明正學以陶鑄人才，「藏書」、「刻書」則在保存傳遞中華文化，至於教育士子與收容士子，則於文化紮根與民族元氣之存留，功不可沒。吾人透過書院，將可掌握傳統文化演變之趨勢、宋代學術思想以及社會風氣之訊息。〔註 22〕

此是吳氏著論不久之後，能復有學者因此總結道：「從總體上看，後來所謂書

〔註 17〕此引述樊克政的言論，詳參樊克政：《中國書院史》，頁 82。

〔註 18〕盛朗西：《中國書院制度》（上海：中華書局，1934 年），頁 47。

〔註 19〕章柳泉：《中國書院史話：宋元明清書院的演變及其內容》（北京：教育科學出版社，1981 年），頁 13～15。

〔註 20〕黃金鰲：〈我國書院制度及其精神〉，《鵝湖月刊》第 37 期（四卷一期），1978年 7 月），頁 6～10。

〔註 21〕吳萬居：《宋代書院與宋代學術之關係》（臺北：文史哲出版社，1991 年），頁 70～71。

〔註 22〕吳萬居：《宋代書院與宋代學術之關係》，頁 91。

院的『三大事業』即講學、供祀與藏書，在宋初已經初步形成。」〔註23〕由此可見，書院的講學、祭祀等事業，是中國傳統書院的重要實質功能，這是近世學術界的普遍共識。

誠如上述，中國書院的「三大事業」與「五大功能」已被今日學界所普遍認同，筆者亦依此能在這樣的研究基礎之上，論述宋代書院對於「廟學」制度的承繼。蓋「三大事業」與「五大功能」中的「講學」和「祭祀」兩項，連帶牽涉了書院的建築結構、格局配置等方面的規制問題，實與「廟學」制度息息相關，此二項「事業」、「功能」，正是筆者擬欲探討的重點，此也正是今日學者，能因此而強調書院的主要活動「不外乎教與祭而已」〔註24〕。

不過，每一所書院設置的初衷，本以「講學」為最基本目的，而近世以至於今日的學者對於書院「講學」方面的相關探討，其研究成果已甚為豐碩，故筆者不再累述，本文的論述重點，主要是在祭祀與建築佈局配置二大方面，並針對此二大方面與「廟學」制度的聯繫，進行深入的探討。

第二節　關於祭祀活動與祭祀制度方面的影響

本文認為，「廟學」制度對於南宋書院的影響，大致包括：建築佈局配置與祭祀、從祀制度等方面。這即是說，宋代書院對於廟學制度的承繼，除了建築的佈局與配置外，也主要體現在今日學者所普遍認同的書院「三大事業」中之「講學」、「祭祀」兩項事業上。既然「祭祀」被諸多學者視為書院的三大事業，甚或被稱為「三大使命」之一〔註25〕，吾人自能想見「祭祀」在中國書院文化及其內涵中的重要性。

一、祭祀活動在宋初的書院即已相當普遍

雖然書院祭祀活動具體起源於何時，囿於有限的資料而尚無法確切考證，不過足以確定者，是早在宋代初期的書院即已存在祭祀活動，而且開始祭祀之後，其相關的儀式與規制，就一如書院的其他「事業」、「功能」與「使

〔註23〕樊克政：《中國書院史》，頁27。不過樊克政也進一步提出，宋初書院的「三大事業」尚未均衡發展，且其規模、組織機構等，也較為小型與簡單，大抵還未形成完備的制度，詳參樊克政：《中國書院史》，頁27～28。

〔註24〕徐梓：《元代書院研究》，頁110。

〔註25〕李才棟：〈關於古代書院中實施大學教育的教學組織形式〉，收於氏著：《中國書院研究》（南昌：江西高校出版社，2005年），頁300。

命」，不斷發展並臻於完善，從而成為中國傳統書院裡不可或缺的重要內容。例如位於長沙的嶽麓書院，其祭祀活動始於北宋開寶九年（976），亦即朱洞創院之時：

> 開寶中，尚書郎朱洞典長沙、左拾遺孫逢吉通理郡事、於嶽麓山抱黃洞下肇啟書院，廣延學徒。二公罷歸、累政不嗣，諸生逃解，六籍散亡、弦歌絕昔、俎豆無覩。公（指李允則）詢問黃髮，盡獲故書，誘導青衿，肯構舊址。外敞門屋，中開講堂，揭以書樓，序以客次。塑先師十哲之像，畫七十二賢，華袞珠旒，縫掖章甫，畢按舊制，儼然如生。請闢水田，供春秋之釋奠；奏頒文疏，備生徒之肄業。〔註26〕

早在唐末五代時期，嶽麓寺僧智璿等人，即在日後嶽麓書院的位址上「割地建屋，以居士類」、「士得屋以居，得書以讀」，成為嶽麓書院的前身〔註27〕。而上文所援引之記載，則是王禹偁於咸平三年（1000）撰寫〈潭州嶽麓山書院記〉時，記載李允則重建嶽麓書院一事的描述文字。此段敘述足以說明早在朱洞創書院之時（976），當已有「俎豆無覩」、「畢按舊制」等祭祀活動，迨至李允則於咸平二年（999）重新修建書院之後，其「肯構舊址」、「外敞門屋，中開講堂，揭以書樓」，又「塑先師十哲之像，畫七十二賢」，足見嶽麓書院的祭祀活動不僅恢復了舊制，更獲得進一步的發展——具備了專供祭祀之費的「水田」，或謂「學田」。

　　這也正是北宋末年的學者張舜民在遊歷嶽麓書院時，仍能得見該所書院「有孔子堂、御書閣、堂廡尚完」之情狀〔註28〕。職是，今日鄧洪波、陳谷嘉、李才棟等學者，依據這些相關文獻資料的研究和考證，普遍認為嶽麓書院的祭祀活動，當始於朱洞創院的北宋開寶九年（976）〔註29〕。

〔註26〕（宋）王禹偁：《小畜集》卷十七〈潭州嶽麓山書院記〉。收於（清）紀昀等編纂：《景印文淵閣四庫全書》第1086冊〈集部〉第25〈別集類〉，頁164下。

〔註27〕（宋）歐陽守道：《巽齋文集》卷七〈贈了敬序〉，收於（清）紀昀等編纂：《景印文淵閣四庫全書》第1183冊〈集部〉第122〈別集類〉，頁562下。

〔註28〕（宋）張舜民：《畫墁集》卷八〈郴行錄〉。收於（清）紀昀等編纂：《景印文淵閣四庫全書》第1117冊〈集部〉第56〈別集類〉，頁52下。

〔註29〕陳谷嘉、鄧洪波：《中國書院制度研究》附錄一：〈嶽麓書院祭祀述略〉（杭州：浙江教育出版社，1997年），頁585～594。關於此事，李才棟亦有詳細的考證與說解，詳參李才棟：《江西古代書院研究》（南昌：江西教育出版社，1993年），頁73～76。

　　另外，位於江西的白鹿洞書院，在宋代初期也開始進行祭祀活動，蓋宋真宗於咸平四年（1001）下令全國各級學校、各地書院，發給國子監印本經書並修繕孔子廟堂，再考察南宋王應麟〈宋朝四書院〉與清代毛德琦《白鹿書院志》等作品的記載，宋代於咸平五年（1002）也正式下令對該書院進行修繕，並塑製孔子及其弟子之像〔註30〕。至於應天府書院（亦即睢陽書院），原係名儒戚同文講學之所〔註31〕，宋真宗大中祥符年間（1008～1016），邑人曹誠在戚同文舊居旁營建書院：

> 祥符二年二月二十四日庚戌，詔應天府新建書院，以曹誠為助教。國初，有戚同文者，通五經業，聚徒百餘人，……。於是誠即同文舊居，建學舍百五十間，聚書千五百餘卷，願以學舍入官，令同文孫舜賓主之。故有是命，並賜院額。天聖三年，應天府增解額三人。六年九月，晏殊言：「請以王洙充書院說書。」從之。明道二年十月乙未，置講授官一員。景祐二年十一月辛巳朔，以書院為府學，給田十頃。〔註32〕

又《文獻通考》：「府奏其事，詔賜額曰『應天府書院』，命奉禮郎戚舜賓主之。仍令本府幕職官提舉，以誠為助教。」〔註33〕依上引二條文獻所載，居處當地的應天府民曹誠，在大中祥符二年（1009）於戚同文的舊居旁，營建學舍150間，聚書1500餘卷，並且招收生徒、進行講學。事後，地方官將曹誠就學舍舊址建屋聚書一事上奏朝廷，真宗於是詔立為應天府書院，並賜以匾額，又命戚同文之孫戚舜賓主持教務；命郡人曹誠署理府助教。

〔註30〕王應麟〈宋朝四書院〉云：「咸平五年，敕有司重修繕，又塑宣聖十哲之像。」參（宋）王應麟：《玉海》卷一百六十七〈宋朝四書院·白鹿洞書院〉。收於（清）紀昀等編纂：《景印文淵閣四庫全書》第947冊〈子部〉第253〈類書類〉，頁352下。又清代毛德琦《白鹿書院志》亦記載：「咸平五年，詔有司修繕，塑宣聖及弟子像。」參（清）毛德琦：《白鹿書院志》卷三〈沿革〉，轉引自趙所生、薛正興主編：《中國歷代書院志》第二冊，頁50上。

〔註31〕關於戚同文的事蹟，詳見《宋史·戚同文傳》，參《宋史》卷四百五十七〈列傳〉第二百一十六〈隱逸上·戚同文傳〉，頁13148～13149。而應天府書院與戚同文之間的歷史故實，今日學者諸如：樊克政等人，已有十分詳盡的論述，故本文不再累述，可參樊克政：《中國書院史》，頁23。

〔註32〕（宋）王應麟《玉海》卷一百六十七〈宋朝四書院·應天府書院〉。收於（清）紀昀等編纂：《景印文淵閣四庫全書》第947冊〈子部〉第253〈類書類〉，頁353下。

〔註33〕馬端臨《文獻通考》卷四十六〈學校考七〉。參（元）馬端臨：《文獻通考》，頁431下。

　　應天府書院在建立之初，已經具備了「前廟後堂，旁列齋舍，凡百餘區」的祭祀區域〔註34〕，由是觀之，宋代初期書院的祭祀活動，實際上應該相當普遍，此概是今日學者能依此總結出：「早在宋初，書院中已存在祭祀活動」〔註35〕、「真宗咸平五年（1002），可視為宋代全面性實施『廟學』制（含官學與書院）的開始」〔註36〕等論見之故。

二、從「廟學」制度以考察兩宋書院的祭祀活動

　　傳統中國的各種祭祀活動，在古代社會中一直具有極其重要的地位，除了一般日常生活中的向祖先、神靈等崇拜對象進行拜禮，以示崇敬並祈求保佑，其甚至被視為國家政治方面的頭等大事〔註37〕，其中祭禮的地位在各種古代禮儀中，地位更是最為重要，《禮記·祭統》的「凡治人之道，莫急於禮。禮有五經，莫重於祭。」〔註38〕鄭玄於此語下注云：「禮有五經，謂吉禮、凶禮、賓禮、軍禮、嘉禮也。莫重於祭，謂以吉禮為首也。」〔註39〕古代學校的祭祀活動亦同，今日考察《禮記》、《周禮》等文獻，皆多次記載了相關的祭祀儀式與活動〔註40〕，足以得見古代學校對於祭祀一事的重視程度，而且古代學校的祭祀活動本身，不僅隨著歷史的演進而延續不輟，其內容與形式

〔註34〕（宋）徐度：《卻掃編》卷上〈曹誠捐建應天府書院〉。收於（清）紀昀等編纂：《景印文淵閣四庫全書》第863冊〈子部〉第169〈雜家類〉，頁753上。

〔註35〕蕭永明：《儒學、書院、社會：社會文化史視野中的書院》，頁334。

〔註36〕高明士：《東亞傳統教育與法文化》，頁70。

〔註37〕如：《左傳·成公十三年》即載：「國之大事，在祀與戎」，《國語·魯語上》亦有「夫祀，國之大節也」等語。

〔註38〕（清）阮元校勘：《十三經注疏》第五冊《禮記注疏》卷四十九〈祭統〉第二十五，頁830上。

〔註39〕（清）阮元校勘：《十三經注疏》第五冊《禮記注疏》卷四十九〈祭統〉第二十五，頁830上。

〔註40〕如：《周禮·春官宗伯·大宗伯》記載：「春，入學，舍菜合舞。」參（清）阮元校勘：《十三經注疏》第三冊《周禮注疏》卷二十三〈春官宗伯〉第三〈大胥〉，頁353上。《禮記·學記》記載：「大學始教，皮弁祭菜，示敬道也。」參（清）阮元校勘：《十三經注疏》第五冊《禮記注疏》卷三十六〈學記〉第十八，頁650上。《禮記·祭義》記載：「祀先賢於西學，所以教諸侯之德也。」參（清）阮元校勘：《十三經注疏》第五冊《禮記注疏》卷四十八〈祭義〉第二十四，頁824上。《禮記·文王世子》記載：「凡學：春，官釋奠於其先師，秋冬亦如之。凡始立學者，必釋奠於先聖先師，及行事，必用幣。」參（清）阮元校勘：《十三經注疏》第五冊《禮記注疏》卷二十〈文王世子〉第八，頁394下～395上。

亦不斷發展，並逐漸形成獨立的祭祀空間，尤其中國官方教育事業在「廟學」制度的建立，乃至逐漸普及於全國各地之後，至少在唐、宋二代，祭祀著實已是官學系統中一項極重要的教育活動內容，此亦是今日學者所謂：「在『學』的時代，除講堂外，都用正廳或正殿之室以供祭祀之用。在『廟學』時代，則已有獨立空間作為祭祀場所，校園也由教學與祭祀兩個空間構成。」〔註41〕而書院祭祀的前身，本源自於歷經千年傳統的古代官辦學校之釋奠與釋菜典禮，以及稍後漸興的「廟學」制度，故今日考察兩宋乃至於歷代書院的祭祀儀式，確實能得見大量的釋奠與釋菜等相關儀禮活動之文獻記載，這正是今日學者所謂：「受官學系統祭祀制度的影響，書院在其興起及不斷的發展過程中，也進行祭祀活動。」〔註42〕、「祭祀在書院的日常活動中，佔有非常重要的地位。」〔註43〕這也正是今日不少學者能將「祭祀」視為書院的標誌性特徵之故。

　　既然「祭祀」是書院的一項標誌性特徵，其活動和主要內容又與官方教育事業、魏晉至隋唐以來日趨發展成熟的「廟學」制度息息相關，故考察兩宋以降所時興的書院之祭祀活動及其相關制度，遂成為研究「廟學」制度時不可或缺的環節。本文認為，書院祭祀活動的主要內容，至少可以包括「祭祀」與「從祀」二大項範疇，亦即祭祀孔子等先師先聖；崇祀朱熹、周敦頤等當世之先賢；以及襲仿顏淵等人從祀於孔子的制度，演變出朱熹、周敦頤等人，乃至當地宿儒、鄉賢、名宦，旁及文化名人、與書院本身相關的人士，皆能從祀於祭祀空間的規制。

（一）祭祀活動的主要範疇：「祖一而宗分」的祭祀制度

　　關於兩宋書院的祭祀範疇，主要可以概分為祭祀與從祀二種，筆者此處所謂祭祀，實以書院對於孔子等先師先聖的崇祀與供奉為主，兼論孔子以外，各所書院分別依照自身重視或推崇的學者的不同，而另外特別設置的祭祀對象；所謂從祀，亦即「配享」制度，則是書院對於將顏回、子思與孟軻等孔門後學人物，從祀於孔子的方面而論。此兩大最主要面向，自是兩宋書院承繼「廟學」制度的一項最主要特徵。

　　不過，若是再進一步作詳細的探究，則兩宋書院不僅對「廟學」制度的

〔註41〕蕭永明：《儒學、書院、社會：社會文化史視野中的書院》，頁333。
〔註42〕蕭永明：《儒學、書院、社會：社會文化史視野中的書院》，頁334。
〔註43〕徐梓：《元代書院研究》，頁110。

祭祀系統有所承繼，更在沿襲此等祭祀的內容之後，開展出更多元、更多樣化的面貌。這是因為兩宋書院擴大了「廟學」制度的祭祀與從祀對象，並且依循「廟學」制度的祭祀與從祀二種活動模式，衍生出更為複雜的祭祀與從祀系統，從而構成一頗為龐大的祭祀群體。

首先，關於祭祀的最主要部分：祭祀孔子等先師、先聖方面，兩宋書院大致沿襲了中國傳統官學以來，乃至於魏晉隋唐之後持續成熟發展的「廟學」制度下的「釋奠」與「釋菜」之禮。是若就「釋奠」與「釋菜」等祭祀典禮而論，中國的學校教育體制裡，自古即有祭祀「先師」之內容；自漢代以降，又逐步形成以孔子為主要對象的祭祀群體，益之以魏晉隋唐「廟學」制度的持續成熟發展，「祭孔」自是歷代官學最重要的盛大活動。兩宋書院雖然絕大多數不隸屬於官學系統，卻深受官學系統祭祀制度的影響，益之以當時書院的最主要功能，除了讀書、藏書、刻書之外，尚有宗教祭祀的功能；書院辦學的根本基礎，也本在傳道授業、發揚儒家的文化與精神，故對於祭祀孔子等方面的重視程度，自不待言。

值得分辨者，是中國在不同的歷史時期，先聖、先師所指稱的對象稍有不同，特別是周公與孔子二位人物，自周代以後乃至唐代初期，二者的地位屢屢在先聖、先師之間，偶有上下交替、升降等變化，必須迨至唐高宗時期以後，孔子的「先聖」地位始被正式確立，並從此居於穩固的位置，這自是今日學者能因此總結出：「只有到唐高宗以後，孔子才牢固地佔據了『先聖』的位置。」〔註44〕此種對於「先聖」的認知，以及祭祀人物地位的被確立，無疑影響了兩宋書院的祭祀模式，蓋兩宋以後的書院祭祀中，「先聖」誠已專指孔子，惟「先師」以及餘下的配祀人物，則往往依照各書院的具體情況而定。例如考察朱熹〈白鹿洞成告先聖文〉與〈滄洲精舍告先聖文〉兩篇作品，在二文相互參照之下，可以發現兩處所祭祀的「先聖」，皆是被唐代追諡為文宣王、尊以王爵的「先聖至聖文宣王」——孔子，不過「先師」以及其他餘下的配祀者，則略有差異：白鹿洞書院是「以先師兗國公、先師鄒國公配尚饗」，亦即以顏回與孟軻作為「先師」以配享於孔子；滄洲精舍則是「以先師兗國公顏氏、郕侯曾氏、沂水侯孔氏、鄒國公孟氏，配濂溪周先生、明道程先生、伊川程先生、康節邵先生、橫渠張先生、溫國司馬文正公、延平李先生從祀尚饗。」亦即在顏回與孟軻之外，又增補了曾子、子思作為「先師」

〔註44〕李申：《中國儒教史》，頁812～819。

以配享於孔子，甚至當世的周濂溪、明道、伊川等諸位學者，也皆被納入配享、從祀者的行列。

其次，是關於各所書院分別依照自身重視或推崇的學者的不同，而另外特別設置的祭祀對象。除了上文所援引的滄洲精舍是一明例，在宋代的官學系統中，也誠然存在了許多設祠以奉祀當世知名大儒之實例，此正是朱熹能因此撰有〈建康府學明道先生祠記〉、〈韶州州學濂溪先生祠記〉、〈黃州州學二程先生祠記〉、〈平江府常熟縣學吳公祠記〉等文，這些大量的文獻，皆已翔實地記載了當世的官學系統中，祭祀著名儒學大師的普遍情況，故根據今日學者的考察，時至南宋中期，有興隆府學設立「濂溪先生祠」來祭祀周敦頤；韶州、邵州等州學，亦有祭祀周敦頤的常例；黃州州學則有祭祀二程之常例。又漳州州學祭祀當地的鄉賢——高登；袁州州學、徽州婺源縣學，皆設有「三先生祠」來奉祀周敦頤與二程；建康府學則設有「明道先生祠」以祭祀程顥〔註45〕。

推測在這種官學系統與書院體制的彼此交互影響、相繼推波助瀾之下，當世書院的祭祀對象，必然呈現更為廣泛、更為多樣化的景象，益之以宋代各所書院的設立初衷，泰半皆具有宗教性質的祭祀功能〔註46〕，其大旨自是以追尋儒家學術思想與道德品格為主要目的，正是因為這一類的時代風尚使然，讓祭祀活動成為書院的重要特色之一。

以今日福建境內的建安書院為例，《宋史》記載：「（王）埜因德秀知朱熹之學，凡熹門人高弟，必加敬禮。知建寧府，創建安書院，祠熹，以德秀配。」〔註47〕又嘉靖《建寧府志》亦記載：「（建安書院）在（建寧）府治北，宋嘉熙二年（郡）守王埜建祠以祀朱熹、真德秀，又並祠以立齋舍，……，又建燕居堂於左，以祀先聖。」〔註48〕南宋名臣真德秀的門人王埜，其業師的學術思想，本承自朱熹理學一派，故王埜在創建該書院之後，特設祠堂來奉祀朱熹，並以真德秀作為配享，從祀於朱子，頗有追本溯源之立意。雖然相較

〔註45〕蕭永明：《儒學、書院、社會：社會文化史視野中的書院》，頁341。

〔註46〕吳萬居：《宋代書院與宋代學術之關係》，頁81。

〔註47〕《宋史·王埜傳》。參《宋史》卷四百二十〈列傳〉第一百七十九〈王埜傳〉，頁12577。

〔註48〕（明）夏玉麟，汪佃等修纂：《（嘉靖）（福建省）建寧府志》卷十七〈學校〉，收於（明）樊深等編纂：《天一閣藏明代方志選刊》（臺北：新文豐出版公司據寧波天一閣藏明嘉靖刻本影印，1985年）第九冊，頁337上。

於當時宋代的其他書院，建安書院誠屬規模、體制皆較為小型者，不過今日學者普遍認為《宋史・王埜傳》所載王埜於建安書院奉祀朱熹與真德秀一事，乃宋代書院崇祀當世先賢的著名案例〔註49〕。

自此之後，朱熹、二程等一代名儒，遂逐漸成為書院特意立祠以奉祀的對象。再如江西的白鹿洞書院，今依明代周偉《白鹿洞書院志》所載：「三賢祠：朱子既去郡，諸生為立生祠於講堂西，移書撒之。朱子歿，開禧乙亥，諸生遂以濂溪、二程與先生合祀於講堂。」、「宗儒祠，即三賢祠也。」〔註50〕可以得知該書院諸生與門人，在朱熹生前即已為他設立生祠，奉祀於講堂西側之一隅，故當時的白鹿洞書院除了原有的「三賢祠」之外，也設有專供遙祭朱子之處，迨至朱熹歿後，又將他與周濂溪、二程「合祀於講堂」。又如河南的麗澤書院，依《宋史》記載：「祖謙學以關、洛為宗，而旁稽載籍，不見涯涘。……晚年會友之地曰麗澤書院，在金華城中；既歿，郡人即而祠之。」〔註51〕足見該書院設立祠堂來奉祀呂祖謙，是當地民眾有意識的想法，故主動發起造祠以進行祭祀的事務。

上文所述的白鹿洞書院、麗澤書院是當世規模較大的書院，故往往設有專供祭祀的禮殿，諸如白鹿洞書院設有宗儒祠、麗澤書院設有呂成公祠。除了這些體制、規模皆較為大型的書院，能額外闢造專門的祠堂以供祭祀之外，在當世規模較小之書院，亦闢有祀堂來奉祀先聖先賢，這正是今日學者所謂「具有宗教性質」的書院〔註52〕。此類規模較小卻極具強烈宗教祭祀性質的書院，自宋初的書院教學系統日漸昌盛以後，在中國境內亦建置甚多，上文述及的建安書院即是一例。此外，尚有當時位處於約當今日浙江寧波的慈湖書院：「在（慈谿）縣治北，《續文獻通考》：宋郡守劉黻建以祀楊文元公，設山長主之。」〔註53〕諡號文元的楊簡（1141～1226）是陸九淵門下的最著名弟子，其曾於南宋嘉泰三年（1203）之後，在故里慈溪治所的德潤湖畔，築

〔註49〕 吳萬居：《宋代書院與宋代學術之關係》，頁82。

〔註50〕 上引二語，參（明）周偉：《白鹿洞書院志》卷一〈沿革志〉，轉引自趙所生、薛正興主編：《中國歷代書院志》第一冊，頁530上。

〔註51〕 《宋史・呂祖謙傳》。參《宋史》卷四百三十四〈列傳〉第一百九十三〈儒林四・呂祖謙傳〉，頁12874。

〔註52〕 吳萬居：《宋代書院與宋代學術之關係》，頁81。

〔註53〕 （清）沈翼機等編纂、嵇曾筠等監修：《浙江通志》卷二十七〈學校三〉，收於（清）紀昀等編纂：《景印文淵閣四庫全書》第519冊〈史部〉第277〈地理類〉，頁706下。

室以論道講學，迨至楊簡歿後四十五年（咸淳七年，西元 1271 年），始有沿海制置使兼知慶元府劉黻（1217～1276），正式興復慈湖書院，並奏請朝廷賜書院匾額〔註54〕。

再如原本位於今日江西金溪，卻在同治三年（1864）不幸盡毀的槐堂書院：「在金谿縣治西，宋紹定間，縣令陳詠之建，祀復齋、象山兩先生。」〔註55〕最初也是利用紀念陸氏兄弟的「二陸先生祠堂」加以增建而成，今日考察《宋元學案》亦載有《槐堂諸儒學案》記述此事。該書院又名槐堂書屋、陸氏家塾，係由陸九皋於宋代紹興年間（1131～1162）創建於江西金溪縣延福鄉的青田里，以供陸氏一門講學授徒之場所，而陸九齡、陸九淵等人，最初本授徒講學於家鄉的槐堂書屋，其後陸九淵更以進士身份回歸故里並且講學其中，故名。槐堂書院是南宋理宗紹定六年（1233）由當地知縣陳詠之正式建置，當時建於其縣治偏西之處，設有屋舍五間，以祀陸九淵、陸九齡兄弟。其後復有知縣王中立在淳祐十年（1250）請以增置田產於知州葉夢得，並鼎創新祠於其前，以兩廡分為四齋，當時葉夢得亦撰有〈槐堂書院記〉記之；有明代江西巡按禦史呂洪（1417～？），因不忍槐堂書院在元代至正末期被逐漸廢棄，故於明英宗天順六年（1462）即廢址處復建「二陸祠」，並且增祀陸九韶；有分巡僉事胡璉（約 1469～1542）於正德十六年（1521）建造「牌坊祠」，明定當地知縣於每年的仲春、仲秋二祭。由是觀之，槐堂書院自宋代建置以來，乃至於清代同治初年不幸盡毀〔註56〕，皆誠屬一所規模較為小型的以宗教祭祀性質為主的書院，不過該書院由二陸之祠發展而來，其後建置成書院以傳習陸學，此等從祠堂祭祀的基礎上再加入教學活動的模式，本與為

〔註54〕（宋）文及翁〈慈湖書院記〉記載：「今玉牒侍讀文昌劉公嘗執筆於太史氏，為先生（楊簡）作傳，及開閫府於四明，奏請於朝，乞為先生延賞延於世。即先生舊宅創書院於慈湖之濱，規模軒豁，衿佩鏘鳴，其景行前修，風屬後進，懇懇切切之心，即先生昭昭靈靈之心也。」收於（元）袁桷撰：《（浙江省）延祐四明志》（臺北：成文書局據延祐七年修、清乾隆鈔本影印，1983年）卷十四〈學校攷〉，頁 950～951。雖然宋代以後，慈湖書院歷經元、明、清三朝的屢廢屢興，更在 1901 年的科舉而中斷發展，不過其後更名為慈湖中學堂、並且延續迄今，如今已成為當地的一所中學──慈湖中學。

〔註55〕（清）謝旻等監修：《江西通志》卷二十一〈書院〉，收於（清）紀昀等編纂：《景印文淵閣四庫全書》第 513 冊〈史部〉第 271〈地理類〉，頁 708 上～708下。

〔註56〕槐堂書院於清代咸豐六年（1855）祠堂主體傾毀。雖有當地知縣羅榮緒於咸豐十年（1860）捐修，不過仍在同治三年（1864）全數盡毀。

陸氏兄弟立祠的精神和目的一致，皆是紀念二陸方式的一種擴充。

又如位於廣東、在宋代當時位處韶州府學東方的相江書院：「舊在（韶州）府學東，宋乾道庚寅，知州周舜元建，祀濂溪先生周敦頤。」〔註57〕始建於北宋真宗景德三年（1006）的韶州府學宮，建地舊址即是韶州孔子廟，而南宋孝宗乾道年間（1165～1173），宗濂洛之學的當地知州周舜元，又在該州府學的東方，修建了相江書院，其建置這所書院之最主要目的，乃在奉祀當世名儒周濂溪。其他再如位處今日湖南省常德市安鄉縣的深柳書院：「在安鄉縣，東即讀書臺，宋范仲淹隨長山朱氏令安鄉讀書於此，後人慕之，構堂祀焉。」〔註58〕該書院原名「范文正公讀書台」，蓋北宋的范仲淹曾經跟隨繼父朱氏居於此地、讀書於興國觀，爾後當地人士慕其行志，遂構堂祀之。

依上文所述及的慈湖、槐堂、相江與深柳諸書院，足見當世確實存在著不少以宗教祭祀性質為主的小型書院。而宋代書院承繼魏晉乃至隋唐的「廟學」制度之最主要部分，是教學與祭祀兩大面向，兩宋書院不論規模與體制的大小，總會設置授課、講學的講堂等場所，這本是不容置喙的書院基本功能，而宗教祭祀等活動，也是宋代書院極為重要的功能之一，故當世規模與體制較大的書院，往往能在額外的土地面積上，另闢專供祭祀先聖諸賢的場所；至於規模與體制較小者，即便可供建築的空間或腹地較小，仍能一如上述之建安書院的「建朱子祠」、「建燕居堂」一般，闢有祀堂，盡量地在有限的土地上，特別騰出空間，開闢一足以祭祀的場所，以供奉祀先聖諸賢之用，呈現「麻雀雖小，五臟俱全」的「廟／學」基本體制，這一類型的書院，其發展歷史源流至今仍班班可考，足以作為兩宋書院承繼「廟學」制度的基本模式之明證。

再次，是伴隨於祭祀主體的配享對象，亦即從祀於孔子的顏回、子思與孟軻等人物方面。根據今日學者的觀點，兩宋書院的從祀制度，泰半緣自當世政府的詔令，屬於君主的獎倡〔註59〕，益之以宋代理學的逐日昌盛，舉凡民間學者、地方官員、帝王朝臣，無一不高度重視傳統儒學與理學思想之

〔註57〕（清）阮元修，陳昌齊、劉彬華等纂：《廣東通志》（上海：上海古籍出版社，1990 年）第二冊，卷一百三十九〈建置略十五·學校三〉，頁 2631。

〔註58〕（清）卞寶第、李瀚章等修，（清）曾國荃、郭嵩燾等纂：《（光緒）湖南通志》卷七十〈學校志九·書院三〉，收於續修四庫全書編纂委員會編：《續修四庫全書》第 663 冊〈史部·地理類〉，頁 123 下。

〔註59〕吳萬居：《宋代書院與宋代學術之關係》，頁 58。

發揚。職是，從祀於孔子廟庭者，不再僅限於顏回、曾子、子思與孟子等前代的孔氏門人與孔子後學，諸如周敦頤、張載、二程等學者，甚至歐陽修、司馬光、蘇軾等人物，皆是被兩宋書院納入祠堂、作為從祀於孔子的配享對象。

　　推測此等從祀於孔子的配享人物之日漸增多，當肇始於南宋的理宗端平年間。宋理宗趙昀在端平二年（1235）正月甲寅，曾經詔議胡瑗、孫復、邵雍、歐陽修、周敦頤、司馬光、蘇軾、張載、程顥、程頤等十人，從祀於孔子廟庭，其後又於淳祐元年（1241）正月甲辰下詔：

> 朕惟孔子之道，自孟軻後不得其傳。至我朝周敦頤、張載、程顥、程頤，真見實踐，深探聖域，千載絕學，始有指歸。中興以後，又得朱熹精思明辨。表裡混融，使大學、論、孟、中庸之書，本末洞徹，孔子之道，益以大明於世。朕每觀五臣論著，啟沃良多，今視學有日，其令學官列諸從祀，以示崇獎之意。〔註60〕

上述的宋理宗之二項施政措施，對於當世的書院體制或者官學系統皆產生了重大的影響。蓋中國傳統書院自宋代初期，除了教授講學的講堂之外，總會另闢一室，用以祭祀先師先賢，使書院的學者、生徒在學術上、品格上，皆有所取則。如今，當「令學官列諸從祀，以示崇獎之意」成為一項政府頒行的成文法令時，自此以後，舉凡周、張、二程，以及朱熹五人，不止祀之於書院，更令學官將其置於從祀之列，藉以表示重視、尊奉諸子之意。

　　最後，值得注意者，是綜合上文所述的祭祀與從祀（亦即配享制度）制度的書院活動實況，不僅是兩宋以降的書院對於「廟學」制度之承繼的一項重要特徵，尤其兩宋以降的書院，往往更依顏淵等人從祀於孔子的制度，衍生出朱熹、周敦頤等人從祀於祭祀空間的制度與模式，從而形成一體制頗為龐大的「祖一而宗分」之祭祀群。元代學者黃文仲云：「凡書院，皆為先賢作也。先賢能傳先聖之道，以植世教，故師之。先賢之上祀，先聖祖之也；先聖之下祀，先賢宗之也。祖一而宗分，是以所祀或不同焉。」〔註61〕直言之，就是書院祭祀的對象著實頗為廣泛，不過大體上仍是在以孔子為先聖；顏淵、孟子等被視為孔門後學的人物為先師；諸位前代與當世著名宿儒為先賢的基

〔註60〕《宋史・理宗本紀》。參《宋史》卷四十二〈本紀〉第四十二〈理宗二〉，頁821。

〔註61〕（元）黃文仲：〈順昌雙峰書院新建四祠賢堂記〉，收於李修生主編：《全元文》第46冊（南京：鳳凰出版社，2004年），卷1421，頁144～145。

本模式之下，所開展出來的祭祀群。

（二）祭祀時間、場合與對象皆不如官學嚴格

今日學者普遍認為「書院的祭祀對象，不如官學嚴格」〔註62〕，官學與書院最大的不同，是官學由官方舉建；而書院在設置的最初立意，則大多源於學者與民間人士的主動提倡。正因為有這種基本前提上的差異，故官學的祭祀對象本由官方商議、審查與決定，而且祭祀對象中更有一大批全國統一的「孔子廟人物」。至於書院的祭祀人物，不僅誠如上文所謂的對象更為廣泛，而且除了孔、顏、子思、孟軻等足以標幟儒家聖賢的共同對象之外，其他則大抵較為寬鬆，並不如官學體制那般嚴格，祭祀的儀式也隨著各書院、各朝代而有所更易，並非完全一致。

捨此而外，受到官方教育事業與「廟學」制度的影響，書院在實行「釋奠」、「釋菜」等祭祀儀禮時，確實會謹遵傳統、按照古禮來行事，不過誠如今日學者所謂：「在實際操作方面又根據書院的具體情況加以變通，與官方學校系統中的祭祀在某些細節上略有不同。」〔註63〕直言之，就是祭祀的時間、場合與對象等，皆能因書院的實際情況而因時制宜、因地制宜。

1. 祭祀的日期較為靈活與彈性

今茲以白鹿洞書院為例，明代鄭廷鵠《白鹿洞志》記載，白鹿洞書院本有「每年孟春行釋菜禮，春、秋二仲行釋奠禮」的規定〔註64〕，尤其南宋孝宗淳熙七年至八年（1180～1181）期間，朱熹曾修復白鹿洞書院，當修繕作業大抵竣工之後，亦「敢率賓佐，合師生恭脩釋菜之禮，以見於先聖，以先師兗國公、先師鄒國公配。尚饗。」〔註65〕另外，與白鹿洞書院同為朱熹講學之所，是朱熹奉祀其師李侗以及李侗之師羅從彥的處所——竹林精舍〔註

〔註62〕　胡青：《書院的社會功能及文化特色》，頁142。

〔註63〕　蕭永明：《儒學、書院、社會：社會文化史視野中的書院》，頁339～340。

〔註64〕　（明）鄭廷鵠：《白鹿洞志》卷四〈洞祠‧釋奠〉。轉引自趙所生、薛正興主編：《中國歷代書院志》第一冊，頁353上。

〔註65〕　朱熹：〈白鹿洞成告先聖文〉，《晦庵先生朱文公文集》第五冊，卷八十六。收於（宋）朱熹撰，朱傑人、嚴佐之、劉永翔主編：《朱子全書》第二十四冊，頁4037。

〔註66〕　（清）毛德琦：《白鹿書院志》卷四〈先獻〉：「先生作竹林精舍，釋祭先聖先師，以周、程、邵、司馬、豫章、延平七先生從祀。」此處「豫章」先生係指羅從彥；「延平」先生係指李侗。轉引自趙所生、薛正興主編：《中國歷代書院志》第二冊，頁83下。

66〕，興建完成之後的情況也大致相同。竹林精舍在日後又被稱作滄州精舍、考亭書院，是繼寒泉精舍、武夷精舍（又名武夷書院、紫陽書院）之後，朱熹創建的第三所精舍，當竹林精舍建造完成後，朱熹撰有〈滄洲精舍告先聖文〉以記之：

> 今以吉日，謹率諸生，恭修釋菜之禮，以先師兗國公顏氏、郕侯曾氏、沂水侯孔氏、鄒國公孟氏配，濂溪周先生、明道程先生、伊川程先生、康節邵先生、橫渠張先生、溫國司馬文正公、延平李先生從祀。尚饗。〔註67〕

不論是白鹿洞書院的修繕作業竣工，或者是竹林精舍的興建落成，朱熹皆謹遵傳統祭祀先師先聖的「釋菜」禮：「率賓佐合師生，恭修釋菜之禮」、「謹率諸生，恭修釋菜之禮」，行於先師先聖，告以事成。

此足見同屬於祭祀先師先聖、惟時間與場合不同的傳統「釋奠」與「釋菜」之禮，確實備受白鹿洞書院主事者的重視。值得分辨者，是白鹿洞書院雖然能按照古禮行事，不過在細節上的安排或者具體情況上，仍與當世的官學系統略有不同，或許較官學系統更為寬鬆廣泛；又或因為根據書院的實際情況而稍加更易、變通規範，讓書院的祭祀活動較為彈性與靈活，不若官學系統那般刻板和嚴謹。

例如依照《禮記・文王世子》記載：「凡學：春，官釋奠於其先聖先師，秋冬亦如之。凡始立學者，必釋奠於先聖先師。及行事，必以幣。凡釋奠者，必有合也，有國故則否。」孔穎達疏云：「此論四時在學釋奠之事。」、「凡學者，謂《禮》、《樂》、《詩》、《書》之學，於春、夏之時，所教之官各釋奠於其先師。秋、冬之時，所教之官亦各釋奠於其先師，故云『秋冬亦如之』。」〔註68〕此足見「釋奠」之禮，係舉行於春、秋、冬三時，以及甫立學之初，再根據鄭玄所謂「不言夏，夏從春可知，此常時之釋奠也」之說〔註69〕，則「釋奠」應當在夏季也同樣舉行，是傳統古代的一項具有固定時節、具體日

〔註67〕朱熹：〈滄洲精舍告先聖文〉，《晦庵先生朱文公文集》第五冊，卷八十六。收於（宋）朱熹撰，朱傑人、嚴佐之、劉永翔主編：《朱子全書》第二十四冊，頁4051。

〔註68〕上引《禮記・文王世子》的記載及孔穎達之疏語，可參（清）阮元校勘：《十三經注疏》第五冊《禮記注疏》卷二十〈文王世子〉第八，頁 394 下～395 上。

〔註69〕（清）阮元校勘：《十三經注疏》第五冊《禮記注疏》卷二十〈文王世子〉第八，頁 395 上。

期安排之祭祀活動。

今將上述《禮記》所記之傳統「釋奠」禮，對照在官學系統的實際操作上，以及明代鄭廷鵠《白鹿洞志》中記載的白鹿洞書院之「釋奠」日期：

> 今制，每歲用春、秋仲月上丁日舉行先師之祭，府州縣所在俱長官行三獻禮，即古釋奠禮也。本洞隸南康府，府有儒學，是日不能兼行。……則洞祭宜用仲丁，郡守行禮。〔註70〕

依鄭氏之記載，足見一般官學系統所規定的「釋奠」日期，當是在每年春、秋仲月的上丁日，清代胡林翼〈箴言書院章程〉的「先聖祠祀以春、秋二仲上丁，國典也。」〔註71〕即是此種規制的一項輔證。而白鹿洞書院在至少不晚於明代之前，其「釋奠」日期皆是在每年春、秋仲月的仲丁日，並不同於官方府學所規定的仲月上丁日。

2. 祭祀的對象更為廣泛與自由

誠如上文所述，兩宋以降的書院，除了能承繼魏晉以降所逐漸發展成熟的「廟學」制度，並且沿襲「廟學」制度的基本祭祀模式，更在依循此種祭祀與從祀（配享制度）制度下，亦即顏淵等人從祀於孔子的模式，進一步地衍生出朱熹、周敦頤等人，甚或是前代與當世的相關人物等，皆作為不同祭祀層次下之配享者，從而開展出一體制頗為龐大的「祖一而宗分」之祭祀群體。特別是這種情況發展到了南宋時期，一如上述之書院本身各方面發展的日趨成熟，故此時期的書院祭祀活動，不僅相當普遍，而且祭祀的對象也明顯擴大，除了既有的孔子及其弟子，諸如與書院本身相關的人士、北宋以來的知名理學家與著名大儒、當地的名宦鄉賢與文化名人等〔註72〕，皆有機會被納入祭祀行列，成為祠堂裡最主要祭祀對象身旁的配享人物，此足以想見當時書院的祭祀對象之廣泛程度。

尤其當世對於時下知名理學家的奉祀，更是書院的一項顯著特點。此概

〔註70〕（明）鄭廷鵠：《白鹿洞志》卷四〈洞祠・釋奠〉。轉引自趙所生、薛正興主編：《中國歷代書院志》第一冊，頁353上。

〔註71〕這是清代胡林翼在咸豐十年（1860）為箴言書院所制定的章程，其在〈箴言書院章程〉的「先聖祠祀以春、秋二仲上丁，國典也。」一語下復云：「書院不敢同，今擬以二月初十日、九月初一日為定期。」此亦是清代書院對於祭祀時間，以及具體日期的安排上的一種變通，自是書院祭祀的日期較為靈活與彈性的一項輔證。詳參（清）胡林翼輯：《箴言書院志》卷上〈祭祀〉第六。轉引自趙所生、薛正興主編：《中國歷代書院志》第五冊，頁195下。

〔註72〕詳參樊克政：《中國書院史》，頁88。

是北宋以降理學的地位日漸提高，誠然居於當時學術思想界的主流位置，益之以朱熹曾有奉祀其師李侗、及李侗之師羅從彥於竹林精舍（後改名為滄州精舍）之舉〔註73〕，而且朱熹及其弟子黃榦等人，有意識地宣揚並推動周、張、二程與朱子本人的繼承儒家道統觀念〔註74〕，而書院本是儒家知識份子的集聚之地，身在其中的儒生士子，本能地自願承擔了道德思想與學問知識在傳播、延續等方面的使命；主動肩負起施予社會教化功能的責任，故這些足以表達「尊師重道」的實際行動，促使遵奉理學及理學家的弟子相繼傚效，紛紛主動於書院奉祀其師、祭祀自身學派的代表人物。職是，此時期的諸多知名的理學家，例如周敦頤、張載、程頤、程灝、朱熹，以及邵雍、謝良佐、楊時、尹焞、羅從彥、李侗、張栻、呂祖謙、陸九淵、楊簡、袁燮、真德秀等人，皆成為書院的祭祀對象。諸如朱熹在南宋紹熙三年（1192）建置竹林精舍之後，除了在精舍之內奉祀上述的李侗、羅從彥，亦供祀了二程、司馬光、周敦頤、張載、邵雍六位學者，此六位人物本為北宋知名理學家，為了表示尊敬與景仰，朱熹除了設堂祀之，甚至撰有〈六先生畫像贊〉以推崇是輩在理學發展史上的地位與貢獻。〔註75〕

〔註73〕事見（清）毛德琦：《白鹿書院志》卷四〈先獻〉，轉引自趙所生、薛正興主編：《中國歷代書院志》第二冊，頁83下。

〔註74〕如：朱熹在《孟子‧盡心》的「由孔子而來至於今，百有餘歲，去聖人之世，若此其未遠也；近聖人之居，若此其甚也，然而無有乎爾，則亦無有乎爾。」一語下注云：「有宋元豐八年，河南程顥伯淳卒。潞公文彥博題其墓曰『明道先生』，而其弟頤正叔序之曰：『周公歿，聖人之道不行；孟軻死，聖人之學不傳。道不行，百世無善治；學不傳，千載無真儒。無善治，士猶得以明夫善治之道，以淑諸人，以傳諸後；無真儒，則天下貿貿焉莫知所之，人欲肆而天理滅矣。先生生乎千四百年之後，得不傳之學於遺經，以興起斯文為己任。辨異端，闢邪說，使聖人之道煥然復明於世。蓋自孟子之後，一人而已。然學者於道不知所向，則孰知斯人之為功？不知所至，則孰知斯名之稱情也哉？』」詳參朱熹：《四書章句集注‧孟子集注》卷十四〈盡心章句下〉。收於（宋）朱熹撰，朱傑人、嚴佐之、劉永翔主編：《朱子全書》第六冊，頁458～459。又黃榦於〈朱子行狀〉云：「孔子而後周、程、張子繼其絕，至先生而始著。蓋千有餘年之間，孔孟之徒所以推明是道者，既已煴爐殘闕、離析穿鑿而微言幾絕矣。……」詳參黃榦：《勉齋集》卷三十六〈朱先生行狀〉。收於（清）紀昀等編纂：《景印文淵閣四庫全書》第1168冊〈集部〉第107〈別集類〉，頁428上。

〔註75〕朱熹：〈六先生畫像贊〉，《晦庵先生朱文公文集》第五冊，卷八十五。收於（宋）朱熹撰，朱傑人、嚴佐之、劉永翔主編：《朱子全書》第二十四冊，頁4001～4003。

又如屬於朱熹理學一派的南宋名臣真德秀，其門人王埜即在所創建的建安書院裡奉祀朱熹與真德秀〔註76〕；曾經求教於陸九淵的南宋理學家楊簡，其弟子趙彥械等人則是在所創建的象山書院中奉祀陸九淵、楊簡，以及當世與楊簡齊名的陸門高弟袁燮〔註77〕。

再如南宋的吉州知軍江萬里（1198～1275），其於淳祐元年（1241）在江西創建白鷺洲書院時，除了「立文宣王廟、欞星門」，又「建祠祀二程夫子，益以周、張、邵、朱為六君子祠。」〔註78〕而江萬里本人亦在逝後四年、白鷺洲書院創建後三十餘年，亦即南宋衛王趙昺祥興二年（1279），被白鷺洲書院納入祭祀對象行列，故特別設立「江文忠公祠」來供祀這位書院創建者。這即是說，當代宿儒被弟子門人奉祀於書院之中，自是兩宋以降一般書院的建置之常態，是當世書院教學的一種形式。

最後，較為特別者，是考察今日現存的文獻資料，可以發現兩宋書院自發展以來，尤其到了宋代後期，已逐漸出現了祭祀文昌帝君、魁星等神祇的實例。或有學者認為，此當是書院之中，儒、道文化交融的表現〔註79〕。例如根據清代趙與鴻〈豫章書院文昌閣記〉一文所載，足以說明江西南昌的豫章書院，自南宋一代開始，即建置有「文昌閣」以祭祀文昌帝君之例〔註80〕。又如根據宋代姚勉（1216～1262）的〈西澗書院祭魁星祝文〉所載，南宋淳祐年間，江西高安的西澗書院已有祭祀魁星之例〔註81〕。這也

〔註76〕詳見《宋史・王埜傳》與嘉靖《（福建省）建寧府志》。參《宋史》卷四百二十〈列傳〉第一百七十九〈王埜傳〉，頁12577。以及（明）夏玉麟，汪佃等修纂：《（嘉靖）（福建省）建寧府志》卷十七〈學校〉，收於（明）樊深等編纂：《天一閣藏明代方志選刊》第九冊，頁337上。

〔註77〕詳見《陸九淵集》卷三十六〈年譜〉之「紹定四年」條。參（宋）陸九淵著，鍾哲點校：《陸九淵集》（北京：中華書局，1980年），頁522～524。

〔註78〕上引二語，參（清）劉繹：《白鷺洲書院志》卷一〈建置〉，轉引自趙所生、薛正興主編：《中國歷代書院志》第二冊，頁568上。

〔註79〕丁鋼、劉琪：《書院與中國文化》（上海：上海教育出版社，1992年），頁41～42。書中指出，書院祭祀文昌帝君、魁星、關帝等，是儒、道文化的交融在書院中的表現。

〔註80〕詳參（清）趙與鴻：〈豫章書院文昌閣記〉，收於魏元曠編：《江西省南昌文徵》（《南昌邑乘文徵》）（臺北：成文出版社據民國二十四年重印本影印，1970年）卷十八〈記〉第六〈國朝〉，頁711～712。

〔註81〕〈西澗書院祭魁星祝文〉唱道：「邀靈於星，文刃恢恢」、「春榜蜚英，禹門之雷。昨庭唱臚，百花之梅。萬里榮途，瑞慶大來」。詳參（宋）姚勉撰、姚龍起編：《雪坡集》卷四十七〈西澗書院祭魁星〉。收於（清）紀昀等編纂：《景

是今日學者能依此而謂：「自宋代後期，就有一些書院建魁星樓、文昌閣等，祭祀號稱能主宰文章興衰的文昌帝君和『掌人間祿秩，司科甲權衡』的魁星。」〔註82〕

（三）書院祭祀活動體現其教育方式和教學理念

根據上文所述，書院的祭祀對象，不僅甚為廣泛，大體上也較為寬鬆，並不如官學體制那般嚴格，其祭祀的儀式甚至能隨著各書院、各朝代而有所更易，並非完全一致。此外，誠如今日學者蕭永明所謂：

> 書院祭祀對象的確定與選擇往往是從維護、宣揚道統的角度考慮的，不同祭祀對象的選擇和確定，所反映的是設祭者對於道統的不同理解。與此相聯繫，書院祭祀對象的選擇與確立，也表明了不同學派、不同學術傾向學者的追求與崇尚。〔註83〕

蕭氏認為書院在維護「道統」的共同目標之下，卻仍能對「道統」有的不同理解，這是因為書院除了祭祀孔子、四聖之外，時常也將與書院相關的著名大儒、知名學者，納入奉祀的行列，一齊成為從祀於孔子的配享者，故其往往還包含了各自的不同特色，更依此展現出特定的學術傾向、教學理念，以及自身所具備的教育價值〔註84〕，甚或一定程度地鞏固了書院本欲擁護的特定門戶和學派。

因此，今日考察書院的祭祀活動，足以得見兩宋以來的書院之創建初衷，除了總以學術傳承、道德倫常教化、士人的學識與品格之培養等社會責任，作為其設立的基本目的，各所書院的教育方式、教學理念，甚至是各自或有不同的學術風格、學術思想體系，也自能通過書院的祭祀對象而得以充分體現。

1. 本於傳統「教之本」觀念的書院祭祀

「祭祀」本是中國傳統文教事業的重要活動，是舉凡傳統官學、「廟學」制度底下的各項教育機構，乃至於後來逐漸勃興的書院，皆極為重視「祭祀」及其相關事務；又或有學者認為，「廟學」制度可謂「道統」的具象化〔註85〕；

印文淵閣四庫全書》第 1184 冊〈集部〉第 123〈別集類〉，頁 329 上。
〔註82〕蕭永明：《儒學、書院、社會：社會文化史視野中的書院》，頁 349。
〔註83〕蕭永明：《儒學、書院、社會：社會文化史視野中的書院》，頁 2。
〔註84〕詳參李才棟：〈關於古代書院中實施大學教育的教學組織形式〉，收於氏著：《中國書院研究》，頁 300。
〔註85〕高明士：《中國中古的教育與學禮》，頁 559～564。

「設祀」則是一種教育理想的具象化〔註86〕。畢竟在傳統儒家人物的思維中，聖賢本可由學而致、亦可學而至，而兼具教學與祭祀空間的「廟學」教育制度，其設置的最重要目的，本在藉由祭祀儀禮等活動的過程，為傳統的學校園地營造一神聖化的教學環境、塑建一莊嚴肅穆的學習場所，促使擬欲宣揚的諸多儒家思想、教育理念、道德品格等精神價值，通過親身參與祭祀先聖、先師、先聖、先賢等活動儀式的神聖體驗，讓孺慕與崇敬之情能夠更為深刻、更加昇華，也更加具象化，並得以將這些專業的學術與優良文化，歷久不輟的持續傳承，至於中國自周代以來即被官方所普遍認定、並謹慎依循的傳統禮制——《禮記・祭統》更再三強調，祭祀是「教之本」：

> 夫祭之為物大矣，其與物備矣，順以備者也，其教之本與？是故，
> 君子之教也，外則教之以尊其君長，內則教之以孝於其親。……是
> 故，君子之教也，必由其本，順之至也，祭其是與？〔註87〕

而書院當然亦一如傳統官學的祭祀初衷，無疑也以此種「教之本」作為大旨。此也正是朱熹所謂：

> 熹惟國家稽古命祀，而禮先聖、先師於學宮，蓋將以明夫道之有統，
> 使天下之學者，皆知有所鄉往而幾及之。非徒脩其墻屋，設其貌象，
> 盛其器服，升降俯仰之容，以為觀美而已也。〔註88〕

朱熹此處說明了古代學宮的祭祀先聖、先師諸例，也明白地指出了古代學校等文教事業之所以設置孔子廟、明確規範祭祀制度的主因。

元代時人蔣易，在述及書院祭祀先賢先儒的原因時亦曾云：

> 蓋自濂、洛、關、閩諸儒繼出，因孔孟之言，上泝帝王之道，於是
> 教化大行，人人有士君子之行，使宋文治郁郁乎跨唐而越漢者，實
> 由於此。當時君臣思所以崇報之，取其著書立言，足以繼往聖、開
> 來學、師表百世者，悉依四書院制，設官職教而祠祀之。〔註89〕

〔註86〕　高明士：〈書院祭祀空間的教育作用〉，收入朱漢民、李弘祺編：《中國書院》第一輯（長沙：湖南教育出版社，1997 年），頁 74～75。

〔註87〕　（清）阮元校勘：《十三經注疏》第五冊《禮記注疏》卷四十九〈祭統〉第二十五，頁 834 上～834 下。

〔註88〕　朱熹：〈信州州學大成殿記〉，《晦庵先生朱文公文集》第五冊，卷八十。收於（宋）朱熹撰，朱傑人、嚴佐之、劉永翔主編：《朱子全書》第二十四冊，頁 3806。

〔註89〕　（元）蔣易：〈送雲莊山長張小雅序〉，收於李修生主編：《全元文》第 48 冊，卷 1466，頁 77。

依元人蔣易的描述，正因為諸位理學家的思想與觀點，能承襲傳統孔、孟的儒家治世之說，造就了有宋一代「跨唐而越漢」的「教化大行」、「人人有士君子之行」盛況。這不僅是當時不論民間或官方，皆主動祭祀先賢先儒的原因，更是朝廷君臣欲「設官職教而祠祀之」、提倡並推廣書院祭祀活動的主因。此一方面足見當世的官方，實已清楚表明態度，希望透過此等教育方式，作為社會教化的重要手段，更足見書院的祭祀活動，確實深刻地影響了宋代的政治與社會環境。

朱熹與蔣易所論，皆是站在書院祭祀的教化功能而立論，這自是古代中央官學乃至於傳統「廟學」制度遍及中國各地官學，到書院體制競相興起而林立以來，皆不曾間斷的重要宗教活動。尤其傳統中國一直以來，或許是官方教育機構的學官，不易克盡職責、堅守聖業之故，因此足以領導一世之學術思想者，往往都是民間的私學，反而時常不在官學，這自是近世以來，錢穆與唐君毅等諸多學者的普遍共識〔註90〕，而自兩宋以降益加蓬勃發展的書院教學，雖然在元、明、清諸朝已和官方教育組織、官方學術機構有了一定程度的連結，不過大體上仍能依循著傳授道德、義理、品格等方面的傳統書院之教學理念，作為書院經營的最主要目標。若依此論，則足以體現「廟學」制度的精神、本於傳統「教之本」觀念的書院祭祀，自然備受後人所珍視。

2. 祭祀對象是書院各類價值取向的體現

依今日學者胡青的研究統計，書院的祭祀對象尚能包括底下四大類：其一，是與該書院有關的學者。其二，是與該書院學術淵源有關，並且受到該書院尊崇的學者或學派之代表人物。其三，是與該地或該書院有關的地方官員，這些地方官員或者牽涉了中國古代官制的「原籍迴避」之規定；或者本身即是名士宿儒；又或關心民間疾苦、留心於當地文教、促進當地文化發展，讓民眾有意識地主動請立書院以奉祀之。其四，是書院當地的鄉土先賢。〔註91〕

胡氏所論，大抵已能讓兩宋書院的祭祀對象，有了清楚且明確的歸類，其後復有鑽研於書院文化和社會現象、儒學思想等面向的學者蕭永明，更進

〔註90〕參錢穆：〈中國教育制度與教育思想〉，《中華文化復興月刊》第三卷第四期（1970年4月），頁2～6與第五期（1970年5月），頁14。唐君毅：〈中國教育史上之私學與官學〉，收於氏著：《中華人文與當今世界》下冊（臺北：學生書局，1978年），頁573。

〔註91〕胡青：《書院的社會功能及文化特色》，頁142～143。

一步地統整了宋代乃至明清時期的書院祭祀對象，依此歸納出七大類型：第
一，是先聖先師以及歷代知名大儒、著名官宦、其他歷史文化名人等先賢。
第二，是與書院學術傳統、學風旨趣相關的歷代儒學大師。第三，是有功於
該書院創建、發展的學者和官員。第四，是許多在書院發展史中貢獻突出的
官員。第五，是與當地有各種直接關係、或者具有全國性影響的歷史文化名
人。第六，是一些與書院及當地並無直接關係、但在某方面具有較大影響的
歷史文化名人。第七，是諸如文昌帝君、魁星、關帝、后土神、廬嶽神等各
種神靈。〔註 92〕

　　蕭永明分門別類地依次談論上述書院祭祀的七大對象，對照於胡青的研
究統計，則蕭氏所言的前面六者，大抵和胡氏的意見相仿，惟蕭氏能在這種
研究基礎之上，陳列出更詳盡的文獻資料以供佐證和參照，並另外提出第七
大類：各種神靈，讓吾人得以清楚地勾勒出當世祭祀的實際景況。蕭氏對於
書院祭祀的各類型人物方面之說解，誠已趨於詳細而且完整，是宋代乃至明
清時期的書院祭祀對象，基本上已全然囊括於其中。至於書院之所以成為一
重要的祭祀空間，今日學者也提出了許多極有見地觀點，例如吳萬居認為其
故有三：其一，是存神過化的自然現象。其二，是尊崇先賢的德業事功。其
三，尊隆道統以樹立師道。〔註 93〕吳氏所謂的「存神過化的自然現象」，實指
書院在發展演進時的歷史必然，而其後的二項論述，則誠然與書院的教育方
式和教學理念等密切相關。

　　依上述，今日許多學者對於書院祭祀對象的區分與歸類，實已有詳細且
完整的說解。不過，在這些祭祀對象中，能被傳統書院最為特重者，自是對
儒家學術、品格與道統等，具有開創、弘揚、發展、傳承甚或更新之功勞的
儒學大師以及其門人弟子；又或者在歷史上雖非傳統儒林之列的人物，卻
在立身處事上足以體現、踐行儒家精神道德等原則者。諸如祭祀孔子並且將
其奉在「先聖」、「至聖」的位置，自是書院對孔子在儒學發展史上創始之功
的一種肯定；祭祀孔子的重要門人與後學，自是書院對於這些人物在承繼
與發揚儒學的一種讚譽和推崇。再如有一些書院祭祀孔明與陶潛〔註 94〕，自

─────────────

〔註 92〕詳參蕭永明：《儒學、書院、社會：社會文化史視野中的書院》，頁 340～351。
〔註 93〕詳參吳萬居：《宋代書院與宋代學術之關係》，頁 82～86。
〔註 94〕如：明代弘治十四年至十六年（1501～1503）期間，江西提學副使邵寶（1460
　　　　～1527），在白鹿洞書院新創「忠節祠」，其建置「忠節祠」的最主要目的，
　　　　就是為了祭祀諸葛亮與陶淵明。

是該所書院認為這些人物，在一定程度上凝聚、體現了儒家的道德品質，顯現儒家思維底下的人性光輝〔註95〕，這也是古代學者在撰寫白鹿洞書院之相關記錄文字時所謂：「夫二先生者，精忠大節，名載籙圖，所謂百代殊絕人物也。」、「吾之欲祀之也，非以二公德有可師，神無不在，而尊之以風世道乎！」〔註96〕至於宋代以後的書院多奉祀朱熹，正是因為朱熹在宋代儒學發展過程中，具有身兼承繼、總結之集大成的重要地位，且朱熹更在前代的孟子、韓愈、歐陽修，乃至於當世的孫復、石介、周敦頤等儒家人物最重視的「道統」觀念上，建構了規模宏大、又極為精緻縝密的思想理論體系，對於當世的儒學發展，誠然做出極大的貢獻。

此外，再考察當世書院祭祀時所使用的祝文。雖然因為文體本身的限制，以及其實際功能、使用時機上的狹隘等因素，導致是類文體不論在內容或形式上，皆顯得較為嚴肅與呆板，但客觀來說，仍足以得見其不僅清楚表達了這些祭祀對象，之所以受到書院重視並且有意識地主動奉祀的原因，更足見當世書院對於這些代表著儒家範式的先聖、先賢等諸公，其學術觀念、價值觀念、道德品格等方面的崇敬與景仰，藉此宣揚書院所欲追求和依循的目標方向。例如白鹿洞書院在祭祀孔子的「釋奠」祝文中，即稱頌孔子「德配天地，道貫古今，刪述六經，垂獻萬世」〔註97〕，再依鄭廷鵠的記載，白鹿洞書院「先賢祠」祭祀的祝文中，亦提及書院祭祀的目的，本在「示敬道也」，對這些「人品高潔，師道尊嚴，淹貫六經，敬敷五教，出處或異，功德則同，世代雖殊，法程猶在」的祭祀對象〔註98〕，表達尊崇與敬仰，亦藉此透過是類的祭祀過程，宣揚這些祭祀對象所體現的精神價值。

由是觀之，書院在選擇祭祀對象時，本具有一定的基本原則——為了體現某種價值觀念、某種精神象徵，或者某種學術專業或道德品格，因此有意

〔註95〕筆者提及的「凝聚、體現了儒家的道德品質」、「顯現人性光輝」諸語，是援引蕭永明的觀點。參蕭永明：《儒學、書院、社會：社會文化史視野中的書院》，頁353。

〔註96〕上引二語，參佚名：〈知府田琯忠節祠記〉，收於（明）周偉：《白鹿洞書院志》卷八〈文志‧記〉。轉引自趙所生、薛正興主編：《中國歷代書院志》第一冊，頁650上。

〔註97〕（明）周偉：《白鹿洞書院志》卷四〈祀典志〉，轉引自趙所生、薛正興主編：《中國歷代書院志》第一冊，頁552下。

〔註98〕詳參（明）鄭廷鵠：《白鹿洞志》卷四〈洞祠‧序〉、〈洞祠‧先賢祠祭祀〉等處，轉引自趙所生、薛正興主編：《中國歷代書院志》第一冊，頁351下、356下。

識地對祭祀對象進行擇選；被該所書院擇選出來並且主動奉祀的各類祭祀對象，自是該所書院對於這些祭祀對象在上述任何一個方面的一種肯定。若是再作更進一步地探討，則兩宋以降的書院祭祀，大抵皆是站在足以體現儒家價值觀念的建構、弘揚與傳播等角度，作為祭祀對象的擇選準則。即便各書院所供祀的先儒、先賢等諸多人物，除了孔子、顏回、子思、孟軻等最主要祭祀對象以外，偶有出現對象選擇上的些微變化，不過也往往都是在不同時代中，對於儒家學術、理論思想的承繼，或者儒家價值觀念的弘揚等方面做出重大貢獻者。換言之，各所書院無疑是希冀通過祭祀的活動，以宣揚儒學的思想主體和核心價值。所以當一位前代、甚或當世人物的身上，能夠充分體現儒家學術、品格等觀念時，這位人物自然很容易被書院刻意地挑選出來，不僅作為書院的精神象徵、推崇典範，更是書院在發揚自身的價值取向、表明自身的理念和立場時，一種極為重要的宣示方法。

3. 書院祭祀是一種潛移默化的教導方式

誠如上述，即便書院的各類祭祀人物，在對象的擇取上偶有些微的差異，但若是用較為宏觀的角度，去頗析其被納入祭祀行列的主因，大抵都是對於儒家學術、理論思想的承繼、或者儒家價值觀念的弘揚等方面做出重大貢獻者。而中國傳統書院一直以來，正是希望藉由祭祀的活動及其相關事務，表明書院的理念和立場，以宣揚儒學的思想主體和核心價值，更期盼藉由這些祭祀對象，作為一種學習與效法上的範式，向世人傳達儒家的道德品格、治學態度等精神，此猶如元代程鉅夫（1249～1318）在撰寫〈歷山書院記〉時所謂「知舜之當祀，必知舜之當法」的理解模式〔註99〕，只要有所法的對象能夠被「參祭者」所認同與確立，發自內心地誠懇追尋其為人、處世之道，則書院的祭祀活動，自有其不容抹滅的重要地位與存在價值。

可見書院的祭祀活動，著實具備了培養品格、傳授學問、傳承文化、甚或教化與導正社會的重要功能。這也正是今日學者在探討書院祭祀的教育及社會教化功能時，能因此而謂：「在書院培養、教育士人及進行社會教育的過程中，祭祀是很重要的途徑與方式。」〔註100〕並且更進一步地將其教育及社會教化功能，歸納成四大類：除了影響書院以外的當地風俗、聯繫並導正了

〔註99〕（元）程鉅夫：〈歷山書院記〉，收於李修生主編：《全元文》第16冊，卷533，頁269。
〔註100〕蕭永明：《儒學、書院、社會：社會文化史視野中的書院》，頁351。

民間百姓的日常生活等社會教化作用，舉凡「確立並增強士人對儒家倫常道德觀念的認同感」、「引發士人對儒學的信仰」與「激發士人的道德使命感與社會責任感」等方面〔註101〕，傳統書院總是扮演著極為重要的角色。

此外，最值得注意者，是書院的祭祀活動，誠非強勢介入、強制服從的教誨手段，實是一種勸誘性質、潛移默化的教導方式。尤其在「科舉取士」的傳統時代裡，自宋代逐漸熾盛的書院教學體制，自然肩負起培育士人的責任，而且這種情況當然不啻只有宋代書院獨有，舉凡元、明、清三代皆是如此。直言之，透過對這些人物的長時間祭祀，促使書院肄業的生徒學子，在這種長期陶冶、薰染的空間情境之下，激發見賢思齊的使命感，從而以祭祀對象的學識、品格等，作為自身理想人格的典範，進而主動效法祭祀對象，作為自我期許的目標，這自是兩宋乃至有清一代的書院祭祀，不曾改變的相同觀念，更是成就中國傳統「士」階層的其中一種教育養成模式。元代黃文仲在撰寫〈順昌雙峰書院新建四祠賢堂記〉時即云：「登斯堂、觀斯像，如此為四賢，則知所敬，知所敬則知所學，知所學則知祖所祖、宗所宗，……。」〔註102〕明代彭時撰寫〈重修胡文定公書院記〉則謂：「仰而瞻其容，俯而讀其書，一惟其道德言論是式是循，庶幾進德修業，早有成效，……。」〔註103〕至於明代中葉以後，萬曆年間桐城學術的領頭者方學漸，也在〈重建道南祠記〉中強調：「吾願入斯祠者，毋徒肅先生之祀，而務求先生之學。」〔註104〕是輩皆在說明儒生、士子在進德修業的過程中，尋求其欲認同並追尋的學術、道德等方面之典範對象，進而確立目標、樹立志向，而書院的建置祠堂、設立祭祀，通過祭祀對象的祠宇、塑像、畫像、木主等，來宣揚祭祀對象的品格、學識、甚或問學態度等精神品質，正是此種潛移默化、耳濡目染；讓生徒學子有所嚮往、知所趨向的最有效方式。

再如明代孝宗弘治十四年至十六年（1501～1503），江西提學副使邵寶（1460～1527）為白鹿洞書院興建了「宗儒祠」、「忠節祠」等建築物，其中

〔註101〕蕭永明：《儒學、書院、社會：社會文化史視野中的書院》，頁352～368。

〔註102〕（元）黃文仲：〈順昌雙峰書院新建四祠賢堂記〉，收於李修生主編：《全元文》第46冊，卷1421，頁146。

〔註103〕（明）彭時：〈重修胡文定公書院記〉，收於（明）程敏政編，任繼愈主編：《明文衡》卷一百，頁901。

〔註104〕（明）方學漸：〈重建道南祠記〉，收於（清）高攀等人增輯：《東林書院志》卷十五〈文翰一·記〉。轉引自趙所生、薛正興主編：《中國歷代書院志》第七冊，頁400上。

「宗儒祠」正是在「二賢祠」，亦即南宋即已建置之「周朱二先生祠」的基礎上所創建者，是祠堂裡除了奉祀周、朱二人，亦以朱門弟子林擇之、黃榦、蔡沈、黃灝、李潘、胡泳、呂炎、呂燾、彭方、周耜、彭蠡、張洽、馮椅、陳宓等十四人從祀，故當時有學者楊廉（1452～1525）在為白鹿洞書院撰寫〈宗儒祠記〉時即云：

> 羣居終日，潛心乎儒，如射者之必志於中的，如行者之必期於赴家。旦望瞻仰，必如〈圖說〉所謂「定之以中正仁義而主靜」、〈洞賦〉所謂「明誠其兩進，敬義其偕立」而日加勉焉。此外，復以直卿諸儒之著述，冥搜而博考焉。於以反覆而精思之；於以勇往而力行之，其不至於儒，吾不信也。〔註105〕

又清代有南康地方的官員蔣國祥，亦在重建「二賢祠」之後撰文敘述道：「余之新其祠宇，豈惟是俎豆之為耶？讀其書而法其人、游其宇而思其道，……。」〔註106〕楊氏與蔣氏二人所論，旨在強調書院祭祀的勸誘、浸染等潛移默化作用，讓書院生徒能在此等作用的逐步薰陶之下，進而「法其人」、「思其道」，故楊廉於其文章之後亦復云：「此祠固所以為報，抑不足以為勸哉！」〔註107〕而二人所欲表達者，正是今日學者所謂的書院祭祀之「明確的導向作用」〔註108〕。

　　另外，清代學者戴鈞衡（1814～1855）亦曾云：「非徒以尊德尚道也，其將使來學者景仰先型，欽慕夙徽，以砥礪觀摩而成德，而亦使教者有所矜式，而不敢苟且於其間」、「登堂瞻仰，慨然想見其為人，……。」〔註109〕清代知州蒯德模（1816～1877）在同治六年（1867）重建毀於戰火的平江書院時，更直以感嘆的口吻強調道：「瞻先賢之遺像，肅然起敬，有不戢其傲慢之氣，

〔註105〕（明）楊廉：〈宗儒祠記〉，收於（清）毛德琦：《白鹿書院志》卷十三〈藝文〉。轉引自趙所生、薛正興主編：《中國歷代書院志》第二冊，頁175上。

〔註106〕（清）蔣國祥：〈署府同知蔣國祥重建二賢祠記〉，收於（清）毛德琦：《白鹿書院志》卷十四〈藝文〉。轉引自趙所生、薛正興主編：《中國歷代書院志》第二冊，頁193上。

〔註107〕（明）楊廉：〈宗儒祠記〉，收於（清）毛德琦：《白鹿書院志》卷十三〈藝文〉。轉引自趙所生、薛正興主編：《中國歷代書院志》第二冊，頁175上。

〔註108〕蕭永明：《儒學、書院、社會：社會文化史視野中的書院》，頁354～355。

〔註109〕上引二語，參（清）戴鈞衡〈書院雜議四首·祀鄉賢〉，收於（清）佚名編：《桐鄉書院志》卷六〈藝文〉。轉引自趙所生、薛正興主編：《中國歷代書院志》第九冊，頁766上、766下。

鼉陵之狀者，豈復成為士也哉！」〔註110〕由此可見，自宋代乃至有清一代，傳統書院總希望通過祭祀，讓肄業的生徒、學子能在此等環境的長期薰染之下，自然產生對祭祀對象的認同感，並且視希聖希賢為自期自勉的個人榜樣；將「儒家道統」的堅持、繼承、或者捍衛和振興，作為畢生職志，冀望自身有朝一日，也能亦步亦趨地抵達是類典範對象的學術或道德境界，成為符合於傳統中國社會與文化下所要求的儒者，而一位「士」、「士人」階層的養成及其存在價值，亦在此種過程中油然體現。

4. 展現教育方式、教學理念等諸多價值觀念

總的來說，書院的祭祀活動是一種標榜、表彰性質的教育方式；是透過潛移默化以見賢思齊的勸誘式、薰染式之教導模式，此亦是元人蔣易所謂：「書院設官，春秋命祀，並遵舊典，非徒尊其人，尊其道也。」〔註111〕書院通過對這些先師、先聖、先儒與先賢等祭祀對象的擇選和奉祀，表明其對於是輩所創造、發揚、體現的諸多價值觀念之尊崇與肯定。蔣氏此處所論，實足以說明書院祭祀活動的立意，蓋書院祭祀對象在彼時的現實生活中，所透顯出來的學術理論、思想體系、問學態度、道德品格等各種面向，都足以作為眾位「參祭者」自身的取法模範，而書院的祭祀活動，正是藉由這種「被祭者」與「參祭者」之間的人神交通、人心交感，引發「參祭者」對於學術的認同感、道德的使命感，以及對於國家社會的責任感，這不僅是當世各所書院的共通教導模式，其欲宣揚的教學方針、擬傳達的教學理念，也自能透過這些祭祀活動而得以充分展現。

由此可見，書院的祭祀活動，確實是體現書院的文化教育功能之一種重要形式，它不僅能讓肄業之生徒與士子，通過祭祀對象在各自所身處的歷史、社會等真實情境背景中，所表現的各種人生抉擇、為學態度、待人接物等種種具體活動，引發是輩對於儒學在精神與品格等方面的信仰、增強是輩對於儒家倫常道德觀念的認同感，進而培養個人的道德使命感與社會責任感，更讓儒家思想一直以來所欲傳達的倫理原則、道德規範等精神價值，變得更為

〔註110〕詳參（清）蒯德模：〈改建平江書院並祀文丞相石像記〉，收於（清）李銘皖等修、馮桂芬等纂：《（江蘇省）蘇州府志》（臺北：成文出版社據清光緒九年刊本影印，1970 年）第二冊，卷二十五〈學校一〉，頁 622 下。

〔註111〕（元）蔣易：〈盧峰山長黃禹臣序送別〉，收於李修生主編：《全元文》第 48 冊，卷 1466，頁 76。

具象、更為真切，當然也變得更容易理解與認同。此也正是陸九淵所謂「學者所以為學，學為人而已。」〔註112〕因為書院教學的最大目的，旨在道德培養與學業傳授，其透過趨於宗教性的頂禮膜拜、瞻仰塑像或畫像，從感情上「縮短了士子與『聖賢』的心理距離」〔註113〕，故能潛移默化地培養出對於聖哲、先師、先儒、鄉賢、鄉宦等的德業、情操之崇敬和景仰，進而有意識地認同並且依循是輩的學術理論、道德倫常觀念與價值標準。

筆者認為，此實與傳統儒家思維中的強烈入世精神有莫大的相互關係，蓋宋代士風，本具有極其鮮明「經世」概念〔註114〕、具備強烈的「以天下為己任」精神〔註115〕，也普遍主張士子必須通過教育的洗禮，作為淑世之道。而中國傳統書院一直來，本是儒家知識份子的聚集之地；是以「佐學校之不及」〔註116〕為出發點的學術基地，可謂儒學、士人緊密結合的文化教育組織，是官學之外的一股重要的傳統儒家教育來源，故宋代以來，泰半視官學為「潛在的對象」〔註117〕的各所書院，無不秉持這一類匡復天下、教化社會、改善

〔註112〕詳見《陸九淵集・語錄》。參（宋）陸九淵著，鍾哲點校：《陸九淵集》卷三十五〈語錄下〉，頁 470。

〔註113〕胡青：《書院的社會功能及文化特色》，頁 146。

〔註114〕關於宋代士人的經世思想，可參余英時〈清代學術思想史重要觀念通釋・經世致用〉、張灝〈宋明以來儒家經世思想試釋〉等文。參余英時：〈清代學術思想史重要觀念通釋・經世致用〉，收入氏著：《中國思想傳統的現代詮釋》（臺北：聯經出版事業公司，1987 年），頁 405～486。張灝：〈宋明以來儒家經世思想試釋〉，收於中央研究院近代史研究所編：《近世中國經世思想研討會論文集》（臺北：中央研究院，1984 年），頁 3～12。

〔註115〕宋代士風具有強烈的「以天下為己任」精神一事，可謂近世學者的普遍共識，舉凡：錢穆、余英時、劉子健等，皆曾針對此論而加以說解。此可參錢穆：《中國近三百年學術史》（北京：商務印書館，1997 年）上冊，第一章〈引論〉上篇〈兩宋學術〉，頁 1～7。余英時：《中國近世宗教倫理與商人精神》（臺北：聯經出版事業公司，1987 年）中篇〈儒家倫理的新發展〉，頁 74～84。劉子健：〈宋代考場弊端——兼論士風問題〉，收入氏著：《兩宋史研究彙編》（臺北：聯經出版事業公司，1987 年），頁 229～247。

〔註116〕語出袁燮的〈東湖書院記〉。參（宋）袁燮：《絜齋集》卷十〈東湖書院記〉，收於（清）紀昀等編纂：《景印文淵閣四庫全書》第 1157 冊〈集部〉第 96〈別集類〉，頁 121 下。

〔註117〕語出陳雯怡。參陳雯怡：《由官學到書院：從制度與理念的互動看宋代教育的演變》（臺北：聯經出版事業公司，2004 年），頁 287。陳雯怡甚至直言：「書院是宋代教育的一種表現，而宋代教育的本質即是士人階層為科舉而進行的學習。宋代眾多形式的書院，即是來自因應科舉教育需求而產生的眾多官、私教育組織。」參氏著：《由官學到書院：從制度與理念的互動看宋代教育的

風俗等重大使命，作為書院經營的終極目標。所以早在南宋乾道年間，湖南安撫使劉珙（1122～1178）修復嶽麓書院之後，有當世學者張栻（1133～1180）為之作記，文中即提點道：「侯之為是舉也，……蓋欲成就人才，以傳道而濟斯民也。」〔註118〕強調書院本當肩負起「傳道」、「濟民」等教育、社會責任，故今日考察宋代以降乃至於明清時期的各所書院，無一不是以此作為創建之初衷，基於這方面的目的而設立書院。

這也正是周敦頤所謂「希聖」、「希賢」的教育宗旨〔註119〕；是朱熹「凡人須以聖賢唯己任」的教學理念〔註120〕，在周、朱等儒學大師的耳提面命之下，本遵奉儒家思維為圭臬的書院祭祀，誠然強化了生徒、學子的社會責任感，行有餘力之下，也進一步地改善了書院周邊各處的士習民風。由是觀之，一路承襲自魏晉以來「廟學」制度的傳統書院祭祀活動，其承擔了學術傳授、道德傳承，以及社會教化功能等重要使命，自是宋代以來、傳統書院於歷史社會中最重要的存在意義。

值得一提者，是中國自元代以後，各地書院祭祀朱熹的情況日益增多，元代學者貢師泰（1298～1362）曾經描述道：「書院徧天下，而閩中為盛。大率祠徽國公朱文公師弟子居多，若延平、武夷、考亭、建安、三山、泉山、龍溪、雙峰、北山之屬皆是也。」〔註121〕朱熹出生於福建尤溪，不僅許多的教學活動與各種學術交流常在福建一帶進行，其思想體系的建構，也主要是在福建的各地書院完成，所以閩中書院在祭祀時，特別突出朱熹及其弟子的地位，本是吾人能夠想像的情況，也自是不容置辯的歷史事實。

根據今日學者徐梓的考察，在元代其它地區的書院中，朱熹也是最為重要的祭祀對象。徐梓曾經隨機抽取 50 所元代書院，在其抽取的樣本中，祭祀宋元理學家者，已有 33 所；其中與朱熹有關的祭祀，更占 67%。故徐梓得以

演變》，頁 338。

〔註118〕（宋）張栻撰、朱熹編：《南軒集》卷十〈潭州重修嶽麓書院記〉。收於（清）紀昀等編纂：《景印文淵閣四庫全書》第 1167 冊〈集部〉第 106〈別集類〉，頁 506 上～506 下。

〔註119〕周敦頤《通書・志學》云：「聖希天，賢希聖，士希賢。……志伊尹之所志，學顏子之所學。」參（宋）周敦頤撰，梁紹輝等點校：《周敦頤集》（湖南：嶽麓書社，2007 年）卷之四《通書》第十〈志學〉，頁 70。

〔註120〕朱熹：《朱子語類》第一冊，卷八〈學二〉之「總論為學之方」條。收於（宋）朱熹撰，朱傑人、嚴佐之、劉永翔主編：《朱子全書》第十四冊，頁 280。

〔註121〕（元）貢師泰：〈勉齋書院記〉，收於李修生主編：《全元文》第 45 冊，卷 1400，頁 231。

根據這項研究統計，總結出「元代書院廣為祭祀朱熹」、「朱熹是當時書院祭祀的核心」等觀點〔註122〕，此亦是今日學者蕭永明能因此而謂：「在元代以後，各地書院供祀的眾多儒學大師中，朱熹的地位最為突出，對朱熹及朱門弟子後學的供祀最為普遍。」〔註123〕此足見朱熹在逝世後不久，旋即成為許多書院祭祀的核心，更足以說明朱熹一系的學術思想、教育方式和教學理念，確實對中國傳統書院產生莫大的影響。

胡適認為，中國傳統書院及其祭祀對象，足以作為當世整體民意、學術等的思維代表，可謂一個時代的精神：「一時代的精神，只有一時代的祠祀，可以代表。」、「一時代精神，即於一時代書院所崇祀者足以代表了。」〔註124〕今日學者亦普遍認為，書院祭祀的人物，往往標誌著書院的學術方向和學風。從學術思想發展史的角度而論，朱熹可謂宋代理學的集大成者，在其孜孜不倦的努力之下，理學的思想體系、理論架構，始趨於成熟且完整；從文教事業發展史的角度而論，重視教育與文化的朱熹，其所到之處，必定興辦學校、建置書院以聚徒講學〔註125〕，即便遭受朝野的諷刺與嘲笑，仍然不改其志、堅持修復並振興白鹿洞書院〔註126〕，今日學者甚至依此而謂：「由於朱熹的努力，書院成為中國教育史上一個永久性的機構，負擔起地方教育的主要工作。」〔註127〕朱熹對於當世文化教育的諸項建樹，不僅讓本身的思想理念，能得以有效傳播，其學術影響亦不斷擴大，故能廣為元代的各地書院所重視，從而成為當世諸多書院的祭祀核心。

此也正是朱熹能在逝世後不久，旋即成為許多書院祭祀的首要對象。蓋

〔註122〕詳參徐梓：《元代書院研究》，頁158。

〔註123〕蕭永明：《儒學、書院、社會：社會文化史視野中的書院》，頁343。

〔註124〕詳參胡適：〈書院制史略〉，收於胡適著，季羨林主編：《胡適全集》第20卷〈教育篇〉，頁113～114。

〔註125〕根據陳雯怡的研究，朱熹個人所參與的書院活動，可以分為兩大部分，一是他在官任上興復或支持的北宋舊書院，諸如：白鹿洞、嶽麓、石鼓書院等；一是他在家居時，私人建立的精舍，先後包括：寒泉、武夷、竹林精舍等。詳參陳雯怡：《由官學到書院：從制度與理念的互動看宋代教育的演變》，頁31。

〔註126〕今日學者歸納了朱熹振興白鹿洞書院所做的八項貢獻，諸如：修建房屋、籌措學田、蒐集圖書、延聘師長、招收生徒、制定教規、設立課程，以及確立教學組織形式。詳參鄧洪波、彭愛學主編：《中國書院攬勝》（長沙：湖南大學出版社，2000年），頁96～98。

〔註127〕李弘祺：《宋代官學教育與科舉》（臺北：聯經出版事業公司，1994年），頁29。

中國傳統書院對於祭祀對象的確立與擇選，總是與當世之學術風尚密切相
關；與社會的精神價值、道德觀念之取向緊密聯繫。故即便朱熹於生前，曾
在「慶元黨禁」的風波之下被迫謫黜，蒙受「逆黨」汙名、承受被誣為「偽
學」的命運，一度導致了學術傳播的嚴重受挫。儘管如此，由於朱熹的門人
弟子眾多，不論是學術成就或思想理念，皆為當時眾多的士人學子所服膺，
這本是一項不爭的社會事實，故當朱熹逝後不久，「偽學之禁」的浩劫亦在一
年之後全面弛解，而朱學地位自此之後即日益尊隆，重新恢復以往的昌盛榮
景，益之以理學轉而被尊崇為道統，國家又願意通過政治力量，對理學予以
相當程度的鼓勵和扶持〔註128〕，理學思想也因此得以迅速蓬勃，逐漸從社會
上的一股「潛在勢力」，成為學術領域上的「正統」地位，爾後許多學者治學，
更是「惟朱子之說是尊，非朱子之學不從」，有意識地謹遵朱熹一系的學術脈
絡；恪守朱熹一門的問學態度，而朱熹能成為元代乃至於往後諸朝的各地傳
統書院之祭祀核心，其原因亦即是此。

　　職是，關於中國傳統書院發展史、書院制度等方面的相關研究上，近日
學者多能逐漸重視其祭祀活動，以及書院舉行祭祀活動所欲展現的實質目
的、作用與功能。例如陳繼新認為，書院祭祀先賢的目的，旨在「樹立師道
楷模，使學子朝夕景仰。入其堂，儼然若見其人，玩索群書之際，體聖賢氣
象，而心嚮往之，油然而興起『希聖希賢』之心。」〔註129〕李國鈞亦認為，
書院祭祀活動的主要目的之一，是「樹立楷模，感發志向與信念，使學者『入
其堂儼然若見其人』。」〔註130〕蕭永明則指出，士人在書院的日常觀摩與濡染
之中，自會「不自覺地產生、景仰、欽慕、嚮往之情」，進而將這一類情感轉
化為「強烈的使命感」：「希望自己能夠像祭祀對象一樣，弘揚光大儒學，踐
行儒家倫常道德，……。在道德品質培養與道德人格淬煉的過程中，這種使
命感無疑是強大的推動力量。」〔註131〕上引諸位學者的觀念，皆能一語中的

〔註128〕諸如：追崇周、程、朱、呂等理學家，並且將是輩列入國家祀典，以及給予
　　　　書院敕額、御書、支持地方興建與修復書院等。關於這方面的資料，可參劉
　　　　子健：〈宋末所謂道統的成立〉，收入氏著：《兩宋史研究彙編》（臺北：聯經
　　　　出版事業公司，1987年），頁249～282。以及 James T.C. Liu, *China Turning
　　　　Inward; Intellectual-Political Changes in the Early Twelfth Century*。
〔註129〕陳繼新：〈從教育觀點析論宋代書院制度〉，《學記》第三卷第一期（1971年3
　　　　月）。轉引自吳萬居：《宋代書院與宋代學術之關係》，頁85。
〔註130〕李國鈞：《中國書院史》（長沙：湖南教育出版社，1994年），頁164。
〔註131〕蕭永明：《儒學、書院、社會：社會文化史視野中的書院》，頁361。

地說明了書院祭祀的主要目的和實質作用與功能。

　　最後，依上述的書院普遍祭祀朱熹之例，也能得見這種透過祭祀活動所體現出來的書院之教育方式和教學理念，並不啻只有在兩宋一代能獲得證明，此當是宋代以降乃至於元、明、清時期的各所書院在經營運作時，所欲展現的基本價值觀，誠如明代的彭時（1416～1475）在撰寫〈重修胡文定公書院記〉時所云：

> 我朝推崇先生（胡安國），列諸從祀，誠萬世之公論。而崇安乃先生鄉邑，矧可無專祠以起後人之景仰也哉！此太守所為盡心於書院，而不敢後也。繼今學者，仰而瞻其容，俯而讀其書，一惟其道德言論是式是循，庶幾進德修業，早有成效，然後無負於太守表章風勵之意。〔註132〕

彭時在文章中所欲表達者，正是中國傳統書院在建置時的一種精神寫照。由是觀之，包括從祀制度等祭祀活動，可謂兩宋書院、甚或古代所有學校的首要大事，此亦是今日學者胡青，能因此而謂：「古代地方誌上敘述書院或學校，對其歷史有時簡略得驚人，但對祭祀的禮儀程序，卻連篇累牘，不厭其煩，……。」〔註133〕又或許如今日學者蕭永明所云：「如果說士人們在書院講學與書本學習過程中所接觸到的只是一些抽象的原則、規範，那麼在祭祀對象的身上，這些原則、規範就變得更為具體化了。」〔註134〕而兩宋書院能有意識地承繼古代官學的祭祀傳統，並且發揚「廟學」制度的祭祀模式，其初衷與終極目的，當然也依此自見。

三、以「廟學」研究視角考察兩宋書院的若干特例

　　總的來說，兩宋以降的中國傳統書院，建置祠宇已是可徵之固定常態。此外，甚至還出現了不少以祭祀為主的書院；或者直接由祠宇轉化而來者。今日學者陳雯怡認為，此種類型的書院，往往透顯出兩種特色：「一是書院常與某些特定的個人有關，具有紀念的性質；二是書院中一般有祠以表達紀念尊崇，有時書院即由紀念的祠宇發展而來。」而且陳氏更進一步指出，書院有祠，並非書院獨具的現象，宋代官學本有從以祀孔為主的「廟學」制度中，

〔註132〕（明）彭時：〈重修胡文定公書院記〉，收於（明）程敏政編，任繼愈主編：《明文衡》卷一百，頁901。
〔註133〕胡青：《書院的社會功能及文化特色》，頁148。
〔註134〕蕭永明：《儒學、書院、社會：社會文化史視野中的書院》，頁356。

持續發展而來的祠祀傳統，不過此等「祠祀文化」與「書院紀念性質」的結合，正是書院與官學之間，一項最主要的不同之處〔註135〕。

關於這一類的書院，除了上文所述及的建安、慈湖、槐堂、相江與深柳等，是以宗教祭祀為主的書院外，例如明道書院的興起，也是始於祠祀。蓋程顥曾在北宋時期擔任建康府上元縣的主簿，時至南宋孝宗淳熙三年（1176），當地的知府劉珙，設祠祭祀程顥於建康府學，其目的無非是希望「使此邦之為士者有以興於其學，為吏者有以法於其治，為民者有以不忘於德。」〔註136〕此也足見建康府在當世已有立祠來奉祀程顥，惟上元縣本身未有祠，故寧宗慶元二年（1196）之後，府治所在上元縣的主簿趙師秀，又在上元縣廳事西偏一隅，繪像以奉祀之〔註137〕。寧宗嘉定七年（1214），又有上元縣主簿危和（1166～1229），因繪像奉祀之處過於狹隘，故復請於太守劉榘，加以擴增：

> 為堂三間，中嚴像設而扁之曰「春風」。其上為樓，高明潔清。內為齋二，東曰「主敬」、西曰「行恕」，後為小室焉，曰「讀易」。外為齋一，曰「近思」。齋之側為亭，曰「靜觀」。又將為兩廡翼之，而刻墓表與河南雅言於其壁。〔註138〕

經由劉榘的擴建以後，此地稱之為「明道書堂」，不僅有奉祠明道的祠堂，也有專為教學活動而設置的齋室；專門用以會講的講堂「春風堂」，並設置堂長與職事員。可惜未幾而廢，故堂宇雖存、卻講祀闕如，淪為軍儲與賓寓之所〔註139〕。必須迨至理宗時期，有知府吳淵（1190～1257）於淳佑九年（1249）重新修繕：「聘名儒以為長，招志士以共學，廣齋序、增廩稍，倣白鹿洞規，

〔註135〕上引陳雯怡之語，及其論述的觀點，參陳雯怡：《由官學到書院：從制度與理念的互動看宋代教育的演變》，頁140～141。

〔註136〕朱熹：〈建康府學明道先生祠記〉，《晦庵先生朱文公文集》第五冊，卷七十八。收於（宋）朱熹撰，朱傑人、嚴佐之、劉永翔主編：《朱子全書》第二十四冊，頁3732。

〔註137〕（宋）游九言所記之〈記載默齋游公記〉，收於（宋）周應合撰：《（江蘇省）景定建康志》（臺北：成文書局據清嘉慶六年刊本影印，1983年）第二冊，卷二十九〈儒學志二‧置書院〉，頁1172下。

〔註138〕（宋）真德秀：《西山文集》卷二十四〈明道先生書堂記〉。收於（清）紀昀等編纂：《景印文淵閣四庫全書》第1174冊〈集部〉第113〈別集類〉，頁361上。

〔註139〕詳參陳雯怡的說解，陳雯怡：《由官學到書院：從制度與理念的互動看宋代教育的演變》，頁133。

以程講課，……。」〔註140〕；有宋帝理宗於寶佑元年（1252）因其請而書以
「明道書院」匾額賜之，並視其「與四書院等」〔註141〕；再有建康府事馬光
祖（約 1201～1270），於理宗開慶元年（1259）的「視事之始，與部使者率僚
屬會講於春風堂，聽講之士數百。乃屬山長修程子書，刻梓以授諸生，給田
以增廩，而教養之事備焉。」〔註142〕明道書院自此才又逐漸被興復。

　　再如相江書院的前身——濂溪書院，主要即是為了祭祀周敦頤的目的而
設立，其地點本是周敦頤故居；「濂溪」亦為周氏故里之名，始稱濂溪書堂，
或稱濂溪祠。南宋景定四年（1263），道州判府提刑楊允恭擬於周氏故居建祠
以祭祀周敦頤父子，藉此褒揚周氏在理學思想史上的開創之功。楊允恭一方面
「俾祠於正堂」，同時又「立儒學齋於其右」，並奏請皇帝御書「濂溪書院」匾
額〔註143〕，此足見濂溪書院的建置，主要就是為了紀念、並崇祀周敦頤。

　　又如最初本用以奉祀呂祖謙的東萊書院，則可謂是直接從祠宇轉化而來
的鮮明顯代表之一，蓋今日的浙江省德清縣，曾經是南宋呂祖謙的寓居、講學
之地，時至嘉定更化年間，呂氏門人在當地「創先生祠」，其後此座「東萊祠」
又在嘉熙初年「被賜為書院」〔註144〕，東萊書院的名稱自此在歷史上得名。
再如潮州海陽縣（今廣東省潮州市）原有建於北宋元祐年間的「韓公廟」，世
稱「韓文公祠」，用以供祀唐代的學者韓愈，其在元祐之際已被世人稱作書院，
日後又被稱為「城南書莊」，最後在元代被正式稱為韓山書院，故該所書院不
僅是從祠宇直接轉化而來的代表之一，而且考察今日留存下來的文獻資料，其

〔註140〕（宋）周應合撰：《（江蘇省）景定建康志》第二冊，卷二十九〈儒學志二·
　　　　置書院〉之「建明道書院條」，頁 1170 下。

〔註141〕南宋理宗賜「明道書院」匾額一事，見於王埜〈記·御書〉一文。參（宋）
　　　　王埜〈記·御書〉，收於（宋）周應合撰：《（江蘇省）景定建康志》第二冊，
　　　　卷二十九，頁 1175 下～1176 上。另外，被視為「與四書院等」一事，則見
　　　　於（宋）周應合撰：《（江蘇省）景定建康志》第二冊，卷二十九〈儒學志二·
　　　　置書院〉之「建明道書院條」，頁 1170 下。

〔註142〕（宋）周應合撰：《（江蘇省）景定建康志》第二冊，卷二十九〈儒學志二·
　　　　置書院〉之「建明道書院條」，頁 1170 下。

〔註143〕上引諸語，參見（清）卞寶第、李瀚章等修，（清）曾國荃、郭嵩燾等纂：《（光
　　　　緒）湖南通志》卷二百七十九〈藝文志三十五·金石二十一〉所收錄的宋代
　　　　滕巽真〈判府提刑高峯先生壽祠之記〉一文。收於續修四庫全書編纂委員會
　　　　編：《續修四庫全書》第 668 冊〈史部·地理類〉，頁 352 上～353 上。

〔註144〕呂氏門人「創先生祠」以及嘉熙初年「被賜為書院」等事，詳參（宋）袁甫：
　　　　《蒙齋集》卷十四〈東萊書院竹軒記〉。收於（清）紀昀等編纂：《景印文淵
　　　　閣四庫全書》第 1175 冊〈集部〉第 114〈別集類〉，頁 500 下～501 上。

發展的歷史進程，更足以體現書院「廟學合一」規制的傳統與特色。

今依《永樂大典》所載，曾於明代擔任廣東潮州府知府的談倫（1461～1520），撰有〈南珠亭記〉一文，其內容記述並且稱美有功於潮州地方的歷代人士，文中也涉及了若干韓山書院的創建故實：「惟潮陽乃韓文公過化之邦，較之他郡，汙染為易新。……潮之人士，始篤於文行，遂為海濱之鄒魯。」又：「潮人以思韓之故，而有廟祀，而有書院，扁（匾）以韓山，……。」〔註145〕韓愈曾於唐憲宗元和十四年（819）擔任潮州刺史，在任期間深得當地百姓擁戴，為了表達崇敬愛戴之意，遂將當地的山、水等景物風貌改名易姓，例如將韓愈當初驅趕鱷魚的惡溪（一作惡水）改稱韓江〔註146〕；將韓愈曾經登臨並且親手栽植橡樹的筆架山改稱韓山。時至北宋元祐五年（1090），潮州知州王滌在城南修建此座廟宇，以「昌黎伯廟」為匾，並且「置膳田，養庶士」以祠祀韓愈、號為書院〔註147〕；南宋淳熙十六年（1189），知州丁允元將廟宇遷移，並且改建至河東韓山，原城南之地遂墟；南宋淳祐三年（1243），郡守鄭良臣在韓廟的城南故地興建「城南書莊」，並且興築齋舍、課考諸生：

> 外敞二門，講堂中峙，扁（匾）曰：城南書莊。後有堂扁（匾）曰：泰山北斗，公之祠在焉，旁立天水先生趙德像。翼以兩廡，四辟齋

〔註145〕上引二語，詳參（明）談倫〈南珠亭記〉，收於（明）姚廣孝等奉敕監修，楊家駱主編：《永樂大典》（臺北，世界書局，1977 年）第 36 冊，卷 5345〈十三蕭：潮・潮州府三〉的〈圖經志〉，頁 19 下。

〔註146〕惡溪，古水名，今廣東韓江及其上游梅江。《太平寰宇記》記載梅州的程鄉縣：「惡水，即州前大江，東流至潮州出海。其水險惡，多損舟船。水中鱷魚遇江水泛漲之時，隨水至州前。」參（宋）樂史撰，王文楚等點校《太平寰宇記》（北京：中華書局，2007 年）第七冊，卷一百六十〈嶺南道四・梅州〉，頁 3073。韓愈〈潮州刺史謝上表〉有云：「臣所領州，在廣府極東界上，去廣府雖云纔二千里，然來往動皆經月，過海口，下惡水；濤瀧壯猛，難計程期，颶風鱷魚，患禍不測；州南近界，漲海連天；毒霧瘴氛，日夕發作。」詳參韓愈：〈潮州刺史謝上表〉，收於（唐）韓愈撰，（清）馬其昶校注、馬茂元整理：《韓昌黎文集校注》第八卷，頁 618。韓愈驅趕鱷魚的故實，可見於韓愈：〈鱷魚文〉，收於（唐）韓愈撰，（清）馬其昶校注、馬茂元整理：《韓昌黎文集校注》第八卷，頁 573～575。《新唐書・韓愈傳》亦記載：「初，愈至潮（州），問民疾苦，皆曰：『惡溪有鱷魚，食民畜產且盡，民以是窮。』數日，愈自往視之，令其屬秦濟以一羊一豚投谿水而祝之曰：……。」參《新唐書》卷一百七十六〈列傳〉第一百一〈韓愈傳〉，頁 5262。

〔註147〕以上參見（清）祖植椿：〈重修韓祠碑〉，收於謝逸主編：《潮州市文物志》（潮州：潮州市文物局，1985 年），頁 6～16。

廬，曰由道，曰行義，曰進學，曰勤業。山長堂長位於祠堂之左右，倉廩庖湢井廁，靡不畢備。複撥置田畝山地為廩士之費，租入附於學庫收支，董於僉幕。洞主郡守為之，山長郡博士為之。……春秋二祀，則用次丁，郡率僚屬以牲幣酒醴獻，工歌東坡祀公之詩以侑之。此書院創始之規模也。〔註148〕

推測當時鄭良臣的舉動，目的當是欲將韓廟遷回原址，並設置專供文教的場所，故「中峙講堂」、「匾題『城南書莊』」；書莊後方則是匾題「泰山北斗」的奉祀韓愈之處，韓山書院的建築格局與配置等架構，始初具規模，其「廟／學」兩相結合的規制，也自此大致定型。又淳祐五年（1245），郡守陳圭任對該所書院「尤切加意」，並「增塑周濂溪、廖槎溪二先生像，並祠其中。」〔註149〕，可惜書院在宋、元更替之際，毀於兵燹。不過，今依南宋學者林希逸在咸淳五年（1269）撰寫的〈潮州重修韓山書院記〉所載：

韓山書院，余聞之舊矣，咸淳五年夏季，有以三陽士友之書來溪上，曰：韓山文公故廟址也。前使君鄭公良臣築室於斯，匾其三門曰：城南書莊；論堂曰：宗道；祠室曰：泰山北斗。文公中居，天水趙公左，濂溪、槎溪二公右。兩廡四齋，職員十，生徒倍，食之以田，則鄭公所撥，陳公圭買之。自淳祐癸卯，迄今未三十年，藩夷詹缺，橫者植者俱敝，凜凜若將壓焉。〔註150〕

由此觀之，足見韓山書院在當時不論是洞主、山長〔註151〕、堂長、齋長、司計〔註152〕等主事機構；講堂、祠堂及齋舍等建築設施，皆已大致完備，且具

〔註148〕（明）姚廣孝等奉敕監修，楊家駱主編：《永樂大典》第36冊，卷5343〈十三蕭：潮·潮州府·學校·書院〉所收錄的〈圖經志·韓山書院〉，頁44下。

〔註149〕（明）姚廣孝等奉敕監修，楊家駱主編：《永樂大典》第36冊，卷5343〈十三蕭：潮·潮州府·學校·書院〉所收錄的〈圖經志·韓山書院〉，頁44下。

〔註150〕（宋）林希逸撰、林式之編：《竹溪鬳齋十一藁續集》卷十一〈潮州重修韓山書院記〉，收於（清）紀昀等編纂：《景印文淵閣四庫全書》第1185冊〈集部〉第124〈別集類〉，頁669下～670上。

〔註151〕「山長」是傳統書院對於書院主持人的職稱，亦或有直以「洞主」作「山長」者。此可參楊布生、彭定國等學者之說解。參楊布生、彭定國：《中國書院與傳統文化》（長沙：湖南教育出版社，1992年），頁6。

〔註152〕「堂長」是教職員主管之屬的人員，可從書院學徒中挑得人選。「齋長」是從住齋生徒中擇選出來，每齋設置一至二人，主要是督促諸生學習，其介於生徒與「山長」之間，實具有聯繫作用。「司計」或稱「管幹」，專管書院的一切收支出納等。參楊布生、彭定國：《中國書院與傳統文化》，頁7～9。

有相當程度的規模。

　　時至元代的至元廿一年（1284），毀於戰火的韓山書院始獲得興修和復原的機會，初設山長一員主之，並在祠堂供祀孔子與韓愈。至順二年（1331）之後，潮州路總管王元恭再次擴建書院，並將「城南書莊」正式改稱為「韓山書院」〔註153〕。經由王元恭的拓建之後，韓山書院的宏敞、壯偉倍加於前代；院舍、祠祀等建物一一具備，不但興築了「原道堂」以及「由道」、「進學」二齋舍，作為諸生肄習之所，並且祠祀孔、顏、子思、曾子、孟子等「一聖四師」；韓愈、趙德、陳堯佐配享；宋代王滌、李邁、丁允元、廖德明、鄭良臣、林壽公、陳圭等諸賢守，則從祀於兩廡〔註154〕，構成體系完整、規模頗大的祭祀與從祀、配祀系統，韓山書院自此具備了頗具規模的祭祀格局與空間，院內琅琅的弦誦朗讀聲，更成為當地的獨特景象。

　　明道、濂溪、東萊與韓山諸書院，或者直以祭祀功能為主要目的；或者從原先的單純以祀賢為第一要義的祭祀祠宇、逐日轉化而成書院，其最初大抵以「廟」為主，希冀通過祀賢以傳道，最終形成結合「廟／學」的教育規制。雖然此等情狀，似乎一反今日學者所謂「由『學』到『廟學』的發展過程」的常態性傳統進程〔註155〕，也誠如一些學者所謂：「因為它們（祭祀性書院）的主要作用是紀念先賢，講學活動退居於次要地位。」〔註156〕其既能直以祠廟稱之，又可以是書院的特殊體制，甚至基本上就是一間祠廟，從而成為中國教育史上的若干特例，不過仍是殊途同歸，始終如同其他傳統書院一般，一齊成為中國「廟學」教育制度下的其中一環。

四、書院祭祀規模的持續擴大

（一）承襲「廟學」制度的兩宋書院

　　今日學者普遍認為，祭祀是「書院培養、教育士人的重要途徑與方式」

〔註153〕詳參（清）盧蔚猷修、吳道鎔纂：《（廣東省）海陽縣志》（臺北：成文書局據光緒二十六年刊本影印，1967年）卷十九〈建置略三・學校〉，頁173上。

〔註154〕代至順二年（1331），潮州路總管王元恭拓建韓山書院之故實，詳參（明）姚廣孝等奉敕監修，楊家駱主編：《永樂大典》第36冊，卷5343〈十三蕭：潮・潮州府・學校・書院〉所收錄的〈圖經志・韓山書院〉，頁45上。

〔註155〕高明士在其論著中屢屢強調此種觀點，參氏著：《東亞傳統教育與法文化》，頁43，以及氏著：《東亞教育圈形成史論》（上海：上海古籍出版社，2003年）第一章〈學校發展的諸階段〉等處。

〔註156〕楊布生、彭定國：《中國書院與傳統文化》，頁161～162。

〔註157〕。這是書院在發展過程中，深受中國傳統「廟學」教育制度的各種實質影響，書院祭祀的地位亦隨之不斷提高；其規模也不斷擴大，因此一直以來都是書院規制中的重要內容，也具有深厚的文化內涵。例如坐落於原南唐廬山國學舊址上的白鹿洞書院（星子縣廬山白鹿洞），其在宋代初期興建完成之後，從最初的「學徒常數十百人」〔註158〕到咸平五年（1002）接獲朝廷詔令得以進行修繕，並塑造孔子及其弟子像〔註159〕，又在宋仁宗皇祐五年（1053）「增置學舍十餘間，以教弟子。四方來學者廩給之。匾曰『白鹿洞之書堂』。」〔註160〕額外增建學舍10餘間，以教育子弟，並為四方來學者提供食宿。此足見白鹿洞書院自宋初落成之後，各方面的規模即不斷地擴大，迨至康熙五十八年（1719）毛德琦撰寫《白鹿書院志》時，其專供祭祀之用的祠宇，已包括大成廟、宗儒祠、先賢祠、忠節祠、紫陽祠等建築群；祭祀對象除了孔廟祭祀譜系的人物之外，尚包括各類祭祀對象四十餘人。〔註161〕

又如坐落於善化縣（今湖南長沙）西嶽麓山抱黃洞下的嶽麓書院，其在宋太祖開寶九年（976）由潭州（今湖南長沙）知州朱洞「其議倡自彭城劉鰲」而創建之後〔註162〕，其時共建有講堂5間、齋舍52間。時至宋真宗咸平二年（999），潭州知州李允則進行擴建：「中開講堂，揭以書樓，塑先師十哲之像，畫七十二賢。」〔註163〕除了將肄業的生徒定額為60餘人，又「請闢水田，供

〔註157〕蕭永明：《儒學、書院、社會：社會文化史視野中的書院》，頁2。

〔註158〕（清）毛德琦：《白鹿書院志》卷三〈沿革〉，轉引自趙所生、薛正興主編：《中國歷代書院志》第二冊，頁50上。

〔註159〕毛德琦《白鹿書院志》記載，白鹿洞書院於咸平五年「詔有司修繕，塑宣聖及弟子像」。參（清）毛德琦：《白鹿書院志》卷三〈沿革〉，轉引自趙所生、薛正興主編：《中國歷代書院志》第二冊，頁50上。

〔註160〕毛德琦《白鹿書院志》記載，大中祥符初，直史館孫冕（新淦人）請求歸老於白鹿洞。其請求得到朝廷的允准，但他尚未到達白鹿洞便去世。直到宋仁宗皇祐五年（1053），孫冕之子、比部郎中孫琛繼承乃父之遺志，始在白鹿洞故址「增置學舍十餘間，以教弟子。四方來學者廩給之。匾曰『白鹿洞之書堂』。」參（清）毛德琦：《白鹿書院志》卷三〈沿革〉，轉引自趙所生、薛正興主編：《中國歷代書院志》第二冊，頁50上。

〔註161〕蕭永明：《儒學、書院、社會：社會文化史視野中的書院》，頁337。

〔註162〕參見（清）卞寶第、李瀚章等修，（清）曾國荃、郭嵩燾等纂：《（光緒）湖南通志》卷六十八〈學校志七・書院一〉所收錄的宋代吳澄〈重建嶽麓書院記〉一文。收於續修四庫全書編纂委員會編：《續修四庫全書》第663冊〈史部・地理類〉，頁83下。

〔註163〕（清）卞寶第、李瀚章等修，（清）曾國荃、郭嵩燾等纂：《（光緒）湖南通志》

春秋之釋奠；奏頒文疏，備生徒之肄業。」〔註164〕朝廷奏准李允則的請求，旋由國子監發給該書院諸經釋文、義疏以及《史記》、《玉篇》、《唐韻》等書籍。此足見由於李允則的積極拓建，使講堂位於書院中心，並建書樓、設像供祀孔子及其弟子，又特意興闢水田以解決每年春、秋兩季舉行的祭祀先師之「釋奠」典禮上的經費問題，甚至上奏朝廷，請求頒發書籍，以備生徒肄業之所需。

李允則的這一連串實際行動，讓嶽麓書院自此確定落實了「廟學」制度的實質內容。故待至大中祥符五年（1012）周式任書院山長時，書院再次擴建，而周式亦在大中祥符八年（1015）獲得宋真宗的召見與任命：「使歸教授，因舊名賜額，仍增給中秘書。於是書院之稱聞於天下。」〔註165〕真宗除了授予周式以國子監主簿一職，並讓他繼續回書院任教，還頒賜了該書院「嶽麓書院」匾額、也增賜了宮內的藏書，嶽麓書院從此名聞天下。今日考察嶽麓書院的發展歷史，可以得見該書院的專供祭祀之建築物，亦即各種祠宇，前後竟多達二十多處；祭祀的對象更前後超過百餘人，再依清代陳宏謀〈申明書院條規以勵實學示〉所載，嶽麓書院在清乾隆二十八年（1763）的各種經費之總開支，約為1341銀兩，其中供以祭祀用途的費用約28銀兩，本佔總開支的2%左右，不過根據今日學者的研究，該書院在日後由於祭祀對象太多，祭祀所需的費用激增，導致書院即使擁有近百畝的祭田，仍舊入不敷出，必須由當世的地方政府每年撥銀若干，予以資助書院，甚至必須借助社會力量，捐款以供祭祀花費〔註166〕。

其他再如設立於宋代乾道初期之際（約1165～1166）的河南麗澤書院（原名麗澤堂，亦稱麗澤書堂，又名大梁書院），原本是呂祖謙講學、會友之所，

卷六十八〈學校志七・書院一〉，收於續修四庫全書編纂委員會編：《續修四庫全書》第663冊〈史部・地理類〉，頁81下。

〔註164〕（宋）王禹偁：《小畜集》卷十七〈潭州嶽麓山書院記〉。收於（清）紀昀等編纂：《景印文淵閣四庫全書》第1086冊〈集部〉第25〈別集類〉，頁164下。

〔註165〕（清）卞寶第、李瀚章等修，（清）曾國荃、郭嵩燾等纂：《（光緒）湖南通志》卷六十八〈學校志七・書院一〉，收於續修四庫全書編纂委員會編：《續修四庫全書》第663冊〈史部・地理類〉，頁81下。

〔註166〕此是楊慎初、朱漢民、鄧洪波等人的研究成果，其後有蕭永明在上述的研究基礎上，總結出更詳盡的論點。詳參楊慎初、朱漢民、鄧洪波：《嶽麓書院史略》（長沙：嶽麓書社，1986年），頁132～136。蕭永明：《儒學、書院、社會：社會文化史視野中的書院》，頁338。

日後呂祖謙將此屋舍歸還官府，另置新居於城之北隅，其用來教授生徒、著書立說的麗澤堂，自然也隨之北移。嘉定元年（1208），亦即呂祖謙逝世後二十七年，呂氏門人請求官府將本屬官屋的呂氏舊居之一半闢為一堂，以供祀呂祖謙，當時州官李大異同意此請，並且提供資金來重新修繕麗澤書堂與呂祖謙的祀室，這次的興修工程共計建屋十餘楹，其中外門五間、祀室及前軒各三間；前有一堂，上面懸掛「麗澤書院」匾額；後為「遺書閣」，用來收藏呂祖謙生前作品。

南宋理宗端平年間（1234～1236），呂氏門人又將麗澤書院內的呂祖謙祀室，改建為「呂成公祠」，主祀呂祖謙、配祀呂祖儉。往後又經過數度修建與遷址〔註167〕，時至明代世宗嘉靖十四年（1536），巡按御史張景，命金華府通判汪昉負責重修麗澤書院，並且著令該書院供祀同創道學於婺州的朱熹、張栻、呂祖謙三位理學家。

可惜麗澤書院發展到明代末期，終因兵燹而損毀，迨至清代康熙二十八年（1689），幾經毀壞又數度興修的麗澤書院，終於再次獲得重新修建的機會，康熙年間的這次重建並且重新釐正祀典之後，根據清代康熙巡撫閻興邦〈重建大梁書院釐正祀典記〉的記載，基於「或生於斯，或仕於斯，或寄跡於斯，立德立功，與嵩同峻，與河同深，皆於大梁有光，則進而祀之。」的觀點〔註168〕，從而被該書院所確定的祭祀對象，諸如「彙祀周元公等十賢」、「祀三皇以至明末諸臣」等，以及被閻興邦等人視為對大梁城（今河南省開封市）有貢獻者，認為「十賢似宜祀也；第海內皆祀之矣，大梁安得而專之」而列出子夏、段干木、信陵君、留侯張良、王霸、堅鐔、傅

〔註167〕如：南宋理宗淳祐年間丙午(1246)，婺州知州許應龍對麗澤書院進行了重建，並遷雙溪之畔、奏請宋理宗御賜匾額。南宋末期時，亦即宋度宗咸淳乙丑（1265），麗澤書院又遷至旌孝門（俗稱義烏門）外印光寺故址（今城東麗澤弄一帶），此後書院之院址未再變遷。又元世祖至元三十一年（1294），官府曾經對麗澤書院進行大規模的修繕，並由王龍澤撰〈修麗澤書院記〉刻勒於石，可惜元成宗大德年間（1297～1307），書院毀於大火，直到元惠宗至元年間（1335～1340）才得以重新修建；元代末期又毀於祝融，必須待至明代英宗天順年間（1457～1464），始有呂氏後裔呂濟晟、呂重濂重建書院，並追回被占學田。明代憲宗成化三年（1467），浙江都指揮使司僉事辛訪又命金華知府李嗣，負責重修麗澤書院，時人魏驥撰有〈重修麗澤書院碑記〉記其事。

〔註168〕（清）閻興邦：〈重建大梁書院釐正祀典記〉，轉引自《河南通志》第二冊，卷四十三〈學校下〉，收於（清）紀昀等編纂：《景印文淵閣四庫全書》第536冊〈史部〉第294〈地理類〉，頁517下。

俊、徐元直、諸葛亮、范文正、歐陽文忠、張忠定、蘇文忠、包拯等歷史知名人物，使之「各祀其所當祀，以修明釋奠釋菜之禮」。因此，總計清代康熙二十八年的這次重建之後，被該書院確定的祭祀對象，竟已多達一百一十五人〔註169〕。

依上文所列白鹿洞、嶽麓、麗澤諸書院的發展歷程而論，足以得見許多書院自宋代初期創設之後，雖然幾經損毀與數度興建，書院的祭祀規模卻仍能因此而持續擴大，並在往後歷朝各代的歷史演進之下，逐漸增加的設祀之多、祭祀活動之發達，自是有目共睹的事實。

（二）元、明、清諸朝對於兩宋書院的繼續承襲

統而言之，由於宋代書院能承繼「廟學」制度的祭祀活動，並開展「廟學」制度的祭祀模式，從而讓書院祭祀的規模能持續不斷地擴大。而元、明、清諸朝的書院，又能對兩宋書院的此類活動繼續承襲，這足以說明「廟學」制度的基本精神，始終貫串在中國傳統書院裡，歷久不輟。

首先，是元末明初的唐肅（1318～1371，一作1321～1374）曾謂：「凡天下名書院者，有祠以祠先賢，有教以教後學，國朝制也。」〔註170〕蓋「官學化」確實是元代書院制度的一大特點，例如至元三十一年（1294）元世祖忽必烈〈崇奉孔祀教養儒生〉的詔令內文中，即有「孔子之道，垂獻萬世，有國家者，所當崇奉。曲阜林廟，上都、大都、諸路府、州、縣邑應設廟學、書院，照依世祖皇帝聖旨，……。」、「凡廟學公事，諸人毋得沮擾，合行儒人事理，照依已降聖旨施行。」等語〔註171〕，而今日學者陳谷嘉、鄧洪波主編的《中國書院史資料》即以〈書院的推廣與官學化〉作為章節標題，並且收錄了元代當世的程文海、虞集、王惲、許有壬、吳澄等學者之作品，以及《元史》、《續文獻通考》、《四庫全書》乃至於近世《廟學典禮》等史料典籍中所記載的相關文獻資料，共計三十餘篇，藉以呈現元代政權對於書院的支

〔註169〕詳參（清）閻興邦：〈重建大梁書院釐正祀典記〉，轉引自《河南通志》第二冊，卷四十三〈學校下〉，收於（清）紀昀等編纂：《景印文淵閣四庫全書》第536冊〈史部〉第294〈地理類〉，頁516下～517下。

〔註170〕（明）唐肅：《丹崖集》卷五〈皇岡書院無垢先生祠堂記〉，收於續修四庫全書編纂委員會編：《續修四庫全書》第1326冊〈集部・別集類〉，頁184下。

〔註171〕上引諸語，參見佚名：浙江古籍出版社1992年版《廟學典禮》卷四。轉引自陳谷嘉、鄧洪波主編：《中國書院史資料》上冊（杭州：浙江教育出版社，1998年），頁272～273。

持與推廣，以及其官學化的歷史進程〔註172〕，甚至有學者更以「積極的書院政策」評論元代初期的書院體制〔註173〕，特別是元代政府甚至進一步規定：「先儒過化之地，名賢經行之所，與好事之家出錢粟贍學者，並立為書院。」〔註174〕時人黃翔龍亦曾在文章中述及此等景象：「前代儒先出處過化之神，必建書院，使學者尊慕而學其學。」〔註175〕如此一來，足以符合於當世書院祭祀的人物，其所必須符合的條件更為寬廣，故中國傳統書院發展至此，不論是在學規、祭祀、組織管理等方面上，皆更加制度化〔註176〕，各所書院在祭祀對象的數量上，自是日益增多。

　　至於有清一代，更是書院「官學化」最為嚴重的時期〔註177〕。這即是說，中國傳統書院發展至元代，其具備專供祭祀的祠宇，已成為一項通行的制度。不過，典型的元、明、清三代書院，除了建築物的名稱偶有更易，以及清代書院大多增建奉祀文昌帝君與奎星的文昌閣、奎星閣、魁星樓；增設考棚或文場，以作為生徒進行考課的場所之外，其主要建築基本上與兩宋大抵相同，各建築物的實際功能，也大體相似無異。時至清代，更出現清人戴鈞衡所謂「今天下郡縣莫不有書院，類莫不有崇祀之典」、「其大者或祀孔子及七十二弟子，如各郡縣學宮故事，其小者多各祀其地先賢」的真實景況〔註178〕。

　　其次，關於書院祭祀規模的持續擴大，在白鹿洞書院的發展歷史中，也能清楚得見。朱熹在撰寫〈白鹿洞成告先聖文〉時，已清楚記載白鹿洞書院所祭祀的「先聖」，是「先聖至聖文宣王」──孔子，從祀的「先師」則是顏

〔註172〕參陳谷嘉、鄧洪波主編：《中國書院史資料》上冊，第三編〈書院的推廣與官學化〉，頁269～301。

〔註173〕參徐梓：《元代書院研究》，頁43。

〔註174〕《元史·選舉志》。參《元史》卷八十一〈志〉第三十一〈選舉一·學校〉，頁2032。

〔註175〕黃翔龍大致生活的年代，是在南宋末年至元代初期，其曾撰有〈重修慈湖書院本末記〉一文，文中的「前代儒先出處過化之神，必建書院，使學者尊慕而學其學」一語，參（元）黃翔龍：〈重修慈湖書院本末記〉，收於（元）袁桷撰：《（浙江省）延祐四明志》卷十四〈學校攷〉，頁962。

〔註176〕此可參樊克政：《中國書院史》，頁129～131。

〔註177〕參樊克政：《中國書院史》，頁286。

〔註178〕上引二語，參（清）戴鈞衡〈書院雜議四首·祀鄉賢〉，收於（清）佚名編：《桐鄉書院志》卷六〈藝文〉。轉引自趙所生、薛正興主編：《中國歷代書院志》第九冊，頁766下。

回與孟軻二位配祀者。時至明代的鄭廷鵠，其在撰寫《白鹿洞志》時，記載當時白鹿洞書院於每年春、秋仲月舉行「釋奠」之禮的對象，是「至聖先師孔子」並且「以復聖顏子、宗聖曾子、述聖子思、亞聖孟子配」〔註179〕。此足見白鹿洞書院自兩宋以降，歷經元、明二朝的持續發展，時至鄭廷鵠身處的年代，雖然祭祀的「先聖」是一如往常的孔子，其作為配享的「先師」，又增加了曾子、子思二人，他們之所以能被書院額外復增，從而成為從祀者的主要原因，當然與是輩的身分——孔門後學，有極為絕對的關係。

其他再如白鹿洞書院自創設以來，許多成就突出、聲名遠播的主事者或生徒；又或與書院具備一定程度的聯繫、具有特別名望或貢獻的士人學者，在明代之後即先後被納入白鹿洞書院的「宗儒祠」或「先賢祠」，成為書院祭祀的對象〔註180〕。另有一些曾經講學於白鹿洞書院的宋代學者、朱熹的門生林用中和黃榦等人，也約莫是在明代之後，分別被納入「宗儒祠」〔註181〕。至於對白鹿洞書院的發展歷史，具有突出貢獻的明代成化年間（1465～1487）江西提學簽事李齡、蘇葵；明代弘治年間（1488～1505）江西監察御史陳銓；明代弘治年間江西提學副使邵寶、蔡清；明代正德年間（1506～1521）江西巡按御史唐龍、江西提學副使李夢陽等官員，是輩或者曾經講學於白鹿洞書院；或者為書院撰銘、作記；或者為書院置田、建祠、建亭；又或重修《白鹿洞書院志》、刻書於其中，故大抵也在清代康熙五十七年（1718）期間，先後被納入白鹿洞書院「先賢祠」的祭祀行列，成為書院為了表彰其貢獻而主動奉祀的明朝當地名宦〔註182〕。

捨此而外，再考察白鹿洞書院對於最重要的祭祀人物——孔子，其所使用的稱謂也從朱熹〈白鹿洞成告先聖文〉中的「先聖至聖」，演變成鄭廷鵠《白鹿洞志》中的「至聖先師」，這種祭祀稱謂上的彈性使用，也皆是書院祭祀規

〔註179〕詳參（明）鄭廷鵠：《白鹿洞志》卷四〈洞祠・釋奠〉。轉引自趙所生、薛正興主編：《中國歷代書院志》第一冊，頁354上～354下。

〔註180〕這些人物包括：最早曾在白鹿洞址結廬讀書的唐代李涉、李渤兄弟；南唐時期的洞主李善道、南唐時期的助教朱弼；宋代洞主明起、宋代洞師劉元亨、劉煥，與洞長張洽等人。詳參（明）周偉：《白鹿洞書院志》卷四〈祀典志〉，轉引自趙所生、薛正興主編：《中國歷代書院志》第一冊，頁554上～554下。

〔註181〕（明）鄭廷鵠：《白鹿洞志》卷四〈洞祠・宗儒祠〉。轉引自趙所生、薛正興主編：《中國歷代書院志》第一冊，頁355上～355下。

〔註182〕詳參（清）毛德琦：《白鹿書院志》卷四〈先獻〉，轉引自趙所生、薛正興主編：《中國歷代書院志》第二冊，頁88下～89下。

模的持續擴大、祭祀對象更為廣泛與自由的另一類旁證。畢竟中國書院的體制發展到明清時期，雖然作為「先聖」的孔子，在各所書院祭祀活動時的地位早已不容撼動，惟具體的祭祀實際情況，卻仍然能夠保留了彈性使用的空間，除了上文所援引的「至聖先師」稱謂，復有在祭祀時，稱孔子為「先師」或「先聖先師」者。例如清代鍾世楨（1821～1883）於同治六年（1867）編寫江西上饒的《信江書院志》時記載，信江書院（初名曲江書院）曾經在嘉慶二十年（1815）期間，有當地知縣周力田「於春風亭後添修三希殿，中祀先師孔子，以朱文公、趙忠定、文文山、謝疊山四公配享。」〔註183〕總的來說，明清書院在舉行祭祀活動時，對於孔子的具體稱謂或許稍有不同，不過孔子作為書院祭祀時的最首要地位；孔氏門人、孔氏後學，以及奉孔學為圭臬的歷代著名大儒的配享於孔子，則是自魏晉「廟學」制度初具雛型以來，歷經兩宋乃至明清書院的發展之下，始終不變的祭祀制度之準則。

　　職是，筆者認為，元、明、清諸朝對於兩宋書院的承襲，主要正是在祭祀規模與祭祀對象等面向。故本文總結兩宋乃至於明清時期的書院祭祀之發展歷程，可以得見此等承襲之處，也充分表現在祭祀對象的持續擴大等面向，關於這方面的論述，誠然可以再細分成底下二項：第一，是祭祀對象在人數上的持續增加。第二，是書院在擇選祭祀對象時更加自由。關於前者，筆者已於上文各處多所論及，故不再累述。至於後者，所謂「書院在擇選祭祀對象時更加自由」實指能夠被書院納入祭祀的人物，其所必須符合的條件愈加寬廣，此也足見書院對於祭祀對象的擇選，具有更為廣闊的包容度。

　　關於書院在擇選祭祀對象時的更加自由，白鹿洞書院即是一例。蓋白鹿洞書院的祭祀對象，隨著時代的演進而逐漸增多，此已自不待言。不過該書院在歷代所逐漸增加的祭祀對象，除了世人所熟知的周敦頤、二程、邵雍、張載、朱熹、陸九淵等儒學大師，乃至於黃榦、蔡沈、林擇之等師承自朱熹之後輩儒者外〔註184〕，還曾在明代新闢石洞之時，祭祀后土神〔註185〕；也設

〔註183〕參（清）鍾世楨：《信江書院志》卷二〈源流・重修信江書院志〉。轉引自趙所生、薛正興主編：《中國歷代書院志》第二冊，頁369下。

〔註184〕蕭永明認為，在白鹿洞書院歷代的祭祀對象中，佔有相當大的比例者，仍是以上述此類的儒學大師、以及朱熹一系的理學家人物為主。詳參蕭永明：《儒學、書院、社會：社會文化史視野中的書院》，頁343。

〔註185〕詳參（明）王溱：〈新闢石洞告后土文〉，收於李應昇（明）《白鹿洞書院志》卷十二〈文翰・告文〉。轉引自趙所生、薛正興主編：《中國歷代書院志》第一冊，頁819上～819下。

置了「忠節祠」以祭祀曾經生活於廬山之麓的晉代詩人陶潛、奉祀過宅邸位
於當地顏山的唐代名臣顏真卿〔註186〕；其後又於明代弘治十四年（1501），在
「忠節祠」祭祀蜀臣孔明〔註187〕。另外，由清代學者阮元所創的詁經精舍也
是一例。清代嘉慶五年（1800），乾嘉學派經學家的阮元，於杭州西湖創設詁
經精舍，作為漢學研究與教學之處，其精舍所祭祀的主要對象，則是東漢經
學家許慎和鄭玄。因為阮元創設的初衷，係在「有志於聖賢之經，惟漢人之
詁多得其實者，去古近也。」所以主張：「許、鄭集漢詁之成者也，故宜祀也。」、
「奉許、鄭木主於舍中，羣拜祀焉。」〔註188〕職是，奉祀許慎和鄭玄，遂成
為詁經精舍的最大特色。

　　依上述，考察白鹿洞書院在發展的過程中，對於擇選祭祀對象的條件，
愈加寬廣和自由時，以及詁經精舍為了突顯自身獨特的學術態度，刻意擇選
足以表現精舍之學術風格的祭祀對象，確實可以發現中國傳統書院在隨著時
代演進的同時，也逐漸放寬了書院祭祀對象上的擇選條件。至於書院對神靈
方面的祭祀也是一證。上文曾援引江西南昌的豫章書院、江西高安的西澗書
院，在宋代後期已逐漸出現祭祀文昌帝君、魁星等神祇的活動，而這種情況
到了明清時期，更成為一種普遍現象〔註189〕，清代學者戴鈞衡曾云：「世俗多
崇祀文昌、魁星，建閣居像，歲時敬禮，以謂主文章科名之事。昔之通儒已
辨其謬，昭昭然不可誣矣。」〔註190〕戴鈞衡此言，其旨本在批判當時的書院，
多盲目地祭祀文昌、魁星；並責難世人「建閣居像，歲時敬禮」之誣妄心態，
不過戴氏此處所論，卻也足以說明書院祭祀文昌帝君、魁星的現象，誠由來

〔註186〕詳參（明）周偉：《白鹿洞書院志》卷四〈祀典志〉所收錄的〈忠節祠祭禮〉，
　　　　轉引自趙所生、薛正興主編：《中國歷代書院志》第一冊，頁554下。

〔註187〕詳參（清）毛德琦：《白鹿書院志》卷三〈沿革〉所收錄的〈為思賢亭〉，轉
　　　　引自趙所生、薛正興主編：《中國歷代書院志》第二冊，頁46下～47下。

〔註188〕上引諸語，參（清）阮元：《詁經精舍文集》卷三〈西湖詁經精舍記〉，收於
　　　　王雲五主編：《叢書集成簡編》（臺北：臺灣商務印書館，1966年）第104冊，
　　　　頁61。

〔註189〕關於祭祀神靈，已成為明、清書院祭祀的普遍情況，以及當世各地不同類型
　　　　的書院，多建有文昌閣、魁星樓等歷史故實，今日學者已有詳細的研究與說
　　　　解，故筆者不再累述，可參蕭永明：《儒學、書院、社會：社會文化史視野中
　　　　的書院》，頁349～351。

〔註190〕（清）戴鈞衡〈書院雜議四首·祀鄉賢〉，收於（清）佚名編：《桐鄉書院志》
　　　　卷六〈藝文〉。轉引自趙所生、薛正興主編：《中國歷代書院志》第九冊，頁
　　　　766上。

已久，而且至少在明代中葉乃至於清代初期，此類書院祭祀活動，當是一相當普遍的現象。

　　關於祭祀對象在人數上的持續增加、祭祀對象在人物屬性上的更加廣泛，當世許多書院誠然皆可同時符合於此二種情況。以位在長沙的嶽麓書院為例，依照今日現存且可徵的文獻資料，其祭祀活動方面的發展歷程，即足以說明這種狀況。嶽麓書院在北宋的朱洞創建該書院時之開寶九年（976），即有舉行祭祀活動方面的相關記載〔註191〕，宋代王禹偁於咸平三年（1000）撰寫〈潭州嶽麓山書院記〉時，已記載該書院實有「俎豆無覩」、「畢按舊制」等祭祀活動，也描述了李允則在咸平二年（999）重新修建書院時的「塑先師十哲之像，畫七十二賢」之情景〔註192〕；而北宋末年的張舜民在遊歷嶽麓書院時，也留有「（嶽麓書院）有孔子堂、御書閣、堂廡尚完」等描述語〔註193〕，此足見嶽麓書院在進入南宋時期之前，孔子及其七十二弟子等人物，已是該書院固定祭祀的對象。迨至元代的延祐元年（1314），根據清代丁善慶《長沙嶽麓書院續志》記載，嶽麓書院也開始祭祀朱熹、張栻於「諸賢祠」中；明代弘治年間（1488～1505），又興建「崇道祠」以專祀朱、張二人〔註194〕，此後祭祀朱熹、張栻二人的規制，成為該書院的固定活動，並且一直延續了數百年之久。

　　上述的嶽麓書院之各時期祭祀情況，是該書院的祭祀對象在人數上持續增加之明證，至於祭祀對象在人物屬性上的更加廣泛，可以從該書院隨著時代的演進，不斷地將各色歷代人物，納入書院的祭祀行列。根據清代丁善慶《長沙嶽麓書院續志》記載，諸如有功於書院的官員；在當地值得該書院推崇的前代著名忠臣或先賢；與當地或書院具有直接、或者間接關係的歷史文化名人；甚至是掌管文章、學問等職的各類神靈，也成為日後嶽麓書院的祭

〔註191〕陳谷嘉、鄧洪波：《中國書院制度研究》附錄一：〈嶽麓書院祭祀述略〉，頁585～594。關於此事，李才棟亦有詳細的考證與說解，詳參李才棟：《江西古代書院研究》，頁73～76。

〔註192〕詳參（宋）王禹偁：《小畜集》卷十七〈潭州嶽麓山書院記〉。收於（清）紀昀等編纂：《景印文淵閣四庫全書》第1086冊〈集部〉第25〈別集類〉，頁164下。

〔註193〕（宋）張舜民：《畫墁集》卷八〈郴行錄〉。收於（清）紀昀等編纂：《景印文淵閣四庫全書》第1117冊〈集部〉第56〈別集類〉，頁52下。

〔註194〕以上詳參（清）丁善慶：《長沙嶽麓書院續志》卷一〈廟祀〉，轉引自趙所生、薛正興主編：《中國歷代書院志》第四冊，頁414上～414下。

祀對象。關於有功於書院的官員，至少不晚於明代嘉靖年間（1522～1566），
該書院已闢建「六君子堂」，奉祀北宋開寶九年（976）的書院創建者朱洞、
北宋咸平二年（999）主持書院擴建者李允則、南宋乾道元年（1165）重建書
院者湖南安撫使劉珙、明代弘治初年重新修繕書院者長沙府通判陳鋼、同知
楊茂元等五位官員，以及書院山長周式；又明代萬曆十八年（1590），有「大
功於斯地，道脈賴焉」的長沙知府吳道行（1560～1644）再度重修書院，故
書院亦將吳道行納入「六君子堂」的祭祀行列，並因此改名為「七君子堂」。
此外，清代嘉慶元年（1796）之後，書院也建造了「李中祠」以供祀有功於
書院建設與發展的巡撫李發甲（1652～？），並以巡撫丁思孔、李湖、陳宏謀
等人作為從祀者。關於在當地值得該書院推崇的前代著名忠臣或先賢者，例
如嶽麓書院在明代萬曆年間開始祭祀北宋崇寧年間，因敢言直諫而得罪權貴
的著名忠臣鄒浩，蓋鄒浩因得罪蔡京而遭到貶官，因貶謫期間曾途經嶽麓山，
故書院特意設祠祭之；清代嘉慶元年（1796）又建「三閭大夫祠」來祭祀投
江的屈原，也建有「賈太傅祠」來祭祀曾經擔任過長沙王太傅的西漢學者賈
誼。關於與當地或書院具有直接或者間接關係的歷史文化名人，例如北宋時
期「以行義著」而受到真宗召見的嶽麓書院山長周式、於南宋淳祐年間擔任
嶽麓書院副山長的歐陽守道、明代弘治年間主教嶽麓的葉性、明代正德年間
的嶽麓書院山長陳論，以及清代的羅典、歐陽厚均、車萬育等山長，也皆是
該書院的祭祀對象，甚至是明末清初的學者王船山，也因早年求學於嶽麓書
院，日後成為該書院成就突出的著名生徒，故嶽麓書院在光緒初年亦建有「船
山祠」以祭之。最後，關於祭祀神靈方面，嶽麓書院在清代康熙七年（1668）
之後，已在書院的講堂後面建有「文昌閣」，供奉文昌帝君；乾隆五十七年
（1792）又有湖廣總督畢沅，捐金百兩、為書院建造「魁星樓」；嘉慶二十五
年（1820），嶽麓書院甚至一度改其「六君子堂」為「嶽神廟」〔註195〕。由是
觀之，嶽麓書院可謂中國傳統書院的發展歷史過程中，同時符合「祭祀對象
在人數上的持續增加」、「祭祀對象在人物屬性上的更加廣泛」之明例，是今
日學者總結統計了嶽麓書院的祭祀對象，其在截至清代為止，受祀者已將近
百餘人，是傳統書院中祭祀對象最為繁多者〔註196〕。

〔註195〕上述嶽麓書院的各時期之祭祀情況，詳參（清）丁善慶：《長沙嶽麓書院續志》
　　　　卷一〈廟祀〉，轉引自趙所生、薛正興主編：《中國歷代書院志》第四冊，頁
　　　　414下～415上。
〔註196〕楊布生、彭定國：《中國書院與傳統文化》，頁147。

　　筆者於上文所述諸例，足以說明中國傳統書院不僅自宋代以來的承繼以往「廟學」祭祀制度，更在承襲與開展的過程中，讓元、明、清諸朝的書院祭祀模式，得以持續發揚與擴大。因此，今日考察明清時期的書院祭祀，足以得見其已然形成了一個極為龐大的祭祀體系，除了奉祀孔子、以及大批朝廷規定的全國統一之祭祀對象外，還設立了名宦祠、鄉賢祠、忠義孝悌祠，和一些以單個地方人物作為命名的祠宇，甚至祭祀儀式時所使用的貢品、儀式等，也有統一且嚴謹的規定。

　　更甚者，是明清以後的書院祭祀活動，往往由於場面的熱烈隆重、聲勢浩大而備受當世民眾所矚目，並且成為當地的一項重要文化活動與社會事件。值得說明者，是南宋以來的書院，本有邀請書院以外的來賓參加祭祀活動之例，例如當初朱熹在滄州精舍落成時，曾舉行「釋菜」儀式，從彼時的活動當下「鄰曲長幼並來陪」、活動告成而「集眾賓飲」之景況〔註197〕，可見當地耆老、地方仕紳與一般百姓等，皆有機會參與書院的祭祀活動。時至明、清之後，書院祭祀活動的規模，似乎更加盛大熱鬧，例如清代乾隆四十五年（1780），永康太平呂大宗祠與程、應、盧三姓後裔出資重修浙江省的五峰書院，整修工程告竣之後，恰適廟祀之期，故書院主事者程洪圖、應文達、盧亦悅等人率眾致祭，據說當時參與祭祀者，包括官紳、士子有近千人，儀式隆重、牲肥醴香，一片盛況空前之景〔註198〕。再如清代乾隆六十年（1795）秋季，嶽麓書院舉行「丁祭」，依今日現存的文獻資料之描述，當時的祭祀活動除了「置燈桿凡四，高各數丈，貫方斗如斗之魁，以其二標魁星樓正向，又二則分列書院門左右焉，⋯⋯」，而且「鼓樂徹三日夜，鞭爆應山谷，約數萬響不嘗。燃燈起朔日，訖於望日，歷半月乃止。遠近瞻矚，翕然歡欣。」〔註199〕此足以想像當時嶽麓書院大張旗鼓、氣勢喧騰的舉行祭祀活動，從而造就了一幅熱鬧非凡、長達半個月的不分晝夜的燈火通明；以及鞭炮與鐘鼓樂聲不絕於耳的盛況空前之景象，而此等書院的祭祀活動，自然極

〔註197〕詳參朱熹：《朱子語類》第四冊，卷九十〈禮七〉之「祭」條。收於（宋）朱熹撰，朱傑人、嚴佐之、劉永翔主編：《朱子全書》第十七冊，頁3028。
〔註198〕關於當時五峰書院之祭祀盛況，可參鄧洪波、彭愛學主編：《中國書院攬勝》，頁55。
〔註199〕詳參（清）羅典：〈新增丁祭公費記〉，收於（清）丁善慶：《長沙嶽麓書院續志》卷四〈藝文〉。轉引自趙所生、薛正興主編：《中國歷代書院志》第四冊，頁489下。

具深刻的傳統尚儒象徵、帶著濃厚的文化意味，對於當時的社會必然具有一定程度的影響，甚至實已和當地的社會、人群、文化等，產生各方面的密切聯繫。

清代同治之後，書院的祭祀活動、對象等，更加地持續擴大，規模也益加熱鬧非凡，此自是今日現存的文獻資料中所謂：「憑欄觀者以千計，踵堂與課者以數百計」〔註200〕、「士紳咸集，襄祀兩旁」〔註201〕等狀況。唯一不變者，是最主要的祭祀人物大致沒有太大變動，這些共同祭祀的對象，大抵諸如「至聖先師孔丘」、「復聖顏回」、「述聖子思」、「宗聖曾參」與「亞聖孟軻」；「先賢」有閔損、冉雍等若干人物；「先儒」則有公羊高、伏勝若干人等。此外，尚有崇聖祠等祠堂類型的建物，用以祭祀孔子、四聖等人的父母祖上〔註202〕。

由是觀之，包括祭孔在內的各項祭祀內容，不僅是中國古代學校的重要活動總與學校本身相終始，深具「學校」性質與「祠堂」功能的傳統書院，自然也「責無旁貸」地肩負起這一類歷史責任。今茲以清代學者戴鈞衡所論為例，其在談論桐鄉書院以及當時各地書院的大致景況時有云：

> 吾以謂孔子大聖，朝廷既已祀之學宮，無取乎書院之瀆祀，而書院地多狹，亦斷不能皆祀知也。惟各就其地奉一大賢以為之主，其餘以次從列。山長春、秋擇日率諸生行祭，又於月吉月望相率冠帶拜謁，登堂瞻仰，慨然想見其為人，⋯⋯是豈文昌魁星之祀，所可同日語哉！

又：

> 吾鄉唐宋以前，儒者罕見，自明正德之世，下逮國朝，講正學敦實行者凡數十輩，其尤著者數人，曰：何省齋先生。桐人知學，自先生始也。曰：方明善先生。曰：方望溪、姚惜抱二先生。⋯⋯數先生者，名在當時。功垂奕禩，是急宜奉以崇祀者也，獨其中不能專

〔註200〕這是清末光緒十九年（1893），詩山書院落成之後，書院舉行「釋菜」之禮的情景。詳參（清）戴鳳儀：《詩山書院志》卷七〈考課・釋菜說〉。轉引自趙所生、薛正興主編：《中國歷代書院志》第十冊，頁619下。

〔註201〕這是在清末重建於四川黔江的墨香書院，每年8月27日固定舉行的祭祀「至聖先師神龕」活動時之景象。參（清）張九章修、陳薄垣纂：《（四川省）黔江縣志》（臺北：臺灣學生書局據清光緒二十年刊本影印，1971年）第二冊，卷三〈學校志・書院〉，頁378。

〔註202〕胡青：《書院的社會功能及文化特色》，頁142。

推一以當主祀之人，因念桐城屬安慶，於朱子故鄉為鄰郡，以天下
省會割之，朱子當在鄉賢之列，而吾所稱數先生者，又皆奉朱子為
依歸，則主祀者，莫若朱子宜矣。朱子學，孔子者也，書院祀孔子，
則疑於僭；專祀一二鄉先生，則不足以重祀典。惟奉朱子主之，則
祀朱子，即所以祀孔子也。孔子不必人人皆得而祀之也，亦祀其學
孔子者而已，而又有鄉賢之誼，則於吾鄉為親切，而所以尊慕觀法
之者必殷，而又祀之於書院之中，則諸生以時致禮也易，而無疏遠
闊絕之嫌。以此復三代四時釋奠先師之制，即以正世俗文昌魁星之
祀，而杜學者苟且儌倖之心，吾知必為君子之所許也。〔註203〕

戴氏所論，除了可以視為中國傳統書院歷經了「廟學」制度的承繼，乃至於
兩宋書院祭祀的開展之後，清代人士看待書院時，所呈現的祭祀對象之更為
廣泛與自由；祭祀日期安排之更為靈活和彈性等多元化、多樣化的思維，其
對於書院祭祀模式的獨特觀點及其理由，確實也有許多值得吾人繼續研究與
深拓之處。

第三節　關於建築佈局與配置方面的影響

一、從「廟學」制度以考察宋代地方官學的建築配置

　　在探討宋代書院與「廟學」制度的建築配置之間的關聯性之前，首先可
以針對宋代官學內部的建築設施之研究視角來加以論述。宋代學制大抵因襲
唐制，一直以來備受國家所重視的中央官學已發展成熟，此已自不待言，至
於作為宋代地方官學的州縣學，也誠然沿襲了魏晉隋唐以來的「廟學」制度
之建築配置。筆者於上文已經述及，中國自唐代之後，實已成功推廣「廟學」
並且予以制度化，時至唐代中期，更普遍落實於地方官學。上述諸項論述，
可以藉由宋代州縣學對於「廟」與「學」等建築設施的配置之探討，而獲得
充分的證明。

　　宋代的中央官學和地方官學已經普遍地而且穩定地落實了「廟學」制度
的建築配置，官方的教育組織是如此，則大抵以民間力量為主、又受到官方

〔註203〕上文所援引的二段言論，語出戴鈞衡〈書院雜議四首〉。詳參（清）戴鈞衡
〈書院雜議四首·祀鄉賢〉，收於（清）佚名編：《桐鄉書院志》卷六〈藝
文〉。轉引自趙所生、薛正興主編：《中國歷代書院志》第九冊，頁766下～
767上。

支持和鼓勵並樂觀其成的宋代書院，想必也當是如此。尤其根據今日學者的研究，宋代書院內的組織，最初即是仿效當世地方官學的建置，其內部的組織，誠然也發展出一種固定的模式，即便是人事安排等方面，也有許多類似於當世地方官學之處，甚至有時候比官學更為正規、教學課程也更加具有系統性〔註204〕。此足見宋代書院在許多「硬體」與「軟體」方面，皆能與當世的官學體制緊密聯繫，也足以說明宋代許多書院在創建之初，即有意識地仿效當世地方官學的建置，若是利用此種基本前提，作為研究視角以考察宋代書院，則宋代書院的承襲「廟學」制度之建築配置，或許也因此可以成為一種可以想見的歷史事實，這可以作為本文在探討宋代書院的建築配置與「廟學」制度的相互關係之前，預先說明的一項課題。

（一）關於「學」的建築設施──「講堂」

依據今日學者的研究，若就建築設施的功能來區分，則宋代州縣學內部的建築設施，大抵可以分為「具實質性功能」與「具象徵性功能」兩大類，前者係指堂、齋、舍、閣、庫、庖、湢等建築設施；後者係指廟、祠、圃等建築設施〔註205〕。其中「具實質性功能」的「堂」與「具象徵性功能」的「廟」二者，即是宋代地方官學暨宋代書院承繼「廟學」制度之建築配置的最主要部分，是本文擬欲討論的重點，而在當世地方官學中「具象徵性功能」的「祠」（或稱作「堂」與「祠堂」），則係指祭祀鄉賢名宦之祠（堂），是宋代地方官學用來奉祀前代與當世的儒家人物、當地鄉土先賢等祭祀對象之處，因為其亦涉及了祭祀的活動及其相關事務，對於本文在探討「廟學」制度時，也頗能有補充說明、相互參照等用處，故筆者為了論述之便，偶會在文中兼論「祠」（堂）的功能。

所謂「具實質性功能」的「堂」，係指講堂，《闕里文獻考》：「建武五年，光武帝擊破董憲於昌慮還，過魯，坐孔子講堂，顧指子路室謂左右曰：『此吾太僕之室也』。」〔註206〕光武帝的這一段歷史故實，《後漢書》早有相關記載：「（東漢光武帝）後從東巡狩，過魯，坐孔子講堂，顧指子路室謂左右曰：『此

〔註204〕以上引述李弘祺的說法。李弘祺在探討宋代書院的興起時，曾明白地指出：「學校（指書院）內部的組織也發展成一種固定的模式。」詳參李弘祺：《宋代官學教育與科舉》，頁29。

〔註205〕以上引述周愚文的說法。詳參周愚文：《宋代的州縣學》，頁11。

〔註206〕參（清）孔繼汾述，孔子文化大全編輯部編輯：《闕里文獻考》第一冊，卷十三〈林廟考〉第二之三，頁239。

太僕之室。太僕，吾之禦侮也。』」〔註207〕當時光武帝所「坐」之孔子講堂，可謂中國最早的講堂。又清代宣統《山東通志》：「魏晉以後，凡建學之地，皆有講堂。」〔註208〕此足見魏晉之後，學校等教育機構設有講堂，實已相當普遍。由是觀之，講堂在宋代也當是地方官學的學生肄業之處，宋末以後則逐漸改稱為「明倫堂」，其主要的教學方式，誠如當世學者葉適所云：「故例，博士撰解訓一二通，據案抗聲讀，諸生俯首聽，謂之講書。」〔註209〕一般是以「講書」為主，也兼有問答與討論等方式〔註210〕。宋代各處的地方官學，在「講堂」聚徒講書論學，授以道德、學識等教育內容，可見「講堂」是宋代地方官學內部，最主要的教學建築設施；是學官教授學問、實施教學活動時，最首要的場所。

（二）關於「廟」的建築設施──「孔廟」

所謂「具象徵性功能」的「廟」，專指孔子廟，歷代或有稱作宣尼廟、宣父廟、宣聖廟、先聖廟、先師廟、聖廟、文廟等，是地方官學內部的祭祀場所。此座建築設施的建置目的，本在希望透過頂禮膜拜等祭祀過程，表達尊師與重道，此誠如宋代林應炎所謂：「國家自慶曆詔州縣立學，而學必祀宣聖，明尊師也。」〔註211〕王安石亦云：「古者自京師至於鄉邑皆有學屬，其民人相與學道藝其中，而不可使不知其學之所自，於是乎有祭享奠幣之禮，所以著其不忘。」〔註212〕、「釋奠釋菜，以教不忘其學之所自。」〔註213〕朱熹也強

〔註207〕《後漢書‧祭遵傳》所附祭遵之從弟〈祭肜傳〉。參《後漢書》卷二十〈銚期王霸祭遵列傳〉第十〈祭遵傳〉所附〈祭肜傳〉，頁746。

〔註208〕（清）杜詔等編纂、岳濬等監修：《山東通志》卷十四〈學校志〉，收於（清）紀昀等編纂：《景印文淵閣四庫全書》第539冊〈史部〉第297〈地理類〉，頁878上。

〔註209〕（宋）葉適撰，（明）黎諒編：《水心集》卷十七〈台州教授高君墓誌銘〉。收於（清）紀昀等編纂：《景印文淵閣四庫全書》第1164冊〈集部〉第103〈別集類〉，頁326上。

〔註210〕詳參周愚文：《宋代的州縣學》，頁176～177。

〔註211〕（宋）林應炎：〈嘉定學重修大成殿記〉，收於（清）陸增祥編：《八瓊室金石補正》（臺北：文海出版社，1967年）第六冊，卷一百二十一〈宋十〉，頁2019下。

〔註212〕王安石：〈繁昌縣學記〉，收於（宋）王安石：《臨川先生文集》第八十二卷，頁863。

〔註213〕王安石：〈慈溪縣學記〉，收於（宋）王安石：《臨川先生文集》第八十三卷，頁870。

調，官學建置孔子廟的目的：「非徒脩其墻屋，設其貌象，盛其器服，升降俯仰之容，以為觀美而已也。」〔註214〕在當世對於孔子廟的祭祀，不論是中央官學或地方官學，都是一項重要的教育活動。

值得一提者，是中央官學與地方官學的內部建置了孔子廟，並於廟內舉行「釋奠」之禮等祭祀規制，在唐代自太宗貞觀四年（630）之後，實已著錄於國家政令，成為一項普遍且固定的學制〔註215〕。故即便隋唐乃至於兩宋的官學，或許時有興廢，但是關於孔子廟的祭祀活動及其相關事務，卻似乎未嘗中斷。歐陽修云：

> 隋唐之際，天下州縣皆立學，置學官生員，而釋奠之禮遂以著令。
> 其後州縣學廢，而釋奠之禮，吏以其著令，故得不廢。學廢矣，無
> 所從祭，則皆廟而祭之。〔註216〕

歐陽氏清楚說明了隋唐之際的地方官學，雖然面臨廢弛以至蕭條，不過即便「學廢」，而「吏以其著令」的「釋奠之禮」卻未廢。曾鞏也曾描述道：

> 宋興幾百年矣，慶曆三年，天子圖當世之務，而以學為先，於是天
> 下之學乃得立。而方此之時，撫州之宜黃猶不能有學，士之學者皆
> 相率而寓於州，以羣聚講習。其明年，天下之學復廢，士亦皆散去，
> 而春秋釋奠之事，以著於令，則常以廟祀；孔氏廟（廢），不復理。
> 〔註217〕

此足以得見孔子廟的祭祀及其相關事務，當是備受宋代官方教育事業所重視的活動，除非孔子廟盡毀，否則與其相關之祭祀活動，仍必將持續舉行。

另外，在宋代地方官學的規制中，「具象徵性功能」的建築設施除了孔子廟以外，尚有祭祀前代與當世的儒家人物、當地鄉賢名宦的「祠（堂）」。依據今日學者的研究，「祠（堂）」所祭祀的對象，主要包括四大類：其一，是在當地的名望足以為後進遵慕者；其二，是有惠政於地方者；其三，是有功於州

〔註214〕朱熹：〈信州州學大成殿記〉，《晦庵先生朱文公文集》第五冊，卷八十。收於（宋）朱熹撰，朱傑人、嚴佐之、劉永翔主編：《朱子全書》第二十四冊，頁3806。

〔註215〕詳參本文的第伍章〈魏晉南北朝「廟學」對於後代學制等方面的演變與影響〉，頁189、192。

〔註216〕參歐陽修：〈襄州穀城縣夫子廟記〉，詳參（宋）歐陽永叔：《歐陽修全集》上冊《居士集》卷三十九，頁273。

〔註217〕（宋）曾鞏〈宜黃縣縣學記〉。詳參（宋）曾鞏著，楊家駱主編：《元豐類稿》（臺北：世界書局，1963年）卷十七〈宜黃縣縣學記〉，頁9下。

縣學者；其四，是學問道術足堪師法者。〔註218〕至於祠祀的逐漸普及，則主要歸功於當世理學家的推動，而且祠祀的對象中，也是以周敦頤、二程最為普遍，南宋之後，又增加了朱熹等人，或有學者認為，此等理學家祠祀文化的發展，在時間上大體是和南宋書院復興運動平行而較早推展開來者〔註219〕。

由此可見，「祠（堂）」的最主要祭祀對象，皆是學生、士子在讀書授業時，足以作為榜樣的典範人物。因為「祠（堂）」建置於地方官學內部的用意，本在藉由立祠以激發學子見賢思齊之志，進而思以自勉、期以力行，故當世或有時人傅烈，曾撰文描述道：「……俾朝暮過乎其前者，視其容必有以思其人而自勉也。」〔註220〕授業於朱熹的黃榦（1152～1221）亦謂：「天下學者尊信崇尚，以為孔孟之徒復生斯世。」、「祠之學宮，以起學者敬慕之心。」〔註221〕若依此論，則官學設立「具象徵性功能」的「祠（堂）」之初衷，概與設置孔子廟的基本精神大抵無異。

（三）兼具功能性與象徵性的「廟學」制度

宋代地方官學的分別設置「講堂」與「孔廟」，即是「廟學」制度普遍落實的明證。「具實質性功能」的「講堂」，屬於地方官學的教學環境；「具象徵性功能」的「孔廟」與「祠堂」，則是地方官學內部的祭祀場所，其中「講堂」與「孔廟」二者，是宋代地方官學中最主要的建築設施；「講堂」、「孔廟」與「祠堂」三者，也是一所書院推展其學術、傳播其理念的最重要場所。職是之故，「講堂」與「孔子廟」著實讓宋代地方官學所實行的「廟學」制度，同時兼具了「功能性」與「象徵性」二種教育功能，更讓中國傳統文教事業底下、各種教育體制最為特重的「成聖教育」〔註222〕，得以從抽象的教育理想，

〔註218〕上述四類的「祠（堂）」主要祭祀對象，是周愚文的研究成果。詳參周愚文：《宋代的州縣學》，頁14。

〔註219〕陳雯怡：《由官學到書院：從制度與理念的互動看宋代教育的演變》，頁140～143。

〔註220〕（宋）傅烈：〈傅拳記管師仁建四賢堂〉，參見（明）夏良勝：《（正德）（江西省）建昌府志》卷七〈學校〉，收於（明）樊深等編纂：《天一閣藏明代方志選刊》（臺北：新文豐出版公司據寧波天一閣藏明正德刻本影印，1985年）第十一冊，頁90下～91上。

〔註221〕上引二語，參見（宋）黃榦：《勉齋集》卷二十〈鄂州州學四賢堂記〉。收於（清）紀昀等編纂：《景印文淵閣四庫全書》第1168冊〈集部〉第107〈別集類〉，頁219上。

〔註222〕此處「成聖教育」觀點，語出高明士。詳參高明士：《唐代東亞教育圈的形成：東亞世界形成史的一側面》，頁357。

轉化為具體的實質目標。

換句話說，假若作為「廟學」制度下的「學」的「講堂」，是地方官學用以教授「實質課程」之處，那麼作為「廟學」制度下的「廟」的「孔廟」，則是地方官學中的一門「潛在課程」。由是觀之，宋代地方官學的分別設置「講堂」與「孔廟」，無非是希望生徒、學子在熟讀聖賢的經書之餘，尚能「親近」聖賢、效法聖賢，這自是「廟學」制度在教育上的意義。

最後，也正因為如此，大體仿效宋制的元、明二代〔註223〕，其地方官學內部，當然亦持續沿用宋代地方官學的建築配置、分別設置「講堂」與「孔廟」等建築設施。這是今日學者所謂：「……（元代）各州縣學的內部設施，彼此未必完全相同，但與宋制相較，大致仍相仿，基本上兼具了實質性功能與象徵性功能。」〔註224〕此更足以證明，從兩宋乃至元、明諸朝的地方官學，始終保留著魏晉、隋唐以來，所逐日發展之「廟學」教育制度的傳統。

二、宋代書院的建築配置常規

（一）書院的基本建築設施

本文在探討宋代書院的建築配置之前，首先概論性地介紹了宋代地方官學的基本建築配置，其旨本在希望讓當世的官方教育機構，與傳統的書院體制有相互參照的機會，畢竟兩宋諸多書院的創建初衷，皆是在「既有的州縣學之外，提供另一種教學的空間和教育的理想。」〔註225〕故二者之間的組織體制、經營模式、建築設施及其配置、學規教條等面向，自然具有諸多的緊密聯繫之處。

再者，今日考察「廟學」制度自魏晉乃至於宋代以來的發展歷程，足見其總是與官方的文教事業相互牽繫；可謂伴隨著官學體制而相互影響並且持續發展的一種教育制度。不過「廟學」制度發展至宋代，由於書院的勃興，讓「廟學」制度有了更進一步地開展，除了祭祀活動中，每每增加祭祀鄉賢名宦的內容，從而讓祭祀規模益加擴大之外，也因為書院在組織體制、經營模式、建築配置等處的仿效官學，讓書院從此具有濃厚的「廟學」制度之色彩。此等「廟學」制度對於宋代書院的影響，除了祭祀活動及其相關事務外，

〔註223〕詳參周愚文：《宋代的州縣學》，頁244～246。
〔註224〕周愚文：《宋代的州縣學》，頁246。
〔註225〕陳雯怡：《由官學到書院：從制度與理念的互動看宋代教育的演變》，頁55。

關於建築的佈局與配置方面，也是一項明證，此自是筆者在考察宋代書院對「廟學」制度的承繼時，擬欲探討的重要課題。

　　另外，今日或有學者認為，宋代官學與書院的差異之一，是宋代書院雖然也祭祀孔子，但不過「只如一般士子尊崇孔子的表現」，唯有祠堂祭祀「才具有決定書院風格的重要性」〔註226〕，其用來論證的理由是：「孔子是儒家之學的代表，官學是一個地方性的正式機構，因此以孔廟作為官學的精神殿堂。書院則是與個人關係較深的、補充教育內容、擴大教育範圍的教育機構。」〔註227〕換言之，宋代官學也設有「祠」以作為教育士子的一種方式，同時也能藉此表達官學的某些特定精神，不過專門用來「祀孔」的「大成殿」才是官學真正的主體，「祠堂」不會成為官學的象徵；反之，宋代書院雖亦有祭祀孔子等先聖，但是其祭祀主體，實是祠堂內孔子以外的其他祭祀對象、亦即「祠祀」重於「祀孔」；當世在書院另外增添的一些祭祀對象，方是書院更為重視者。

　　上述所援引的學者之觀點，確實在一定程度上，說明了當世官學與書院在祭祀上的差異，二者之間的分別，亦在此獲得了充足與鮮明的論述辯證。不過，筆者認為，以「祀孔」作為宋代官學的祭祀主體，所論誠然不誣，但是其將書院的祀孔活動，定位作僅是「一般士子尊崇孔子的表現」，此說難免稍嫌主觀、失之公允。蓋本文以「廟學」教育制度的研究視角而立論，故筆者已在本文的諸多論述中，通過列舉文獻與史料等實例，證明書院非常重視孔子等先師、先聖方面的祭祀，故宋代書院對於「祀孔」的重視程度，實不亞於當世於祠堂之中、始額外復增的一些祭祀對象。尤其大抵以儒家思想為宗的宋代書院，雖然各自推崇的學術門派、各自著重的思想理路或有不同，但是儒家所重視的問學態度、道德倫常、品格教育，甚或學以致用、經世濟民等價值精神，仍總是當代每一所書院推崇備至而且更亟欲強調的觀念。此外，祠堂內所祭祀的前代與當世之學者和理學家，其理論思維的主軸，本源自於孔孟儒學，也皆以發揚、彰顯孔孟的道統思想為畢生宗旨。

　　職是之故，在本文的考察「廟學」制度之發展歷程，論證宋代書院對於「廟學」制度的承繼等研究視角之下，當筆者在探討「廟／學」的建築佈局與配置，以及陳述「廟／學」中之「廟」的建築設施，甚或是筆者於下文的

〔註226〕陳雯怡：《由官學到書院：從制度與理念的互動看宋代教育的演變》，頁153。
〔註227〕陳雯怡：《由官學到書院：從制度與理念的互動看宋代教育的演變》，頁153。

藉由書院實例作為論證結果時，關於「廟／學」中之「廟」的論述主體，仍擬以祭祀孔子等先師先聖的建築設施及其位置為主，當世於祠堂所額外新增之若干祭祀人物的部分為副。

一般來說，中國書院在兩宋時代，尤其是南宋以降，其建築設施及其結構，基本上已形成固定的規制。換言之，即使建築設施在書院內部的配置上或有不同，但是各個建築設施的功用甚至是名稱，大抵已有固定的常規，推測此等情狀，概與南宋以後的書院組織管理之日趨健全；「三大事業」或「五大功能」的發展成熟有一定程度的關聯。

不過，在兩宋的書院之中，確實仍有「以祠堂為書院」的小型書院〔註228〕，亦即書院的主要建物僅僅只有祠堂；一座祠堂就必須囊括書院的「廟」與「學」的功能。但是大多數體制較為健全的典型兩宋書院，則具有堪為完備的建築結構配置，其主要建築包括禮殿、祠堂、講堂、書樓與齋舍等。講堂是教師授課講學的處所；禮殿是專門奉祀孔子之處；祠堂則是供祀書院本身所崇奉的先賢之處；齋舍即學舍，是生徒學子肄業、起居與自習之處。書樓或書閣，是藏書室，一般是三至五間的規模，高約二至三層的樓閣，往往是書院最高的建築；多處於書院後部而且較為幽靜的環境〔註229〕。一所書院若無專用的藏書建築，也多設有閣樓以供藏書之用，「以祠堂為書院」的小型書院即是如此。

由是觀之，在兩宋書院的建築結構中，又被稱為聖殿的禮殿，再包括奉祀與書院本身相關之先賢鄉宦的祠堂，承繼了「廟學」制度中的「廟」的功能；講堂等建築物，則承繼了「廟學」制度中的「學」的功能。故筆者於下文特別標舉「講堂」、「禮殿」與「祠堂」，作更進一步地說明：

1.「講堂」

用於講學的講堂，是書院教學和學術活動的主要場所，一般處於書院建築群的中心位置。這是因為凡是書院必有講堂，而講堂一般會建於祠堂的正前方或正後方，因此就建築配置而言，講堂往往座落在書院的中心點或中間位置。而傳統書院講堂，除了供以講課之外，或者還可舉行會講、講會、文

〔註228〕「以祠堂為書院」一語，出自明代劉基〈宣公書院碑〉。詳參（清）沈翼機等編纂、嵇曾筠等監修：《浙江通志》卷二十六〈學校二〉所載（明）劉基〈宣公書院碑〉，收於（清）紀昀等編纂：《景印文淵閣四庫全書》第519冊〈史部〉第277〈地理類〉，頁686上。

〔註229〕楊慎初：《中國書院文化與建築》（武漢：湖北教育出版社，2001年），頁67。

會等學術活動，一般為三至五間規模，亦或有多至七間者〔註230〕。惟有上文提及的一些以祭祀性質為主、或者直接由祠宇轉化而來的「以祠堂為書院」之小型書院，其主要活動乃是紀念先賢，講學活動反而退居次要地位，故這一類型的書院，禮廳、牌坊、碑亭等祭祀或紀念性建築，方處於該書院的主要地位，諸如講堂、齋舍等一般書院的主要建築，自然也都退居於次要，甚或有乾脆不設講堂、齋舍者〔註231〕。

2.「禮殿」與「祠堂」

禮殿又稱聖殿，或稱燕居堂等，是專門奉祀孔子之處；祠堂則是供祀書院本身所崇奉的先賢之處。此類用於供祀的殿堂或專祠，不論是其佈置或活動，總是書院在教育內容上的重要組成部分，自是書院的重要特色之一。它們的規模一般約三至五間，大多處於講堂前後，或者另成側院；甚或有些書院是專設孔廟而自成院落，今日學者甚至強調，以孔子廟為例，在一些由地方官員主持創建或重建增修的書院，多設禮殿以供祀孔子，特別是有些未建孔廟的地方，書院幾乎就成為當地祭孔的場所。〔註232〕

3.「閣」

「講堂」、「禮殿」與「祠堂」的功能、規模與佈局方式，大致已如上文所述。值得一提者，是上述的藏書建築——閣，當時許多書院的建築配置，只有「閣」的作用在不同的書院中，其作用並不一致，未必非得作為藏書之處；即使在同一書院中，作用也未必相同，尤其當世的小型書院，或者建築結構較不能齊全的書院，更往往會特別興建「閣」以供奉孔子或者作為生徒休憩等之用。例如嘉靖《延平府志》記載：

> 鳳崗書院：在沙縣溪南鳳凰山下。宋淳熙十年，邑人黃顥建。中為
> 講堂，扁曰：「麗澤」。後建閣二：一繪先聖先師及周、程諸儒像；
> 一以藏書，曰「尊經」。……別有游息之圃、亭、閣十餘所。〔註233〕

由此可見，以鳳崗書院為例，其具有相當於禮殿功能的祀孔之閣，有相當於書樓的藏書之閣，尚有供學子遊息休憩之閣。鳳崗書院雖然無法如當時的其

〔註230〕楊慎初：《中國書院文化與建築》，頁67。
〔註231〕楊布生、彭定國：《中國書院與傳統文化》，頁162。
〔註232〕楊慎初：《中國書院文化與建築》，頁67。
〔註233〕（明）鄭慶雲撰：《(嘉靖)(福建省)延平府志》卷十二〈學校志〉，收於（明）樊深等編纂：《天一閣藏明代方志選刊》（臺北：新文豐出版公司據寧波天一閣藏明嘉靖刻本影印，1985年）第九冊，頁622上。

他大型書院一般，設置專門的祀孔、藏書等獨立建築物，但仍能在有限的書院平面空間裡，另闢諸間閣樓，以完備書院的功能。

上述諸項建築設施，諸如：禮殿、祠堂、講堂、書樓（閣）與齋（學）舍等，大多已是宋代書院內部的常規配置，故總的來說，以宋代書院的建築配置而論，除了上文所援引的被稱作「祭祀性質為主」之書院，其既能直以祠廟稱之，又可以是書院，講學的活動反而有退居其次的傾向，故這一類書院的建築形式，並不同於一般傳統書院：「如講堂、齋舍這些一般書院中的主要建築，在這類書院中都居次要地位，有的乾脆就沒有講堂齋舍。」〔註234〕一些諸如禮廳、碑亭、牌坊等祭祀性或紀念性的建築，方是書院的主要設施。此外，一所的正式書院，即便規模再小，其教學講學用的講堂、藏書用的書閣或書樓、祭祀用的禮殿、廟堂與祠宇，仍是最基本的建置，是一所書院的常態性建築配置。

（二）書院的建築佈局方式

今日學者普遍認為，中國傳統建築不同於西方古代建築的重要特點之一，是特別注重建築群的組合關係，蓋中國傳統建築作為一種特殊的文化類型，總是能形象地體現了中國傳統社會倫理關係，諸如上下、尊卑、主從、內外等具有森嚴等級劃分的區別，而中國古代建築群體的組合關係，往往能充分體現此等基本的倫理原則〔註235〕。此外，也有學者明確指出：「中國古代傳統建築的群體往往以軸線的方式組織空間，空間結構往往與社會中的等級結構相對應，分別輕、重、主、次，使空間組織秩序井然。」、「中國古代社會是以血緣為紐帶的組織結構，在建築、聚落和城市中也有空間表現，大量的壇廟、祠堂、廳堂，是祖先祭祀的空間體現。」〔註236〕由此可見，在充分地規劃並且利用「軸線」作為佈局配置的方式來組織空間，使其空間結構對應於社會等級結構的基本前提底下，中國傳統建築及其組合之後的群體樣貌，得以被井然有序的呈現出來。而且這種建築佈局方式、空間結構的表現，正因為是中國的鮮明文化特色之故，所以當然也能包含各式祭祀類型的建築物在內。職是，時下學者所論，誠然已能作為筆者於下文論述「廟學」制度

〔註234〕楊布生、彭定國：《中國書院與傳統文化》，頁162。
〔註235〕楊布生、彭定國：《中國書院與傳統文化》，頁162～163。
〔註236〕齊康《中國書院文化與建築·總序（二）》，參楊慎初：《中國書院文化與建築·總序》，頁14。

中，關於傳統書院在建築佈局方面的重要理論基底。

　　這即是說，今日考察傳統書院的建築佈局方式，當然也大抵符合於此類若干特色，尤其學者甚至歸結，傳統書院的建築佈局雖然看似靈活與多樣，但大體上仍可概分為主要兩種：其一，或者縱深佈局；其二，或者橫向展開〔註237〕。更進一步者，是若因為受限於地基結構，或者規模過大，傳統書院在必須橫向拓展的情況下，再配合上文的「以軸線的方式組織空間」作為前提，從而形成了雙軸、三軸甚至多軸並列的佈置、各成院落，以適應講學、供祀等不同功能的需要，區別安排，各具特色〔註238〕。另外，值得注意者，是傳統書院的佈局方式雖然多樣靈活，但是最主要的建築，例如講堂、文廟、大成殿，往往皆是高大雄偉地座落在軸線的正中間、正對書院的大門，兩旁才是排列井然有序的次要建築，以突顯主體建築的重要與尊貴地位。

　　筆者於後文所附的「圖一：嶽麓書院平面圖」、「圖二：白鹿洞書院平面圖」，皆是明顯的例證。依筆者繪製的平面圖，可以得見嶽麓書院的主體建築群，幾乎已集中於中軸線上，並於軸線一側，另外修建文廟，使之與書院平行並列、自成院落，形成雙軸並列的佈局；而書院唯一的三層樓閣建築，是位於中軸末段的「御書樓」，此不僅足以顯示「御書樓」在書院之中的隆重地位，也印證了今日學者依就山勢、由低而高的將社會中既有的等級結構，對應在建築格局配置裡的空間組織分配方式。而白鹿洞書院的建築配置，則是「多軸並列」的鮮明實例，甚至其佈置方式，更已多達「五軸」，所以觀察白鹿洞書院的佈局，誠然可以明顯區分出該所書院刻意分配的五大院落，白鹿洞書院在建築配置上的最大特色，也正是此種俗稱「五路佈局」的建築方式。

　　上述是傳統書院的總體建築佈局方式，而筆者擬欲利用「廟學」制度的研究視角，對書院的建築配置，作更進一步的探討。首先，若是綜合陳東原、楊慎初、楊布生、彭定國與高明士等諸位學者的研究成果而論，雖然中國傳統古禮以「左」為尊，此是筆者於上文能援引《周禮》所謂「左祖右社」的建置體系〔註239〕、亦即「左廟右學」的宗廟在左、社稷於右的配置模式，誠屬吾人所認知的基本圖式，不過傳統的中央官學，卻每每以「左學右廟」、亦

〔註237〕楊慎初：《中國書院文化與建築》，頁67。
〔註238〕楊慎初：《中國書院文化與建築》，頁91。
〔註239〕詳參本文第肆章〈魏晉南北朝建立「廟學」雛形〉，頁165～166。

即「東學西廟」的建築配置為多〔註 240〕，若是再加入各地學校的「廟學」配置之統計數字，則又以「前廟後學」的建制數量最多。若依此論，則「左廟右學」的建制，似乎僅是傳統觀念中，漢唐建制的基本形式，雖然合乎古禮規定，但是在實際落實上，或謂運用於「廟學」的建築配置時，卻反而不是如此。

其次，中國傳統官學的建築配置，以「前廟後學」的數量最多，「左學右廟」次之，最符合傳統觀念的「左廟右學」數量反而最少。這種情況發展至宋代，則有更多的變化或變形，尤其不屬於官學系統卻在多處沿襲官學體制的兩宋書院更是如此，因為根據今日學者研究，在官學體系中，尚未發現「前學後廟」的建制實例〔註 241〕，但是兩宋書院的建築配置卻剛好相反，依高明士的統計，今日方志中所能得見的書院建築配置，其「廟／學」的關係位置，實以「前學後廟」的數量最多，計有 44 例；「前廟後學」與「左學右廟」則次之，分別各有 10 例；至於「左廟右學」的數量亦一如官學體系，反而又是最少者，計有 9 例〔註 242〕。推測此概是學宮通常是結合文廟一同建造，至少唐宋以後的官學體制即是如此，其往往在建設之初，實已擬定各建築群的佈局配置，故建學宮，即是建文廟；書院則大多不是與文廟一起建造，書院的文廟往往都是待書院建成之後，擴大規模時所增建而成，並非如學宮一般，是在建築之初即按照制度、進行詳細的規劃，這或許是書院較沒有嚴格的「左廟右學」制度的原因之一。

另一方面，雖然書院的建造方式與官學不盡相同，更無法與全數由政府出資的官學相比，其往往還牽涉到風水地理、環境藝術、園林造景、建築美學，並受限於地形、地域、地基結構、時代背景等因素，又或者充分利用自然地形的條件，從而依山就勢、因地制宜，甚或是採用當世民間寺廟的建築群體之佈局方式〔註 243〕，不過宋代書院對於「廟／學」的配置關係，一方面與官學適得其反，一方面又繼續沿襲了官學的不符合於傳統觀念的配置方式，此實是饒富趣味、亦值得深拓的兩項研究課題。

〔註 240〕此可參陳東原《中國教育史》，頁 269～270。楊布生、彭定國：《中國書院與傳統文化》，頁 186。楊慎初主編：《湖南傳統建築》（長沙：湖南教育出版社，1993 年），頁 83。高明士：《東亞傳統教育與法文化》，頁 66～67。

〔註 241〕高明士：《東亞傳統教育與法文化》，頁 68。

〔註 242〕高明士：《東亞傳統教育與法文化》，頁 72。

〔註 243〕楊慎初：《中國書院文化與建築》，頁 51。

三、宋代著名書院的建築配置實例

　　筆者於本章節之最末處，擬藉由上述之書院的建築佈局方式，再配合個人綜合若干文獻資料所重新繪製的書院平面論，利用數張書院的建築配置平面圖作為實例，考察宋代書院對「廟學」制度的承繼。

（一）中國傳統書院的一個縮影——嶽麓書院

圖一：嶽麓書院平面圖

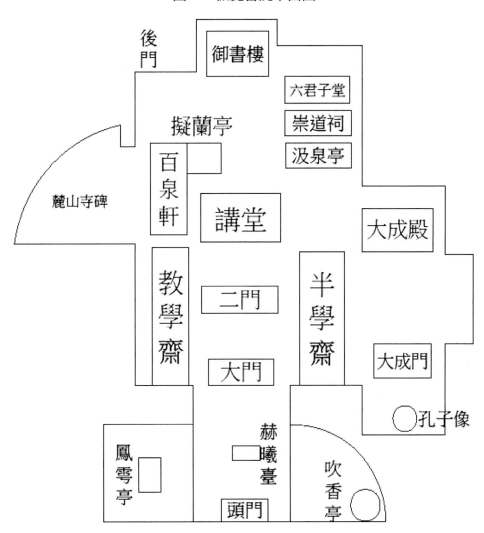

　　依「圖一：嶽麓書院平面圖」所示，位居「宋初四大書院之首」的嶽麓書院，雖然最鮮明地符合「左廟右學」的傳統建制，但考察現存的中國傳統

書院建築，書院設有獨立的文廟建制者，嶽麓書院卻是惟一的孤例〔註244〕，而且筆者於後文尚會論及，該書院在宋代的建築配置，推測本已「前廟後學」為雛形，必須迨至明代之後的屢次興修，始逐步完成今日所得見的「左廟右學」格局。不過另一方面，該所書院立於深山險河，卻能完整體現傳統書院講學、藏書、供祀三大功能的格局，其建築範式，可謂中國傳統書院的一個縮影〔註245〕，對於當世的建築技術、歷史條件等方面而言，也誠然著實不易，尤其根據今日學者的研究，宋代湖南的許多書院，在環境選址、建築形式等方面，皆是以嶽麓書院為榜樣〔註246〕。

另外，根據平面圖上的建築配置，足見嶽麓書院可以透過頭門，復見大門、二門與講堂，四者形成書院最主要的主體中軸，而御書樓則是座落在這條貫穿於書院主體的中軸線之末端。至於「廟學」制度的「廟」部分，嶽麓書院係襲仿州縣官學之制，專設孔廟並自成院落，此處亦可視為書院的側院，從而形成院、廟並列的佈局，此足證其受官學「廟學」制度的建築配置之影響。唐宋官學修建文廟以祭祀孔子，已是極為普遍的事務，北宋書院初興之時，即有許多書院修建「禮殿」以祭祀孔子，故以「廟學」教育制度而論，這顯然受到官學的影響。而嶽麓書院在朱洞創院的北宋開寶九年（976）到咸平二年（999）的潭州太守李允則修繕書院時，即已建有「禮殿」，並「塑先師十哲之像，畫七十二賢」，足見其襲仿官學的祭祀制度，到了明代，嶽麓書院又另建一座較大的文廟，據說此時的祭祀規模，甚至遠遠超過當世的一般地方官學〔註247〕。

值得分辨者，是嶽麓書院的大門之後，即是原為奉祀孔子的「禮殿」，此「禮殿」又名「孔子堂」，最初設置在書院內的講堂之前，亦即今日「二門」處，是嶽麓書院舉行祀孔活動的最初地點，再考察明代弘治年間，時人楊茂元所撰之〈重修嶽麓書院記〉，文中有：「紹熙四年，詔除文公為湖南安撫，累辭不允，越明年五月至鎮。……。時劉公所創書院歲久寢圮，公修復之，更建於爽塏之地，規制一新焉。」又：「聞諸故老，書院前有宣聖殿五間，殿前引泉作泮池，其列屋殆百間，其南為風雩亭，殿後堂室二層，層各七間，

〔註244〕江堤：《山間庭院：文化中國‧岳麓書院》（長沙：湖南大學出版社，2002 年），頁 76。
〔註245〕楊布生、彭定國：《中國書院與傳統文化》，頁 155。
〔註246〕楊布生、彭定國：《中國書院與傳統文化》，頁 155。
〔註247〕朱漢民：《中國的書院》（臺北：臺灣商務印書館，1993 年），頁 110。

兩廡亦如之。」等語〔註248〕，此足見朱熹於紹熙五年（1194）出任湖南安撫使時，曾經對嶽麓書院加以修繕與擴建，故書院誠然已形成「前有宣聖殿五間」、「殿後堂室二層各七間，兩廡亦如之」的建築格局，從而讓楊茂元寫下「規制一新」之辭語，今日學者亦認為楊氏所謂「殿後堂室二層各七間」，係指書院講堂〔註249〕，故筆者據此推測，或謂朱熹的生活年代，嶽麓書院已形成了初俱「前廟後學」的配置雛形，而「禮殿」又於明代弘治十八年（1505）改名為「大成殿」〔註250〕，時至正德二年（1507），復有守道吳世忠，擬欲對書院改向與擴建，其除了調整書院大門朝向及道路安排規劃，修繕宋代固有建築，使之恢復原貌之外，也襲仿州郡縣級學宮、按照縣級文廟規制，拆書院原本的大成殿，並且擴建文廟於書院左方，讓專供祀孔的文廟自成體系，而此時文廟的最主要建築，仍以「大成殿」稱之，又於大成殿的後方興建了明倫堂，依此形成最符合傳統建制的「左廟右學」配置，形成了現今書院遺址的基本建築佈局。

吳世忠另建文廟、使之平行並列於書院之北側，從而讓「大成殿」形成「自成一院」的格局，並與該書院內的眾多祠宇廟堂，諸如「六君子堂」、「崇道祠」等，有了非常明顯的區隔，是今日學者所謂：「既保持了書院中軸的突出群體，不致使文廟喧賓奪主，又表現出文廟『聖域』的獨立特殊地位。」〔註251〕此足以說明文廟的建立，意味著孔子在嶽麓書院的祭祀群具有至高無上的地位，而嶽麓書院此種「左廟右學」的建制，自此成為今日吾人仍能得見的現存建築配置，可惜不久即毀，又明代嘉靖元年（1522）擴建文廟時，始建二門；1986 年復建頭門，自此之後，均建於中軸線上的頭門、大門、二門，形成層層疊進、逐級遞升的形勢。

這即是說，「大成殿」可謂嶽麓書院內，供以祀孔的文廟之最主要建築，

〔註248〕詳參（清）卞寶第、李瀚章等修，（清）曾國荃、郭嵩燾等纂：《（光緒）湖南通志》卷六十八〈學校志七・書院一〉所收錄的（明）楊茂元：〈重修嶽麓書院記〉一文，收於續修四庫全書編纂委員會編：《續修四庫全書》第 663 冊〈史部・地理類〉，頁 84 下。

〔註249〕楊布生、彭定國認為，「殿後堂室二層各七間」是指書院講堂，朱熹重築嶽麓書院時，曾擴增至七間講堂，不過往後又改回五間。詳參楊布生、彭定國：《中國書院與傳統文化》，頁 156～157。

〔註250〕傳統文廟以「大成」作為殿名，始於北宋崇寧三年（1104），《宋史・禮志》記載，宋徽宗「詔辟廱（雍）文宣王殿以『大成』為名」。詳參《宋史》卷一百五〈志〉第五十八〈禮八〉，頁 2550。

〔註251〕鄧洪波、彭愛學主編：《中國書院攬勝》，頁 209。

文廟本身屬於一座三進式的庭院，第一進院落是「照壁」，第二進院落是穿過「大成門」之後的「大成殿」與「兩廡」，整座「大成殿」是由殿樓主體、「兩廡」、「大成門」、「石牌坊」、「照壁」等部分組成的文廟建築系統，殿前亦設有「月臺」以供祭孔時表演禮樂之用。此外，還設有孔子行教的銅像，立於殿內，係 1996 年慶祝書院 1020 週年華誕時，由香港孔教學院湯恩佳捐塑〔註252〕。

　　穿過今日「二門」天井的草坪之後，即是嶽麓書院的「講堂」，是書院師長講學論道之處，在該書院初創時、亦即北宋開寶九年（976）潭州太守朱洞創院不久，講堂內部即隔有五間廂房：「講堂五間，齋序五十二間」，此本是朱洞因襲早期僧人辦學的基礎上，所增拓而成者，但也由是奠定了書院講學部份的基礎，且一直以來都是書院的教學重地和舉行重大活動的場所，可謂嶽麓書院的核心部分，亦是該書院歷史最悠久的建築。

（二）「五路佈局」中的「左學右廟」配置——白鹿洞書院

圖二：白鹿洞書院平面圖

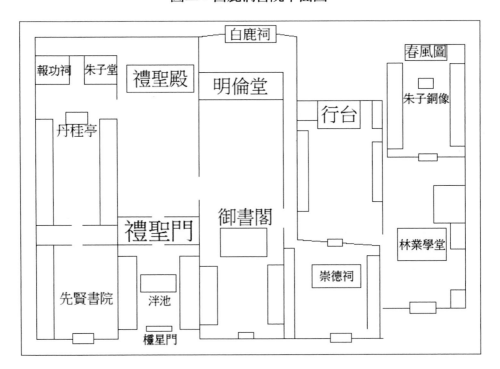

〔註252〕鄧洪波、彭愛學主編：《中國書院攬勝》，頁 234。

依「圖二：白鹿洞書院平面圖」所示，白鹿洞書院清楚呈現了「左學右廟」的建築配置，這是高明士的考察與統計結果之中，與「前廟後學」並列為數量次之的書院建築配置方式。

早在北宋的咸平四年至五年（1001～1002），宋真宗即下令全國各級學校、各地書院修繕孔子廟堂，故白鹿洞書院亦在咸平五年（1002）奉朝廷之命以進行維修作業，並且製作孔子及弟子塑像以供祭祀。時至南宋孝宗淳熙七年至八年（1180～1181）期間，朱熹又修復白鹿洞書院，並且遣錢 30 萬，交由錢聞詩「建禮聖殿並兩廡，塑孔子及十哲像」。而書院的明倫堂，又名彝倫堂、講修堂，亦即書院講堂。其建物在明代正統三年（1438）始重新修建，並在其後歷經多次維修。今日的現堂內，擺設了仿宋的課桌椅，以重現當時授課之景〔註253〕。

至於禮聖殿前方的禮聖門，是書院正門，或稱先師廟門或大成門，係由繼任朱熹之興復工作的錢聞詩所建；禮聖殿又名大成殿，則是由朱熹、錢聞詩之後的朱端章，於南宋淳熙十年（1183）擔任郡守期間動工興建，並完成全部的工程事項。

值得一提者，是白鹿洞書院的禮聖殿，係書院現存最大、規格最高的古代建築。其建於高臺之上，前有二層十級臺階，而禮聖殿的建築主體，平面呈長方形、磚木結構，外廊以二十根大木柱作為支撐，殿內四柱三間，殿壁則有十二根大木柱，以磚砌壁、外飾白灰，殿長 20.59 公尺、寬 14.44 公尺、高 12.32 公尺，氣勢恢宏、巍峨壯觀〔註254〕。

（三）「前廟後學」的配置──嵩陽、應天府與石鼓諸書院

依「圖三：嵩陽書院平面圖」、「圖四：應天府書院平面圖」與「圖五：石鼓書院平面圖」所示，這三所書院大抵皆是「前廟後學」的佈局配置，此類型的建築配置方式，是高明士的考察與統計結果之中，與「左學右廟」並列為數量次之者。而且值得一提者，是日後元代的各類文教機構，一般也多是利用「廟」在前、「學」在後的配置方式，因此元代的地方儒學，有時也被稱為「廟學」，〔註255〕這也是今日學者所謂：「習慣上，元朝人也把書院和各

〔註253〕鄧洪波、彭愛學主編：《中國書院攬勝》，頁 122。
〔註254〕以上參考鄧洪波、彭愛學等人對白鹿洞書院的禮聖殿之介紹，詳參鄧洪波、彭愛學主編：《中國書院攬勝》，頁 120～121。
〔註255〕胡青：《書院的社會功能及文化特色》，頁 141。

級儒學一體看待，合稱為『廟學書院』……。」〔註256〕

　　圖三的嵩陽書院，雖然立於深山險河，但是如今仍保存尚堪完整，該所書院可以利用中軸而分成五進院落，自南向北的建築佈局，依次為大門、先聖殿、講堂、道統祠，以及最後的藏書樓，都座落在中軸線上，而中軸兩側，則以配房相連，其所擁有的古建築共計 106 間，是非常標準的一所「前廟後學」配置之書院。

圖三：嵩陽書院平面圖

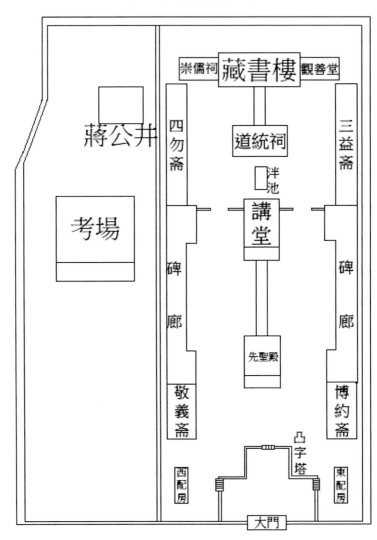

圖四：應天府書院平面圖

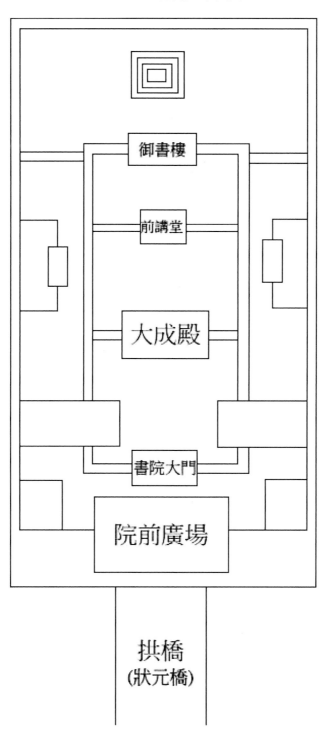

圖五：石鼓書院平面圖

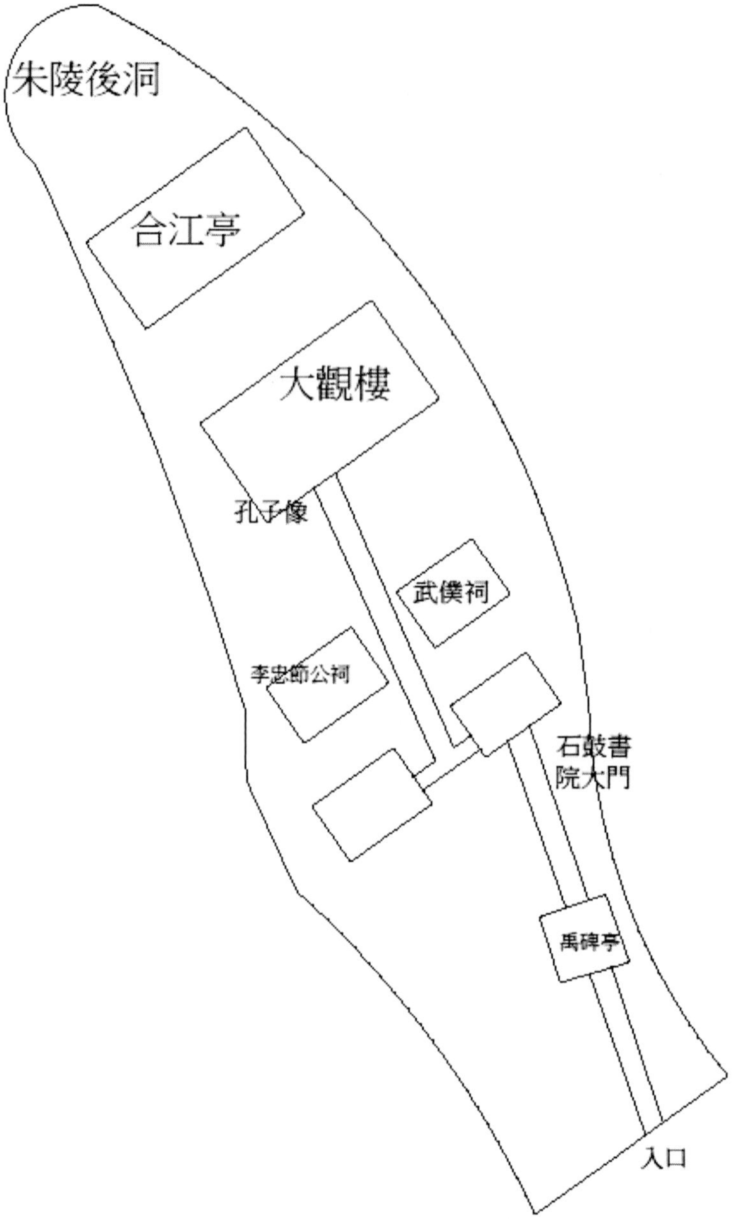

　　圖四的應天府書院，又稱南京書院、睢陽書院，其在建立之初，即具備了「前廟後堂，旁列齋舍」的建築格局，而且該所書院不同於一般傳統書院之設於山林勝地，應天府書院設於繁華鬧市，又在宋真宗時期取得了官學的地位，成為宋代較早的一所官辦書院。宋仁宗初年，晏殊又將應天府書院改

為府學，宋仁宗慶歷三年（1043），書院再次升級為南京國子監，與西京的洛陽國子監相互輝映，其地位高於其他書院，成為國家最高學府之一。依筆者於上文所援引的王應麟〈宋朝四書院〉以及《文獻通考》等處之記載，應天府書院的「造舍百五十間」，在當世的歷史條件下，其建築規模確實相當可觀，自然也成為日後其他書院在建築形制上的模仿典範。

圖五的石鼓書院，其與嵩陽書院一般，立於深山險河，惟保存狀況不如嵩陽書院完整，而且推測石鼓書院創設之初，當僅是「廟／學」同位於一廳的簡易型配置，必須迨至明代永樂、弘治年間，始完成標準的「前廟後學」佈局配置。宋代淳熙十四年（1187）朱熹〈衡州石鼓書院記〉記有：「今使者成都宋侯若水子淵又因其故而益廣之，別建重屋，以奉先聖先師之像，……。」〔註257〕又《湖南通志》：

> 明永樂中，知府史中；宏（弘）治中，知府何珣復建。……，崇禎中，提學高世泰相繼修。院前為欞星門，次禹碑亭，亭之東西翼以號舍若干楹，亭後為敬義堂，循石磴而上，中為孔子燕居堂，後為風雲亭，亭後為講堂，旁列主靜、定性二齋，堂後為先賢祠，祠後為砥柱中流坊，坊後為寓賢祠，明末復毀於兵。〔註258〕

石鼓書院的原址是尋真觀，因唐代的李寬喜其風景雅致，首先在此讀書，進而更改室內建築設計，於正廳祭祀孔子，並設立教室、召集學子以講論經典，依此創辦了李秀才書院，惟書院在李寬逝後逐漸破敗。至道三年（997），復有當地人士李士真，為了號召學者聚集於此的便利性，故請知州劉沆，在李秀才書院遺址處重建書院，並依照山名而成立石鼓書院〔註259〕，迨至朱熹的生活年代，方有宋若水「別建重屋，以奉先聖先師之像」，最後又歷經明代永樂、弘治年間的數次修繕與擴建，始有「中為孔子燕居堂，後為風雲亭」、「亭後為講堂」的「前廟後學」佈局配置。可惜日後又毀於戰火，如今「廟」的部分──「孔子燕居堂」，已不復見，僅尚存「學」的部分──「大觀樓」。

〔註257〕朱熹：〈衡州石鼓書院記〉，《晦庵先生朱文公文集》第五冊，卷七十九。收於（宋）朱熹撰，朱傑人、嚴佐之、劉永翔主編：《朱子全書》第二十四冊，頁3782～3783。

〔註258〕（清）卞寶第、李瀚章等修，（清）曾國荃、郭嵩燾等纂：《（光緒）湖南通志》卷六十九〈學校志八・書院二〉，收於續修四庫全書編纂委員會編：《續修四庫全書》第663冊〈史部・地理類〉，頁100下。

〔註259〕陳復：《心靈的學校：書院精神與中華文化》（臺北：洪葉文化事業公司，2005年），頁27。

大觀樓的一樓為「敬業堂」，係為當年講堂；二樓為藏書樓，而大觀樓內，尚能得見對於該所書院貢獻良多的「書院七賢」之畫像依次排列；大觀樓前則矗立了孔子雕像。

　　除了嵩陽、應天府與石鼓諸書院，諸如象山書院以及上文提及的規模較小、初以祭祀為主的濂溪書院（相江書院的前身），今依可徵之文獻資料，筆者推測也當具備「前廟後學」的配置。例如宋代紹定六年（1233），袁甫〈象山書院記〉描述：「紹定五年春，甫周咨原隰，遂往觀焉。始至舍奠先聖，退謁三先生祠，竦然若親見象山先生燕坐，而與二先生相周旋也。升彝訓堂，學子序列，深衣大帶，濟濟翼翼，相與講明問辨，皆三先生之訓語也。」〔註260〕依照袁甫當時參觀遊歷的路線，推測象山書院，當也是前廟後學的建置。又如：宋代寶祐年間，高斯得〈寶慶府濂溪書堂記〉記載南宋理宗寶慶初年（西元 1225 之後）的當地郡守宋仲錫，曾寄以書信：「宋君仲錫守寶慶之明年，以書來曰：『……顧規模隘陋，不足以稱，乃徹而大之，中為先生祠堂，祠先賢於東西序以侑焉，其後為講堂，直舍、齋廬、門廡、庖湢皆備。』」〔註261〕今觀高斯得所謂「徹而大之」以後的「中為先生祠堂」、「其後為講堂」與「直舍、齋廬、門廡、庖湢皆備」等語，雖非提及孔子廟等建築物之建置，不過依其學舍、門堂、廂房、廚房等皆一應俱全之景，當時在「中為先生祠堂」前後，理應也設有祭祀孔子之處。再如宋代淳祐六年（1246），楊大異〈相江書院記〉記載：「右為祠五間，繼以講堂，間亦如之。左右兩齋，皆五間……。」〔註262〕又宋代淳咸元年（1265），歐陽守道〈韶州相江書院記〉記載：「……中為祠堂，旁居學徒。後人屢有增拓，且立先聖殿而受賜額於朝矣。」〔註263〕綜合高、楊、歐陽諸氏的描述，推測濂溪書院，亦即相江書院，在宋代當世，應當已形成「前廟後學」的建築配置。

〔註260〕（宋）袁甫：《蒙齋集》卷十三〈象山書院記〉，收於（清）紀昀等編纂：《景印文淵閣四庫全書》第 1175 冊〈集部〉第 114〈別集類〉，頁 486 下。

〔註261〕（宋）高斯得《恥堂存稿》卷四〈寶慶府濂溪書堂記〉，收於（清）紀昀等編纂：《景印文淵閣四庫全書》第 1182 冊〈集部〉第 121〈別集類〉，頁 53 下。

〔註262〕（宋）楊大異：〈相江書院記〉收於（清）林述訓等修，單興詩、歐樾華等纂：《（廣東省）韶州府志》（臺北：成文書局據清同治十三年刊本影印，1966 年）卷十八〈建置略‧書院〉，頁 369 下。

〔註263〕（宋）歐陽守道：《巽齋文集》卷十四〈韶州相江書院記〉，收於（清）紀昀等編纂：《景印文淵閣四庫全書》第 1183 冊〈集部〉第 122〈別集類〉，頁 619 下。

（四）「前學後廟」的配置——白鷺洲書院

圖六：白鷺洲書院平面圖

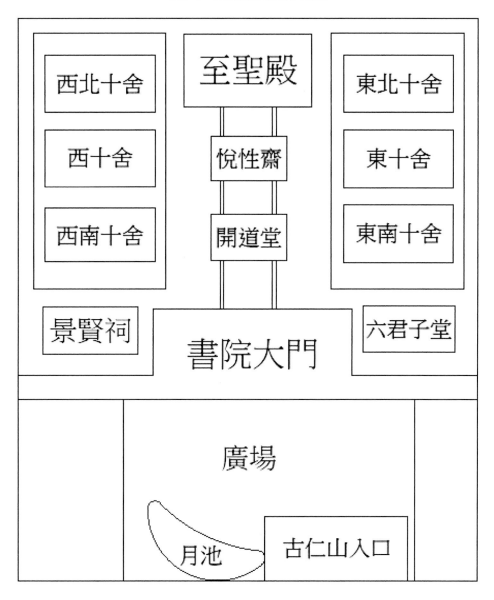

依「圖六：白鷺洲書院平面圖」，可以清楚得見該所書院的「前學後廟」配置，這不僅是高明士的考察結果中現存數量最多者，其實也可以視作傳統書院最普遍的建築佈局配置。

此類型的書院一般都有一條主要軸線，講堂處在軸線正中、正對大門，

兩旁則是整齊排列的齋舍；藏書樓一般建在講堂之後，祭祀建築也在講堂之後，惟用以奉祀孔子的大成殿等建築物，必須在中軸線上，並且一定要處在最重要的位置上，其建築規格也必然高於講堂與藏書樓，至於藏書樓以及餘下的其他祭祀性建築，則可以落在中軸線的兩旁、或者中軸線上皆可。

　　除了白鷺洲書院，雲山書院、洙泗書院，以及始建於明代的文華書院，甚至是規模較小而最初以祭祀韓愈為主的韓山書院（城南書莊）等，也皆是屬於此種建築配置方式。例如筆者於上文論及的韓山書院，根據《永樂大典》所載南宋淳祐三年（1243）興修之後的狀況：「外敞二門，講堂中峙，扁（匾）曰：城南書莊。後有堂扁（匾）曰：泰山北斗，公之祠在焉，……。」〔註264〕以及南宋林希逸在咸淳五年（1269）撰寫的〈潮州重修韓山書院記〉所謂：「匾其三門曰：城南書莊；論堂曰：宗道；祠室曰：泰山北斗。文公中居，天水趙公左，濂溪、槎溪二公右。」〔註265〕再配合元代至順二年（1331）潮州路總管王元恭再次擴建書院時，《永樂大典》記載該所書院的祠祀孔子等「一聖四師」〔註266〕；韓愈、趙德、陳堯佐配享；宋代王滌、李邁、丁允元、廖德明、鄭良臣、林壽公、陳圭等諸賢守，則從祀於兩廡。將這三段資料相互參見，可以得見韓山書院在宋代實已形成「廟／學」兩相結合的規制，並於元代初期在宋代規模的基礎上，完成了「前學後廟」的建築配置，而韓山書院亦自此具備了更具規模的祭祀格局與空間。

〔註264〕（明）姚廣孝等奉敕監修，楊家駱主編：《永樂大典》第36冊，卷5343〈十三蕭：潮・潮州府・學校・書院〉所收錄的〈圖經志・韓山書院〉，頁44下。

〔註265〕（宋）林希逸撰、林式之編：《竹溪鬳齋十一薰續集》卷十一〈潮州重修韓山書院記〉，收於（清）紀昀等編纂：《景印文淵閣四庫全書》第1185冊〈集部〉第124〈別集類〉，頁669下。

〔註266〕（明）姚廣孝等奉敕監修，楊家駱主編：《永樂大典》第36冊，卷5343〈十三蕭：潮・潮州府・學校・書院〉所收錄的〈圖經志・韓山書院〉，頁45上。

第捌章　結　論

第一節　論文研究成果與創見

一、論文整體研究成果綜述

（一）官學與「廟學」合一的運作機制

本文撰著之大旨，除了研究魏晉以降「廟學」教育制度的發展、流衍與影響，也希冀利用此等研究與考察，藉以說明中國中古時期對於儒家的學術、禮教等方面的傳承與發揚，即便經歷被後世普遍認定為「禮教崩壞」的時代，也始終未嘗間斷，其作為統治思想與社會思潮的主流地位，更未曾動搖。另一方面，更擬欲論證「官學／儒學／廟學」三者，自魏晉以後誠然密切聯繫，是彼此依附、交互影響而無法輕易分割的一體三面。

因此，筆者首先探討魏晉南北朝官方文教事業的發展概況，以及當世的官學體制底下，對於儒家學術思想與禮教風俗文化等方面的傳播，藉以說明古代設置官學的最主要目的，即是在發揚儒家的學術、禮教等思想，而統治階層當然也欲藉由官學的設置，表達國家政權對於儒學、儒教的重視，是「官學／儒學」的密切聯繫程度，依此自見。

通過本文的論述，足已顯示重視學校教育的漢代，已試圖從中央到地方，建立較完備的教育制度，可謂中國古代教育的一次發展時期。蓋中國自漢代以降由政府興辦的官學，即分為「中央官學」與「地方官學」兩大類，而在當世由官方所設置的「官學」體制中，又以中央官學——「太學」的發展最受矚目。這是因為中國自周代，即已有「太學」之名，其教育內容旨在培育貴族子弟，透過詩、書、禮、樂等為主的教育內容，使之能在未來成為領導

方面的人才；漢代以降的「武帝興學」，則更加重視於吏才方面的培植，且漢武帝設立的「太學」，已開始招收平民子弟，並賦予基本的規模與體制標準，故此種由政府主辦之教育事業，不僅是古代教育體系中的最高學府，也由於其興立之大旨，雖兼有「入仕」作為鼓勵性質的手段，也確實能助長積極的向學風氣，更對儒學文化的傳播起了重大的作用。依此，由於漢武一代的創設太學，使太學自此成為中央在京師所設大學的正式名稱，亦是國家在培養人才、選拔官員上的最高學府。日後，中國的歷朝各代，也大多在沿襲此體制的基礎上而予以設置或擴充。

從漢武帝創設太學，以及昭帝、宣帝、元帝、篡位的王莽與東漢諸帝的持續擴充規模等過程，足以得見漢代的學校教育體制，原來甚為發達並且逐漸走向制度化，尊崇儒學的氛圍亦昌盛不墜，其各項規制更大多為後世各代之官學所承襲。唯迨至東漢末年的黨錮之禍、黃巾之亂與董卓擅權，乃至於群雄割據等種種事件，造成國家嚴重動亂、政局不穩，漢代的學校教育才逐漸蕭條與廢弛。

其次，是魏晉禮教制度的崩壞，是今日學界的普遍共識。由於政治社會的各種動盪紛亂，經過先秦兩漢的發展與倡導，日趨振興的禮教和完備的禮制，在魏晉南北朝被遭到大舉的破壞。所幸三國諸政權仍力圖在百廢待舉之際，提倡儒學、振興文教事業，雖然其皆因國祚甚短之故，未能發展出更為完備的官方文教體制，不過儒家教育事業確實依此得以逐漸復興。另外，魏代統治者在執政初期，即能盡力振興國家的教育事業，而且政權統治者本身也頗多好學並且願意主動提倡儒術之輩，時至兩晉南朝，縱然官方的教育事業幾經國家、社會的動盪喪亂而時有盛衰興替，卻也始終未嘗廢絕。至於十六國時期的域外部族，則是受到傳統儒學的影響著實甚久，社會風氣亦習染儒家禮教頗深，其政權的領導者更泰半久慕中原文化、醉心儒家學術，故即便連年交兵、政權交錯，造成政治社會極大的動亂，各時期的政權亦國祚甚短，往往迅速建國之後，旋即又被消滅或替換，不過仍願意在動盪紛擾之際，主動興辦學校、推廣儒家的文化與教育，甚至禮遇或重用漢族儒士，對於中原學術文化之延續與推展、儒家思想與觀念的普及，確實有一定程度的貢獻。

北朝諸代，特別是北魏政權，其自開國以來旋即積極地推動學校教育、留心儒家學術和禮俗教化、重用儒學大家與漢族士人，更明確宣示統治階層

堅持崇儒、重儒的態度；施行儒家禮樂制度和宗法制度的決心。更甚者，是
北魏太武帝在執政中後期，為了打擊佛法、摧毀佛教，竟實施強迫性質之獨
尊儒學、推行儒家禮教，雖然此舉誠然罔顧了宗教信仰與學術思想的自由，
實是假借儒家思想中的一些良善目標，讓儒學的「文教」、「政教」等功能被
誤用而強迫全國導向了儒學獨尊的學術環境，對中國儒家學說之發展與推
廣，實非一股正面力量，不過對於進一步強化儒學在國家和社會等處的地位，
使之影響層面不斷深入與擴大的視角而論，確實也收到極為良好的成效。可
惜北魏後期的文教事業，再度由盛轉衰，日後縱有曇花一現的西魏文教事業，
然而始終欲振乏力，至於北齊、北周，由於朝中內政紛爭不斷，帝王又不思
國事，對外更是連年交兵，民不聊生之下，更遑論禮教文化、學術教育等事
業的推展，學校僅依制設置而已。

　　上文所述，是魏晉南北朝官方文教事業的發展概況，雖然當世的兵馬倥
傯，造成官學的時有興廢，惟當代有志建立強盛、穩固政權的統治階層，仍
深知儒家的道德倫常與禮俗教化等，對於國家發展的重要性；社會良善風俗
之推動，更有賴於學校教育與儒家教化的落實。職是，其紛紛有意識地留心
於文教事業，並且維護孔子的崇高地位，更主動宣揚儒家的學術文化和倫常
禮教，即便十六國時期的北方部族諸國，也皆一如魏晉與北朝諸帝王，無不
以儒家治術為本，其振興官方教育事業，即是在倡導儒家禮教、尊崇儒家學
術的具體表現，所以不僅保存了儒家學術於荒亂之世，亟欲重振傳統儒家的
仁義禮讓之風的苦心，更值得心折與讚佩。而北魏君主的積極推行漢化運
動，並且利用儒家思想以普弘教化，也明白揭示了當時政權所推崇的學風與
民風，皆當以儒學思想為本，益之以魏晉之後「廟學」制度的逐日推廣，故
不需遲至「廟學」制度成熟與普遍的唐代，東晉南北朝當世的「官學／儒學
／廟學」三位一體現象，實已在中央官學裡持續地展開，也逐漸落實於地方
官學。更甚者，是隋唐之後的各代歷任帝王，多深知孔學、儒教在政治、民
間文化與社會風俗等方面上的重要性，故不僅不敢怠慢和忽視，更欲利用
此治術，讓「政／教」得以相輔相成，「廟學」教育制度也依此自成為中國古
代社會的一項重要官方學制。自此以後，代表儒家學術文化的「廟學」依附
於「官學」；「官學」為了傳承儒教而必然建置「廟學」，遂成為往後歷朝各代
的一套普遍通行之運作機制，更是傳統文教事業中，絕對無法割捨的儒學教
育鏈。

（二）魏晉以降「廟學」制度的發展脈絡

本文認為，「廟學」制度在中國中古時期，具有相當程度的發展，其自東晉孝武帝時期的初具雛形，乃至於南、北二朝與隋代等政權的承襲與開展，最後在唐代正式形成了具體並且完備的制度。這是「廟學」制度在歷史沿革上，最不容忽視的時期，往後宋、元、明、清各代，也皆持續承襲此種學制的基本形態，直到清末西學傳入中國、朝廷當局改革各級學校體制之前，這種教育制度始終歷久不輟。

不過客觀來說，在東晉孝武帝建構「廟學」制度的雛形之前，周、漢二室以及魏代政權的一些政治和教育措施，都可以視作這種制度的肇端。這即是說，中國自周代以降，就有諸多的歷史環境與條件，造就了日後「廟學」制度得以開展的契機。因為早在周、漢二世，官學就極為重視祭祀活動，「學禮」也自是最隆重的古代官學禮儀，這一類「祭、政、教合一」視祭祀活動為教育活動的模式，以及對於學制和禮制的相關規定，都可以被視為「廟學」制度的發端。另外，除了官學的祭祀活動，在孔子過世之後，基於古代「教育／祭祀」之不可截然區分的緊密關係，祭祀孔子實成為傳統中國另一項重要的政教活動，孔子家廟也成為一提供學習禮樂文化的場所，並具有供人瞻仰、祭拜和舉行儀式等奉祀與文教的功能，這不僅也是「廟、學合一」形式的發端，更是日後孔氏家學的開端，故自此以降，學在廟中、廟中有學的「廟學合一」形式，已始初顯端倪。最後，孔子廟從漢代以降，已有逐漸發展成「廟、學合一」的趨勢，迨至魏代初期，由於魏文帝有意在漢代的基礎上，更加充實闕里孔子廟的文教功能，故在孔子廟周邊「廣為室屋」，其在孔子廟外建學舍，也似乎開啟了中國「依廟而立學」的先例。直言之，在東晉初步建立「廟學」制度的雛形之前，中國古代的官方文教事業，誠然早已隱含著近似於此種教育制度的粗略樣貌。

「廟學」正式作為一種官方的新式教育體制，當始自東晉的孝武帝時期。孝武帝於太元九年（384）採納尚書令謝石的建議而「增造廟屋」，此處的「廟屋」建築，當指孔子廟、國子學與諸生省（即博士省），亦即在原本的太學舊址，增建數百間廟屋，讓學校的校地裡設置了孔子廟，並在太元十年（385）完成上述的建置，從而完成了廟中有學、學中有廟的初步建構。若依此論，則東晉孝武帝的「增造廟屋」，實是中國自古以來學制上的一大變化，蓋此種建築與設置方式，遂成為中國「廟學」制度的發展雛形，可謂中國自

漢武帝興太學以來，首次在中央官學旁，建置孔子廟的具體紀錄，尤其根據
《晉書‧五行志》的一些相關記載，不僅可以得見史傳已能將「國子學」與
「聖堂」（孔子廟）並舉，足見東晉孝武帝的國子學中建置孔子廟，誠然確有
其事；更足以證明此種「廟、學合一」、「廟、學相依」之制，自東晉孝武帝
十年（385）起，到東晉安帝義熙九年（413）為止，已維持了至少二十八年，
這顯然是東晉孝武帝建構「廟學」制度的雛形之後，其制度持續存在於當代
的一項明證。

　　東晉孝武帝於國子學設置孔子廟，形成中央官學的「廟學相依」、「廟學
合一」格局，從而首建了「廟學」教育制度的雛型，而孔子廟本身，當然亦
依此被納入中央官學的體制裡，自此逐漸成為中央官學的祭祀園地。其後復
有南朝劉宋政權，願意主動修復闕里孔子廟，並且實施興廟以立學等諸項措
施，可惜餘下的國力普遍孱弱、國祚亦甚短之南朝齊、梁、陳三政權，其對
於孔子廟的相關振興和修繕等事業，只能大抵相沿如是，故「廟學」制度在
此一時期，未能有更進一步地發展。反觀北朝諸政權，卻較能承襲東晉孝武
帝以降的「廟學」制度，例如北魏孝文帝於太和十三年（489）在其中央官學
——原稱國子學的中書省裡，建置了孔子廟；北齊文宣帝在其統治初期，對
於興修孔子廟、奉祀儒家聖賢等相關文教事業，表現一定程度的關注，尤其
文宣帝高洋天保元年（550）詔令全國各地的郡學，皆於坊內設立「孔顏廟」，
此項政令無疑是地方官學設立孔子廟、發展「廟學」制度之始。

　　因此，若就中國「廟學」教育制度的發展而論，東晉孝武帝在中央官學
建置孔子廟，創建了「廟學」制度的雛形，從而形成了中國官方教育事業中
的一種新式體制；北齊文宣帝詔令全國各地郡學於坊內設立孔子廟，讓「廟
學」制度從中央官學逐漸拓展至地方官學。從東晉乃至北齊，中央官學設立
孔廟一事，實已成為朝政上的一般常規慣例，「廟學」制度當然也成為南、北
二朝中央官學裡，不可或缺的教育事業，益之以北齊文宣帝的正式開始將「廟
學」從中央官學逐漸拓展到地方官學，更從此開啟了國家於地方教育事業建
置「廟學」的發端。

　　此足見「興廟以立學」的「廟學」制度發展至南、北二朝，已確定被納
入官方教育體系的範疇，成為官學體制下的常規慣例，而隋代也大致因襲了
北齊的學制與禮制，不僅於國子寺建置孔子廟，也將「廟學」教育制度逐步
拓展至州、郡學。這是因為隋代的統治階層多源自於北周，故統治初期即襲

仿北齊以建立學制和禮制，其對於「廟學」制度的建置，亦大抵因襲北齊政權的措施。職是，「廟學」在當代不僅是實施於中央官學的常規制度，政權統治者也能持續地將其制度逐漸拓展至地方州、郡學。故從北齊到隋代這一段時期，可謂中國傳統「廟學」制度的普及化之始；是開啟國家於地方教育事業建置「廟學」的發端。惟「廟學」教育制度在進入唐代之前，最多當只有京師和各州（郡）學，完成此種制度的建置，必須迨至唐代貞觀年間之後，中國「廟學」教育制度始成功推廣到縣學。不過吾人仍能據此推論，在「廟學」的研究視角下，國祚甚短的隋代政權，對於國家各項制度的建設與推行，仍卓有作為，並對後世產生一定程度的歷史影響；而唐代的學制與禮制的淵源，也並非僅能追溯自隋代，其本當可以追溯自更早的北周、北齊二政權；更重要者，是「廟學」制度與官學體系之間，在進入隋唐之間，即已具有相當緊密的聯繫程度。

中國的「廟學」正式建立完整制度以及全面普及化，當始於唐代貞觀年間，由於唐太宗在執政初期，即能有效推廣「廟學」制度於地方官學，其在貞觀四年（630）下令全國州、縣學皆建置孔子廟，使得「廟學」制度從此普及於國家全境，成為往後歷朝各代的官方文教事業中，不論是中央或地方，皆不可或缺的一種重要學制。另外，復有唐高宗的兩度更改「先聖」對象，最後再度確立以孔子為先聖、顏淵為先賢之祭祀制度，也規定了當世「廟學」教育制度下的「祀孔」等相關祭祀事宜，此項歷史事件發生之後，更從此造就了孔子「先聖」地位的確立無疑，「廟學」制度亦自此完全普及於唐代中期以後的各級學校。由此可見，「廟學」制度的成功推廣至縣學，以及全面普及到官方在地方上的教育事業，必須歸功於唐代統治者，由於是輩的諸項建置和措施，讓「廟學」制度從此遍及於國家全境，成為傳統官學、不論中央或地方的一項通行且固定的學制規劃。

總的來說，從「廟學」制度的研究視角而論，中國自魏代到東晉南北朝以至於隋唐二代，官方教育事業逐步完成了「廟學」教育制度的具體落實與普遍化，使之成為中央到地方各州縣的一項常態的、固定的而且近乎完備的通制，故中國的「廟學」教育體制，在這個被後世學者普遍稱為「中國中古時期」的歷史階段裡實已正式完成，所謂「廟學合一」也成為中央、地方官學中的固定學制和禮制，更是政教合一形式的具體代表。自此之後，不論歷史如何更迭、政權如何遞嬗，「廟學」制度總能在承襲前代舊制的基礎上而有

所開創，使其制度和規模皆更趨於普遍與成熟，自是往後歷朝各代教育學制的一種常態。質言之，「廟學」制度在宋、金二代已完全普遍並落實於全國的官方教育機構，甚至直接影響了傳統書院的祭祀制度與建築佈局；相較之下最不推崇儒術、士人地位特為低落的元代，其建國初期也曾致力於「廟學」教育制度的推廣，不少統治者皆能對於持續「廟學」制度等方面，表示極大的關注。更甚者，是元代的各類文教機構，一般也多是利用「廟」在前、「學」在後的配置方式，因此元代的地方儒學，有時也被稱為「廟學」，時人幾乎習慣性的把書院和各級儒學一體看待，合稱為「廟學書院」；清代對於闕里孔子廟或者本已建置完備的「廟學」體系之中央與地方教育機構，其重視與尊奉之程度，也誠然不遜於前朝，清代中央官學不僅也建置有完整的「廟學」體系與制度，且其「廟／學」的佈置格局，乃是遵循中國傳統古禮以「左」為尊的方式，配置出「左廟右學」的建制。由是觀之，「廟學」教育制度自魏晉發端，乃至於隋唐以及往後諸朝政權的致力推廣並積極利用官學系統使之建置更為完備，實成為傳統中國官學之固定性、常態性的通行學制，在截至晚清新政的教育體制全面改革之前，中國自中央國子監到地方縣學，皆普遍落實了此項制度，也並未發生太大的變動。

二、探討「廟學」所獲得的研究創見

筆者認為，中國古代的教育史、官學史，不僅是一部「廟學」史，若是從一另種面向加以思考，則「廟學」的發展史，當是考察中國儒學發展的一個重要指標。因此，若是利用「廟學」作為最主要的研究視角，確實足已闡述儒家文化、儒學教育的傳播與弘揚等方面的具體狀況。

另外，通過本論文的研究，也可以獲得下列六項學術上的創見：

第一，是能夠更明確地界定「廟學」制度本身的發展脈絡，並且凸顯了中國的中古時期是「廟學」發展的重要關鍵。

第二，是呈現魏晉以降「廟學／儒學／官學」的三位一體，而且彼此影響又相互拉扯的情況。

第三，是藉由「廟學／儒學／官學」的相互聯繫來論證魏晉南北朝的儒家學術事業未嘗中斷，更從而展現了「儒學」或儒家文化，始終佔據統治地位與學術主流的歷史事實。

第四，是論證晚清新政導致「廟學」教育制度解體之前，其對於隋唐以

降學制和禮制等方面的實質影響。

第五，是探討魏晉隋唐「廟學」制度的祭祀事務與相關活動內容，具象化、立體化的呈現「廟學」祭祀過程，還原彼時「廟學」釋奠的實際場景。

第六，是嘗試跨學科、跨領域的研究方式，利用古代書院的還原平面圖，說明「廟學」對於兩宋書院的影響；藉由「祭祀」與「建築」二大研究面向，說明兩宋書院與「廟學」制度的承繼關係。一方面論述「廟學」制度發展至宋代，由於書院的勃興，促使「廟學」制度有了更進一步地開展，一方面由此呈現「廟學」制度與傳統書院之間的緊密連繫。

第二節　論文研究侷限

本論文以魏晉南北朝作為研究主軸，利用文獻史料來建構「廟學」制度的發展與演變歷程，主要涉及的範圍，包括學術史、思想史、教育史與傳統文化史等部分，並且旁及文學作品與書院建築等課題，除了論述「廟學」制度本身的發展脈絡，也向前延伸其發展契機；往後延伸其對於中國學術、教育、文化等方面的實質影響，對於「廟學」制度的祭祀時機與確切日期、祭祀的儀式與流程、祭祀的參與成員及其服飾，以及參與成員的品級職等方面，亦作了一定程度的探討。

不過，本論文仍有不少研究上的侷限，筆者概分為下列五點釋之：

第一，宋代與元代的「廟學」課題，亦是值得深拓的一個時期，不過筆者僅能針對魏晉南北朝當世乃至於隋唐時期的「廟學」制度作探討，對於宋代到清代的部份，只能概論性的略述。

第二，本論文以「廟學」作為最主要的研究視角，旨在針對儒學、儒教的傳播與弘揚等方面。不過，筆者尚無法連繫「廟學」與道家、佛學等領域；不能涉及文學、考古、藝術乃至於建築上的格局、體制、美學等層面。

第三，如今孔廟在世界諸處林立，儒學教育、儒家思想與「廟學」制度等，也確實影響東亞傳統文化甚深。惟筆者僅止於探討傳統中國的部分，無法旁及同時期的鄰近東亞諸國之發展概況。

第四，本論文在考察魏晉隋唐「廟學」的祭祀事務與相關活動內容時，主要針對「釋奠」和「釋菜」等祭祀活動，探討的範圍，包括「廟學」祭祀的主持人、參與成員、負責的官員，以及祭祀的儀式、器物、音樂、舞蹈、服飾、祭品等。然而卻無法確切統計並逐一比較歷代參與「廟學」祭祀的官

學學生的實際人數。

　　第五，是關於本論文的最大侷限，亦即祭祀孔子的「廟學」釋奠等活動，屬於「吉禮」的範疇，此自是筆者亟欲梳理的主要部分，不過皇帝、皇太子等統治階層的親自「視學」，親臨並參與「釋奠」等祭祀活動；皇太子詣國學以行使「齒冑禮」；屬於「嘉禮」的「養老禮」、「鄉飲酒禮」等儀式，也皆與「廟學」的祭祀活動緊密相涉。換言之，官方定期舉行的「養老禮」、「鄉飲酒禮」乃至於統治階層親臨以視察學校等，皆是官學體制底下，舉行「廟學」祭祀活動的一些重要時機點；皆可以被納入「廟學」祭祀的範疇以一併討論。然而，本論文僅能研究祭祀孔子等「釋奠」之禮，無法探討統治階層「視學」、皇太子詣國學以行「齒冑禮」，以及考察「養老禮」與「鄉飲酒禮」的具體內容。

第三節　論文研究展望

　　通過本文的陳述，足見「廟學」確立了以儒家為中心的教育制度與祭祀制度，它是古代學校機構的重要教學活動，同時也是重要的祭祀活動和禮儀活動。故「廟學」作為一種中國古代所特有的學校制度，不僅在學校園地建立了儒門聖域，更在教學環境樹立了道統，具體呈現了以孔子為中心的儒教主義教育。由此可見，「廟學」確實是影響中國傳統儒學、官學、祭祀等方面甚為深遠的一項重要制度。

　　不過，中國自晚清以來，亦即西元 1901 年乃至 1906 年的一連串改革，諸如廢除科舉考試制度、設立新式學堂、引進新式教育等，讓中國延續了千餘年的各種傳統學制，從此宣告結束，而自魏晉以降逐漸成型的「廟學」教育制度，也在此時退居次要地位，甚至有逐漸解體的傾向。這即是說，晚清新政的教育體制全面改革，是中國「廟學」教育制度瀕臨解體的一項很重要主因。傳統的「廟學」制度自東晉太元十年（385）的初具雛形，到清光緒二十七年（1901）的變法改革，一共歷時而且影響了中國教育學制將近 1500 多年，而晚清以來透過日本而向西方學習、引進的新式學校教育和體制，則從此取代了「廟學」制、科舉考試與傳統官學等文教事業，時至今日猶然如此。

　　雖然傳統的「廟學」制度，因為近現代中國的實行「西化」教育事業而退出一般的學校體制，然而其確實浸染於中國古代的傳統教育甚深，也連帶

影響了文教機構的祭祀活動與建築配置模式，兩宋書院的祭祀與從祀制度，以及書院內部的建築佈局，即是一鮮明例證。另一方面，「廟學」教育制度仍有不少餘波遺緒，依然存在於現今社會，更伴隨著中國文化在鄰近於中國的越南、朝鮮、日本等周邊地區，產生相當程度的實質功效，而這些地區的許多孔子廟、民間私學與書院等，推測也當受到中國「廟學」教育制度的影響。

可惜礙於內容篇幅，更受限於個人筆力，本論文無法針對東亞全區的「廟學」制度，作一系統性的研究與考察。更甚者，是誠如筆者於〈論文研究侷限〉處所述，關於「廟學」的祭祀事務與相關活動內容等課題，也尚有許多足以繼續研究的空間，諸如：其一，皇帝、皇太子等統治階層「視學」，親臨並參與「釋奠」等祭祀活動的情況。其二，是皇太子詣國學、行「齒胄禮」，以及古代在官學舉行的「養老禮」、「鄉飲酒禮」等屬於「嘉禮」的活動儀式。其三，是歷代實際參與「廟學」祭祀的官學學生的確切人數。

上述皆是與「廟學」的祭祀活動緊密相涉之重要議題，關於其一的部分，在唐代杜佑的《通典》卷一百十七〈禮〉七十七〈開元禮纂類〉十二，實有清楚且詳盡的整體流程之記載，足見皇帝、皇太子的「視學」事務，至少發展到唐代，已是十分慎重、儀式繁複而且文武百官參與人數眾多的一個活動。關於其二和其三的部分，三國時期以後的歷代史書、《通典》、《廟學典禮》，以及《冊府元龜》、《太平御覽》等類書，也皆有一些散落於各處的記載，或者若干蛛絲馬跡的證據。這些都是筆者在撰寫論文期間，尚未有能力進行梳理、無法加以考察之處，所以目前僅能對於這些學術課題稍作提點，希冀個人或者學者先進，能在日後有機會繼續作更進一步地深拓。

參考文獻

一、傳統文獻

1. （漢）司馬遷撰，（宋）裴駰集解，（唐）司馬貞索引，（唐）張守節正義：《史記三家注》，臺北：七略出版社據清乾隆武英殿刊本影印，1991年。

2. （漢）班固撰，（唐）顏師古注：《漢書》，臺北：明倫出版社，臺南：平平出版社發行，1975年。

3. （漢）戴德撰，黃懷信主撰，孔德立、周海生參撰：《大戴禮記匯校集注》，西安：三秦出版社，2004年。

4. （魏）曹植著：《曹子建全集》，臺北：清流出版社，1976年。

5. （晉）司馬彪撰，（唐）李賢等注，楊家駱主編：《後漢書》，臺北：鼎文書局，1975年。

6. （晉）常璩撰，劉曉東等點校：《華陽國志》，濟南：齊魯書社，2000年。

7. （晉）陳壽撰，（宋）裴松之注，楊家駱主編：《三國志》，臺北：鼎文書局，1977年。

8. （南朝宋）劉義慶撰，楊勇校箋：《世說新語校箋》，臺北：正文書局，1999年。

9. （北齊）魏收撰，楊家駱主編：《魏書》，臺北：鼎文書局，1975年。

10. （梁）沈約撰，楊家駱主編：《宋書》，臺北：鼎文書局，1975年。

11. （梁）蕭子顯撰，楊家駱主編：《南齊書》，臺北：鼎文書局，1975年。

12. （梁）釋僧祐著：《弘明集》，臺北：新文豐出版公司，2001年。

13. （梁）釋慧皎撰，湯用彤校注、湯一玄整理：《高僧傳》，北京：中華書局，1992年。

14. （隋）虞世南撰：《北堂書鈔》，臺北：文海出版社印行，1962 年。

15. （唐）令狐德棻撰，楊家駱主編：《周書》，臺北：鼎文書局，1975 年。

16. （唐）吳兢撰，謝保成集校：《貞觀政要集校》，北京：中華書局，2003 年。

17. （唐）李百藥撰，楊家駱主編：《北齊書》，臺北：鼎文書局，1975 年。

18. （唐）李延壽撰，楊家駱主編：《北史》，臺北：鼎文書局，1976 年。

19. （唐）李延壽撰，楊家駱主編：《南史》，臺北：鼎文書局，1976 年。

20. （唐）李林甫等撰，陳仲夫典校：《唐六典》，北京：中華書局，1992 年。

21. （唐）杜佑：《通典》，北京：中華書局，1988 年。

22. （唐）房玄齡等撰，楊家駱主編：《晉書》，臺北：鼎文書局，1976 年。

23. （唐）姚思廉撰，楊家駱主編：《梁書》，臺北：鼎文書局，1975 年。

24. （唐）姚思廉撰，楊家駱主編：《陳書》，臺北：鼎文書局，1975 年。

25. （唐）柳宗元著，劉禹錫輯：《柳河東集》，上海：上海人民出版社，1974 年。

26. （唐）許嵩撰，張忱石點校：《建康實錄》，北京：中華書局，1986 年。

27. （唐）蕭嵩等撰：《大唐開元禮》，北京：民族出版社，2000 年。

28. （唐）韓愈撰，（清）馬其昶校注、馬茂元整理：《韓昌黎文集校注》，上海：上海古籍出版社，1986 年。

29. （唐）魏徵等撰，楊家駱主編：《隋書》，臺北：鼎文書局，1975 年。

30. （唐）釋道宣：《續高僧傳》，臺北：文殊出版社，1988 年。

31. （唐）釋道宣撰：《廣弘明集》，臺北：新文豐出版公司，1986 年。

32. （後晉）劉昫等撰，楊家駱主編：《舊唐書》，臺北：鼎文書局，1976 年。

33. （宋）王安石：《臨川先生文集》，上海：中華書局，1959 年。

34. （宋）王欽若等編纂，周勛初等校訂：《冊府元龜》，南京：鳳凰出版社，2006 年。

35. （宋）王溥：《唐會要》，北京：中華書局，1955 年。

36. （宋）司馬光撰，（元）胡三省注：《資治通鑑》，臺北：文光出版社，1972 年。

37. （宋）朱熹撰，朱傑人、嚴佐之、劉永翔主編：《朱子全書》，上海：上海古籍出版社，合肥：安徽教育出版社，2002 年。

38. （宋）李昉編纂，夏劍欽、王巽齋校點：《太平御覽》，石家莊：河北教育出版社，1994 年。

39. （宋）周敦頤撰，梁紹輝等點校：《周敦頤集》，湖南：嶽麓書社，2007年。

40. （宋）周應合撰：《（江蘇省）景定建康志》，臺北：成文出版社據清嘉慶六年刊本影印，1983年。

41. （宋）陸九淵著，鍾哲點校：《陸九淵集》，北京：中華書局，1980年。

42. （宋）曾鞏著，楊家駱主編：《元豐類稿》，臺北：世界書局，1963年。

43. （宋）樂史撰，王文楚等點校：《太平寰宇記》，北京：中華書局，2007年。

44. （宋）歐陽永叔：《歐陽修全集》，北京：中國書店據世界書局，1936年版影印，1986年。

45. （宋）歐陽修、宋祁等撰，楊家駱主編：《新唐書》，臺北：鼎文書局，1976年。

46. （元）徐碩：《（浙江省）至元嘉禾志》，臺北：成文出版社據元代徐碩鈔本影印，1983年。

47. （元）袁桷撰：《（浙江省）延祐四明志》，臺北：成文出版社據延祐七年修、清乾隆鈔本影印，1983年。

48. （元）馬端臨：《文獻通考》，北京：中華書局，1986年。

49. （元）脫脫等撰，楊家駱主編：《宋史》，臺北：鼎文書局，1991年。

50. （元）釋念常：《佛祖歷代通載》，臺北：新文豐出版公司，1975年。

51. （明）王守仁撰，吳光、錢明、董平、姚延福編校：《王陽明全集》，上海：上海古籍出版社，1992年。

52. （明）丘濬（邱浚）著，林冠群、周濟夫校點：《大學衍義補》，北京：京華出版社，1999年。

53. （明）呂元善纂輯，孔子文化大全編輯部編輯：《聖門誌》，濟南：山東友誼書社，1990年。

54. （明）宋濂撰，楊家駱主編：《元史》，臺北：鼎文書局，1998年。

55. （明）姚廣孝等奉敕監修，楊家駱主編：《永樂大典》，臺北：世界書局，1977年。

56. （明）夏原吉等纂，黃彰健校：《明太祖實錄》，臺北：中央研究院歷史語言研究所據北平圖書館校印紅格鈔本微捲影印，1962年校印。

57. （明）張大齡：《晉五胡指掌》，臺北：廣文書局，1969年。

58. （明）程敏政編，任繼愈主編：《明文衡》，長春：吉林人民出版社，1998年。

59. （明）樊深等編纂：《天一閣藏明代方志選刊》，臺北：新文豐出版公司，1985年。

60. （明）薛應旂撰，王雲五主編：《宋元通鑑》，臺北：臺灣商務印書館，1973 年。

61. （明）瞿九思撰，王挺之、李勇先、范國強主編：《孔廟禮樂考》，上海：上海交通大學，2011 年。

62. （清）孔繼汾述，孔子文化大全編輯部編輯：《闕里文獻考》，濟南：山東友誼書社，1989 年。

63. （清）王先謙撰，沈嘯寰、王星賢點校：《荀子集解》，北京：中華書局，1988 年。

64. （清）王聘珍：《大戴禮記解詁》，臺北：漢京文化事業公司，1987 年。

65. （清）王肇晉修輯：《（河北省）深澤縣志》，臺北：成文出版社據清咸豐十一年刊本影印，1976 年。

66. （清）王謨輯：《漢魏遺書鈔》，臺北：藝文印書館，出版年不詳。

67. （清）李銘皖等修、馮桂芬等纂：《（江蘇省）蘇州府志》，臺北：成文出版社據清光緒九年刊本影印，1970 年。

68. （清）阮元修，陳昌齊、劉彬華等纂：《廣東通志》，上海：上海古籍出版社，1990 年。

69. （清）阮元校勘：《十三經注疏》，臺北：藝文印書館，2001 年。

70. （清）林述訓等修，單興詩、歐樾華等纂：《（廣東省）韶州府志》，臺北：成文出版社據清同治十三年刊本影印，1966 年。

71. （清）紀昀等編纂：《景印文淵閣四庫全書》，臺北：臺灣商務印書館，1985 年。

72. （清）孫希旦：《禮記集解》，北京：中華書局，1989 年。

73. （清）徐松輯：《宋會要輯稿》，北京：中華書局，1957 年。

74. （清）徐珂：《清稗類鈔》，上海：商務印書館，1917 年。

75. （清）秦蕙田：《五禮通考》，臺北：新興書局，1970 年。

76. （清）張九章修、陳藩垣纂：《（四川省）黔江縣志》，臺北：臺灣學生書局據清光緒二十年刊本影印，1971 年。

77. （清）張廷玉撰，楊家駱主編：《明史》，臺北：鼎文書局，1998 年。

78. （清）陸增祥編：《八瓊室金石補正》，臺北：文海出版社，1967 年。

79. （清）楊晨：《三國會要》，北京：中華書局，1998 年。

80. （清）董誥：《欽定全唐文》，臺北：文友書店，1974 年。

81. （清）趙翼：《二十二史劄記》，北京：中國書店據世界書局，1939 年版影印，1987 年。

82. （清）潘相：《曲阜縣志》（乾隆三十九年刊本），臺北：學生書局，1968 年。

83. （清）盧蔚猷修、吳道鎔纂：光緒《（廣東省）海陽縣志》，臺北：成文出版社據光緒二十六年刊本影印，1967 年。

84. （清）錢大昕撰，呂友仁校點：《潛研堂集》，上海：古籍出版社，1989 年。

85. （清）魏元曠編：《江西省南昌文徵》（《南昌邑乘文徵》），臺北：成文出版社據民國二十四年重印本影印，1970 年。

86. （清）龐鍾璐：《文廟祀典考》，江蘇：廣陵古籍刻印社，1988 年。

87. （清）嚴可均輯：《全上古三代秦漢三國六朝文》，北京：中華書局，1958 年。

88. （清）寶琳等纂修：《（河北省）定州志》，臺北：成文出版社據清道光二十九年刊本影印，1969 年。

89. （清）顧炎武撰，（清）黃汝成集釋，欒保群、呂宗力校點：《日知錄集釋：全校本》，上海：上海古籍出版社，2006 年。

二、近人論著

1. 丁鋼、劉琪：《書院與中國文化》，上海：上海教育出版社，1992 年。

2. 大藏經刊行會編輯：《大正新修大藏經》，臺北：新文豐出版公司，1994 年。

3. 四庫全書存目叢書編纂委員會編：《四庫全書存目叢書》，臺南：莊嚴文化公司，1995 年。

4. 任時先：《中國教育思想史》，臺北：商務印書館，1968 年。

5. 宇井伯壽著、李世傑譯：《中國佛教史》，臺北：協志工業叢書出版公司，1977 年。

6. 朱漢民：《中國的書院》，臺北：臺灣商務印書館，1993 年。

7. 江堤：《山間庭院：文化中國‧岳麓書院》，長沙：湖南大學出版社，2002 年。

8. 牟潤孫：《注史齋叢稿》，北京：中華書局，1987 年。

9. 余英時：《中國知識階層史論（古代篇）》，臺北：聯經出版事業公司，1980 年。

10. 余英時：《中國思想傳統的現代詮釋》，臺北：聯經出版事業公司，1987 年。

11. 余英時：《中國近世宗教倫理與商人精神》，臺北：聯經出版事業公司，1987 年。

12. 佚名：《廟學典禮》，浙江：浙江古籍出版社，1992 年。

13. 吳萬居：《宋代書院與宋代學術之關係》，臺北：文史哲出版社，1991 年。

14. 李才棟:《中國書院研究》,南昌:江西高校出版社,2005 年。

15. 李才棟:《江西古代書院研究》,南昌:江西教育出版社,1993 年。

16. 李中華:《中國儒學史‧魏晉南北朝卷》,北京:北京大學出版社,2011年。

17. 李弘祺:《宋代官學教育與科舉》,臺北:聯經出版事業公司,1994 年。

18. 李申:《中國儒教史》,上海:上海人民出版社,1999 年。

19. 李修生主編:《全元文》,南京:鳳凰出版社,2004 年。

20. 李國鈞:《中國書院史》,長沙:湖南教育出版社,1994 年。

21. 周林根:《中國中古禮教史》,基隆:台灣省立海洋學院(國立海洋大學),1969 年。

22. 周愚文:《中國教育史綱》,臺北:正中書局,2001 年。

23. 周愚文:《宋代的州縣學》,臺北:國立編譯館,1996 年。

24. 周鑾書等人主編:《千年學府:白鹿洞書院》,南昌:江西人民出版社,2003 年。

25. 林伯謙:《中國佛教文史探微》,臺北:秀威資訊科技公司,2005 年。

26. 林登順:《魏晉南北朝儒學流變之省察》,臺北:文津出版社,1996 年。

27. 柯劭忞:《新元史》,臺北:藝文印書館,1956 年。

28. 柳曾符、柳定生選編:《柳詒徵史學論文續集》,上海:上海古籍出版社,1991 年。

29. 柳詒徵:《中國文化史》,上海:上海古籍出版社,2001 年

30. 胡青:《書院的社會功能及文化特色》,武漢:湖北教育出版社,1996 年。

31. 胡務:《元代廟學:無法割拾的儒學教育鏈》,成都:巴蜀書社,2005 年。

32. 胡適著,季羨林主編:《胡適全集》,合肥:安徽教育出版社,2003 年。

33. 唐君毅:《中華人文與當今世界》,臺北:學生書局,1978 年。

34. 徐梓:《元代書院研究》,北京:社會科學文獻出版社,2000 年。

35. 高明士:《中國中古的教育與學禮》,臺北:國立臺灣大學出版中心,2005年。

36. 高明士:《中國教育制度史論》,臺北:聯經出版事業公司,1999 年。

37. 高明士:《東亞教育圈形成史論》,上海:上海古籍出版社,2003 年。

38. 高明士:《唐代東亞教育圈的形成:東亞世界形成史的一側面》,臺北:國立編譯館中華叢書編審委員會,1984 年。

39. 高明士:《東亞傳統教育與法文化》,臺北:國立臺灣大學出版中心,2007年。

40. 高明編:《兩漢三國文彙》,臺北:中華叢書編輯委員會,1960 年。

41. 張秋升、王洪軍主編：《中國儒學史研究》，濟南：齊魯書社，2004 年。

42. 張豈之主編：《中國儒學思想史》，臺北：水牛圖書公司，1992 年

43. 張豈之主編：《中國歷史：秦漢魏晉南北朝卷》，北京：高等教育出版社，2001 年。

44. 陳谷嘉、鄧洪波：《中國書院制度研究》，杭州：浙江教育出版社，1997 年。

45. 陳谷嘉、鄧洪波主編：《中國書院史資料》，杭州：浙江教育出版社，1998 年。

46. 陳東原：《中國古代教育》，上海：商務印書館，1934 年。

47. 陳東原：《中國教育史》，臺北：臺灣商務印書館，1980 年。

48. 陳青之：《中國教育史》，臺北：臺灣商務印書館，1968 年。

49. 陳寅恪：《陳寅恪集：隋唐制度淵源略論稿‧唐代政治史論述稿》，北京：三聯書店，2001 年。

50. 陳復：《心靈的學校：書院精神與中華文化》，臺北：洪葉文化事業公司，2005 年。

51. 陳登原：《中國文化史》，上海：上海書店據世界書局 1935 年、1937 年影印，1989 年。

52. 陳雯怡：《由官學到書院：從制度與理念的互動看宋代教育的演變》，臺北：聯經出版事業公司，2004 年。

53. 湯用彤：《漢魏兩晉南北朝佛教史》，臺北：臺灣商務印書館，1991 年。

54. 程方平：《遼金元教育史》，重慶：重慶出版社，1993 年。

55. 黃進興：《優入聖域：權力、信仰與正當性》，臺北：允晨文化公司，1994 年。

56. 黃麗生：《東亞客家文化圈中的儒學與教育》，臺北：臺灣大學出版中心，2012 年。

57. 楊布生、彭定國：《中國書院與傳統文化》，長沙：湖南教育出版社，1992 年。

58. 楊吉仁：《三國兩晉學校教育與選士制度》，臺北：正中書局，1970 年。

59. 楊承彬：《秦漢魏晉南北朝教育制度》，臺北：商務印書館，1978 年。

60. 楊慎初、朱漢民、鄧洪波：《嶽麓書院史略》，長沙：嶽麓書社，1986 年。

61. 楊慎初：《中國書院文化與建築》，武漢：湖北教育出版社，2001 年。

62. 楊慎初主編：《湖南傳統建築》，長沙：湖南教育出版社，1993 年。

63. 萬繩楠：《魏晉南北朝文化史》，合肥：黃山書社，1989 年。

64. 萬繩楠：《魏晉南北朝史論稿》，合肥：安徽教育出版社，1983 年。

65. 萬繩楠整理：《陳寅恪魏晉南北朝史講演錄》，合肥：黃山書社，1987年。

66. 熊明安：《中華民國教育史》，重慶：重慶出版社，1990年。

67. 窪添慶文：《魏晉南北朝官僚制研究》，東京：汲古書院，2003年。

68. 趙所生、薛正興主編：《中國歷代書院志》，南京：江蘇教育出版社，1995年。

69. 趙爾巽等著，國史館校註：《清史稿校註》，臺北：臺灣商務印書館，1999年。

70. 劉子健：《兩宋史研究彙編》，臺北：聯經出版事業公司，1987年。

71. 劉振東：《中國儒學史：魏晉南北朝卷》，廣州：廣東教育出版社，1998年。

72. 劉學銚：《歷代胡族王朝之民族政策》，臺北：知書房出版社，2005年。

73. 樊克政：《中國書院史》，臺北：文津出版社，1995年。

74. 蔡元培著，高平叔編：《蔡元培全集》，北京：中華書局，1984年（第一卷至第四卷）、1988年（第五卷、第六卷）、1989年（第七卷）。

75. 蔣維喬：《中國佛教史》，長沙：嶽麓書社，2009年。

76. 鄧洪波、彭愛學主編：《中國書院攬勝》，長沙：湖南大學出版社，2000年。

77. 蕭永明：《儒學、書院、社會：社會文化史視野中的書院》，北京：商務印書館，2012年。

78. 錢穆：《中國近三百年學術史》，北京：商務印書館，1997年。

79. 錢穆：《國史大綱》，北京：商務印書館，1996年。

80. 嚴耕望：《中國地方行政制度史：魏晉南北朝地方行政制度》，上海：上海古籍出版社，2007年。

81. 續修四庫全書編纂委員會編：《續修四庫全書》，上海：上海古籍出版社，2002年。

82. James T.C. Liu, China Turning Inward; Intellectual-Political Changes in the Early Twelfth Century.

三、單篇論文

1. 林晉士：〈北朝政治環境對文學發展之影響〉，《高雄師大學報（人文與藝術類）》第二十一期（2006年12月），頁1～8。

2. 林瑞翰：〈魏晉的儒學〉，《臺大歷史學報》第18期（1994年12月），頁71～88。

3. 牧野修二著、趙剛譯：〈元代廟學和書院的規模〉，《齊齊哈爾師院學

報》，1988 年第 4 期，頁 74～79。

4. 張灝：〈宋明以來儒家經世思想試釋〉，收於中央研究院近代史研究所編：《近世中國經世思想研討會論文集》（臺北：中央研究院，1984 年），頁 3～12。

5. 陳道生：〈北魏郡國學綜考〉，《大陸雜誌》第 31 卷第 10 期（1965 年 11 月），頁 10～14。

6. 陶晉生：〈宋金廟學與儒家思想的傳佈〉，收入國際孔學會議大會秘書處編，《國際孔學會議論文集》（臺北：國際孔學會議大會秘書處，1988 年），頁 531～544。（收於氏著：《宋遼金史論叢》）

7. 傅義漢：〈北魏教育探析〉，《雁北師範學院學報》第 19 卷第 3 期（2003 年 6 月），頁 19～20。

8. 黃進興：〈解開孔廟祭典的符碼——兼論其宗教性〉，《文化與歷史的追索——余英時教授八秩壽慶論文集》（臺北：聯經出版事業公司，2009 年 12 月），頁 535～558。

9. 錢穆：〈中國教育制度與教育思想〉，《中華文化復興月刊》第三卷第五期（1970 年 5 月），頁 12～17。

10. 錢穆：〈中國教育制度與教育思想〉，《中華文化復興月刊》第三卷第四期（1970 年 4 月），頁 2～6。

11. 龔詩堯：〈前秦與北魏之漢化進程較論——以教育政策與官方文學活動為討論核心〉，《東吳中文學報》第二十一期（2011 年 5 月），頁 55～80。

四、學位論文

1. 王耀祖：《社會變遷中的元代徽州社會教化研究》，華東師範大學教育史博士論文，2016 年。

2. 田志馥：《宋代福建廟學的歷史地理學分析》，福建師範大學歷史地理學博士論文，2013 年。

3. 田增志：《文化傳承中的教育空間與教育儀式——中國廟學教育之文化闡釋與概念拓展》，中央民族大學中國少數民族教育博士論文，2010 年。

4. 杜美芬：《祀孔人文暨禮儀空間之研究——以臺北孔廟為例》，中原大學建築研究所碩士論文，2002 年。

5. 周愚文：《宋代的州縣學——設置、經費、師資之探討》，國立臺灣師範大學教育研究所博士論文，1990 年。

6. 邱建維：《台中孔廟建築空間的情緒體驗及空間認知之研究》，朝陽科技大學建築及都市設計研究所碩士論文，2001 年。

7. 金洪仲：《唐代學制與經學之關係研究》，中國文化大學中國文學研究所

碩士論文，1990 年。

8. 柳雯：《中國文廟文化遺產價值及利用研究》，山東大學專門史博士論文，2008 年。

9. 范春玥：《由「學記」看北宋地方官學》，首都師範大學學科教育碩士論文，2005 年。

10. 徐月芳：《魏晉南北朝書牘研究》，中國文化大學中國文學研究所博士論文，2007 年。

11. 張會會：《明代的鄉賢祭祀與鄉賢書寫》，東北師範大學中國古代史博士論文，2015 年。

12. 廖麗君：《台灣孔子廟建築之研究——廟學制的影響及廟學關係的變遷》，國立成功大學建築研究所碩士論文。

13. 蓋金偉：《漢唐官學學禮研究》，華東師範大學中國古代史博士論文，2007 年。

14. 劉紅娟：《中原地區文廟大成殿空間探析》，河南大學設計藝術學碩士論文，2013 年。

15. 蕭維：《論大學教育與信仰關照》，湖南師範大學高等教育學博士論文，2014 年。